JN304098

菅野 敦・宇野宏幸・橋本創一・小島道生【編】
KANNO Atsushi, UNO Hiroyuki, HASHIMOTO Soichi & KOJIMA Michio

特別支援教育における教育実践の方法

発達障害のある子どもへの
個に応じた支援と
校内・地域連携システムの構築

ナカニシヤ出版

はじめに

　特別支援教育が推進されるなかで，教育現場からは「軽度発達障害のある子どもへの具体的な支援方法を教えて下さい」「通常学級の一斉指導のなかで，障害のある子どもに配慮しつつ，効果的な授業をどう展開すればいいのでしょうか」「特別支援教育コーディネーターとして，充実した特別支援教育を展開するにはどうすればいいのでしょうか」などの質問が多くきかれる。いま，教育現場では，子ども一人一人のニーズに対応したこまやかな教育的支援が大切となり，必要とされる役割も他機関との連携や協働，養護学校（特別支援学校）ではセンター的機能など，多様化している。そんななか，教育現場はこれまで以上に「すぐに役立つ，参考になる具体的な教育実践の情報」を渇望しているように感じられる。

　本書は，教育現場からのこうしたニーズに応えるべく，いまきわめて教育現場でニーズが高いであろう発達障害のある子どもへの具体的支援方法と校内・地域連携システムの構築について焦点を当てて企画された。なにより，この一冊で発達障害を巡る教育実践の方法について完結でき，教育現場で「使える」「役に立つ」書籍を目指した。したがって，本書は時代的ニーズをも配慮しつつ，特別支援教育を実行するうえで欠かせない，発達障害の理解，アセスメント，個に応じた支援計画，通常学級における授業のユニバーサルデザイン，校内・地域連携システムなどいまの教育現場で必要となるできる限りの情報を網羅している。

　本書の構成は，大きく「発達障害の理解と個に応じた支援」と「校内・地域連携システムの構築」の二部構成となっている。第Ⅰ部では，一人一人のニーズに対応するために，特性の理解から支援の具体的方法につながるように教育課程や指導技法，さらには授業実践例などが含まれている。第Ⅱ部では，盲・聾・養護学校のセンター的機能，特別支援教育コーディネーター，教育相談について，具体的内容の説明と実践報告から構成されている。本書は，理論と実践が結びつくように，第Ⅰ部では随所に教育実践例を紹介し，第Ⅱ部では理論編と実践編に分けられている。おそらく，いま多くの教育現場で必要とされるほぼすべての知識を網羅し，現場でヒントとなる実践例を数多く紹介した専門的実用書に仕上がったと自負している。

　本書の執筆には，全国各地で特別支援教育の充実に向けて邁進している大学の研究者，学校教育現場の教員が携わった。最前線の教育現場から，アイディア豊富な実践報告も盛り込まれている。是非とも，教育現場に関わる人，また教員を目指す学生，協力者など多くの方に読んでいただきたい。

　最後に，今回の企画を快くお引き受けいただき，本書の出版に多大なご尽力をそそいでいただいたナカニシヤ出版の宍倉由高編集長ならびに山本あかね氏に心よりお礼申し上げる。本書が，教育現場での子どもへの支援に向けて，少しでも役に立つことを願っている。

編著者代表　小島道生

目　次

はじめに　*i*

第Ⅰ部　発達障害の理解と個に応じた支援

第1章　特別支援教育と発達障害 …………………………………………………… 3
第1節　特別支援教育とは　3
1. 障害児教育を取りまく状況　3
2. 特別な教育支援を求める子どもたち　3
3. 特殊教育から特別支援教育へ　4

第2節　発達障害とは　4
1. 発達とは　4
2. 発達の進み方　5
3. 発達への障害の現れ　5
4. 発達障害とは　6

第2章　発達障害の心理・行動特性の理解 ………………………………………… 8
第1節　知的障害　8
1. 知的障害とは　8
2. 知的障害の心理・行動特性　12
3. まとめ　19

第2節　LD　20
1. LDとは　20
2. LDの定義　21
3. アセスメント　23
4. 基本的な対応と指導　25
5. 読字障害　25

第3節　自閉症　30
1. 自閉症とは　30
2. 自閉症の心理・行動特性　36
3. まとめ　42

第4節　高機能自閉症・アスペルガー障害　43
1. 高機能自閉症・アスペルガー障害とは　43
2. 精神医学的定義　44
3. 認　知　45
4. 生物学的背景　47

5. 学校における課題　49
　　　6. ま と め　49
　第5節　ADHD　50
　　　1. ADHDとは　50
　　　2. 認　　　知　51
　　　3. 動機づけと情動　53
　　　4. 行　　　動　55
　　　5. 原　　　因　56
　　　6. 併存障害　57

第3章　養護学校（特別支援学校），特殊学級（特別支援学級）における教育課程と指導技法 ……… 66
　第1節　個に応じた支援計画の作成と実践─個別の教育支援計画，指導計画，移行支援計画─　66
　　　1. 個別の支援計画　67
　　　2. 個別の指導計画　68
　　　3. 個別の支援計画のフォーマット（図3-2〜3-4）　68
　　　4. 個別の教育支援計画・指導計画の作成手順（図3-5）　70
　　　5. 「授業に活かせる」「評価しやすい」「効率的な」を目指して（図3-6）　71
　　　6. 相互補完的な授業づくり　72
　　　7. 個々に設定する支援目標・指導目標　73
　第2節　アセスメントと指導技法選定の手続き　73
　　　1. 支援計画のためのスクリーニングとアセスメントの意義　73
　　　2. 適切なアセスメントの前提　76
　　　3. 教育支援ニーズの把握─誰が，何を，どのようにアセスメントするか─　77
　　　4. 学校フィールドで用いられるアセスメントと心理検査　77
　　　5. 障害特性とアセスメントの視点　78
　　　6. アセスメントから支援目標を導く　78
　　　7. アセスメントマップを描く─結果の分析と授業づくりへの活用─　79
　第3節　心理検査　80
　第4節　主な指導技法と教育課程　83
　　　1. 国　　　語　83
　　　2. 算　　　数　102
　　　3. 体育関係　116
　　　4. 行動分析関係　119
　　　5. そ の 他　132

第4章　通常学級に在籍する軽度発達障害のある子どもに対する指導方法─授業のユニバーサルデザイン─ …… 140
　第1節　理　論　編　140
　　　1. はじめに　140
　　　2. ユニバーサルデザインから学ぶ　140

3. 授業のユニバーサルデザイン　142
第2節　実　践　編　143
1. 学習環境を整える　143
2. 生活の流れを明確にする　144
3. 集団の中で，ことばの指示や理解がなかなかできない子への対応　145
4. なかなか書けない，書くのに時間がかかる子への対応　146
5. 友達と遊びたいのにうまく仲間に入れない子への対応　147
6. 意欲に欠ける（ように見える）子どもたちへの対応　148
7. 周囲の子どもへの対応　149
8. 校内の支援システムの確立と関連機関との連携　149

第Ⅱ部　校内・地域連携システムの構築

第1章　盲・聾・養護学校（特別支援学校）のセンター的機能の構築に向けて　153
第1節　理　論　編　153
1. はじめに　153
2. センター的機能に関する記述の変遷　153
3. センター的機能の内容と実施状況　155
4. センター的機能の構築に向けた条件整備　157
5. おわりに　160
第2節　知的障害養護学校（特別支援学校）におけるセンター的機能の実践　160
1. はじめに　160
2. センター的機能実施前の取り組み―養護学校の教育機能の向上を目指して―　160
3. センター的機能を生かした地域支援の取り組み　163
4. 園・学校への支援の実際　163
5. おわりに　165

第2章　特別支援教育コーディネーターの理論と実践　166
第1節　特別支援教育コーディネーターに関する理論　166
1. 特別支援教育コーディネーターの導入　166
2. 「コーディネーター」の役割と資質　166
3. 「コーディネーター」の指名状況　168
4. 「コーディネーター」の養成と研修内容　169
5. 海外のコーディネーター　170
第2節　小学校における特別支援教育コーディネーターの役割　171
1. 特別支援教育コーディネーターの指名　171
2. 校内委員会での役割　171
3. 校内研修での役割　172
4. 支援の手順　173

　　　　5. 保護者の啓発　174
　　　　6. 地域のシステム作り　174
　　第3節　**養護学校（特別支援学校）での実践編**　175
　　　　1. はじめに　175
　　　　2. 支援センターのしくみ　176
　　　　3. 養護学校（特別支援学校）の特別支援教育コーディネーターの役割　177
　　　　4. 特別支援教育コーディネーターの勤務体系　178
　　　　5. 今後の課題　179

第3章　教育相談のシステムと方法論　181
　　第1節　**盲・聾・養護学校（特別支援学校）における教育相談**　181
　　第2節　**教育相談の流れ**　182
　　　　1. 申し込み／受付　182
　　　　2. インテーク　183
　　　　3. 初回相談　186
　　　　4. 継続相談・終結　189
　　　　5. 他機関との連携　189

索引　191

第Ⅰ部
発達障害の理解と個に応じた支援

🍀 第1章　特別支援教育と発達障害

第1節　特別支援教育とは

1. 障害児教育を取りまく状況

　障害のある児童・生徒に対する教育のあり方は，急速に変化が求められている。2006年1月8日，報道各社により，「文部科学省による学校教育法の改正に関する骨格が明らかとなった」と報道された。文部科学省のこの動きは，前年12月8日の中央教育審議会による「特別支援教育を推進するための制度の在り方について（答申）」を受けてのものである。このような障害児教育における改革の機運は，近年の社会におけるノーマライゼーションの進展により人々の意識に生じてきている変化も大きな要因の1つとなって高まっている。また，実際の教育現場においても，盲・聾・養護学校（特別支援学校）に在籍する児童・生徒の障害の重度・重複化，多様化が大きな問題となっている。この問題は，1979年度（昭和54年度）に養護学校の義務化が始まって以来，長年課題とされてきたものでもある。加えて昨今の養護学校（特別支援学校）や特殊学級（特別支援学級）に在籍する児童・生徒数の増加も新たな課題の1つとなっている。同様に，1993年度（平成5年度）より制度化された通級による指導を受けている児童・生徒数も増加してきている。さらに近年，障害児教育において最も著しい変化の1つとして，障害の概念や支援の範囲にまで影響を与えるいくつかの変化が起こってきた。具体的には，これまで障害児教育の対象とされてきた重度の障害を有する児童・生徒に対し，近年の医学，心理学，教育学等の学問の進展や，イギリス，アメリカ等の諸外国の障害児教育政策の動向が，特別な教育的ニーズ（SEN：Special Educational Needs）という概念を作ったことなどを背景に，それらを有する児童・生徒すべてが特別な教育支援の対象であると考えられるようになってきたことである。

2. 特別な教育支援を求める子どもたち

　このような時代的・社会的な機運のなかで，文部科学省は，平成14年に全国実態調査を実施した。その結果は，「小・中学校の通常の学級に在籍している児童・生徒のうち，LD（Learning Disabilities：学習障害）・ADHD（Attention-Deficit Hyperactivity Disorder：注意欠陥多動性障害）・高機能自閉症（High-Functioning Autism）により学習や生活の面で特別な教育的支援を必要としている児童・生徒が約6％程度の割合で存在する可能性があること」を示した（図1-1）。この6％という数

学習面か行動面で著しい困難を示す 6.3%
学習面で著しい困難を示す 4.5%
行動面で著しい困難を示す 2.9%
学習面と行動面ともに著しい困難を示す 1.2%

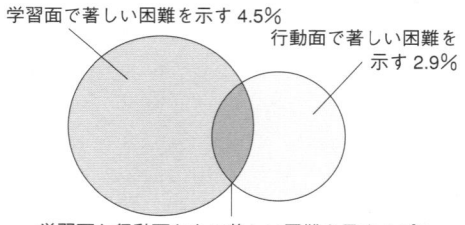

図1-1　知的発達に遅れはないものの学習面や行動面で著しい困難を示すと担任教師が回答した児童生徒の割合（文部科学省，2002）

値は，これまで特殊教育の対象となっていた幼児・児童・生徒（約22万5千人，全体の約1.4％）のうち，義務教育段階の児童・生徒が（約17万9千人），全学齢の約1.6％に当たるという数値と比べ，衝撃的に大きな数値であった。これらのことが，従来の特殊教育から特別支援教育へと急速に転換を進めることの一因となったともいえよう。すなわち，特別支援教育とは「障害のある幼児・児童・生徒の自立や社会参加に向けた主体的な取り組みを支援するという視点に立ち，幼児・児童・生徒一人一人の教育的ニーズを把握し，その持てる力を高め，生活や学習上の困難を改善又は克服するため，適切な指導及び必要な支援を行うもの」である。

3. 特殊教育から特別支援教育へ

　今回の学校教育法の主な改正点は，①その存廃が論議になってきた小中学校の特殊学級は，保護者らが存続を望んでいることにより2007年度をめどに特別支援学級と名称を変えて残す。②盲・聾・養護学校は複数の障害に対応する特別支援学校に改める。また法改正とあわせて省令を改正し，③学習障害（LD），注意欠陥多動性障害（ADHD）などの子どもについても適切な指導が受けられる仕組み作りを目指すというものである。この改正により，1947年に学校教育法が制定されてから60年近く使われてきた特殊教育の用語は，特別支援教育となる。しかし，この改正はこれまで特殊教育が果たしてきた役割や実績を否定するものではない。特殊教育は，障害のある幼児・児童・生徒が自立をし，社会に参加する資質を培うため一人一人の障害の種類や程度に応じて盲・聾・養護学校（幼稚部・小学部・中学部・高等部）ならびに小・中学校の特殊学級及び通級の指導という場を提供し，その場において，きめ細かな教育を行うものである。特別支援教育は，これを継承・発展させていこうとするもので，これまで特殊教育で培われてきた教育水準や教員の専門性を維持し，さらに向上できるような方向で推進されることが前提とされている。

第2節　発達障害とは

1. 発達とは

　発達障害を考えるために，まず，発達とは何かから考えることにしよう。しかし，発達の定義は，本書一冊をしても余りあるほどの大仕事である。そこで，ここでは最も一般的な国語辞典を開いてみよう。そこには，「個体が時間の経過に伴ってその身体的・精神的機能を変えてゆく過程。成長と学習を要因として展開する」（広辞苑）とある。この定義をもとに発達の概念図を作ると図1-2のようになる。これは，多くの発達心理学の教科書に示されている図と基本部分で共通する図である。すなわち，時間の経過（年齢）に伴って，さまざまな領域の能力（身体

的・精神的機能）がその水準や段階を上昇させていくことを示している。この図から，人の発達には段階ないし水準（図におけるy軸）があるということと，（年齢を変数として変化していく）諸能力のまとまりである領域があるということがわかる。

2. 発達の進み方

人の発達の進み方にはいくつかの特徴がある。ここでは精神機能に関し，その発達がどのように進むのかを考えてみることにする。

精神発達の進み方①は，経路に関してである。図1-3が，一般的な精神発達の進み方である。図が示すように，成人期までのいわゆる発達期は急勾配の上昇を示し，成人期以降は平坦な進み方を示すことが考えられる。すなわち，精神発達の経路には，直線的ではないという特徴がある。

精神発達の進み方②は，速度に関してである。図1-4に速度の違いに関し，代表的な2タイプを示した。一般に，発達期に急勾配で急速に進むものを早熟と，一方，ややなだらかにゆっくりと進むものを晩熟という。しかし，速度において重要なことは，どちらの進み方であっても，成人期にはいわゆる社会平均水準の範囲内に到達していることである。速度が遅いというだけで範囲を下回ることも，また，速度が速いということで範囲を超えて上回ることもない。

精神発達の進み方の③は，到達度に関してである。図1-5が，一般的に考えられる到達度の差である。図が示すように，到達度の差には3タイプが考えられる。到達度aは，社会平均水準を上回るものである。到達度bは，社会平均水準の範囲内のもの。そして，到達度cは，社会平均水準を下回るものである。ここで，この到達度cのみを発達障害という。

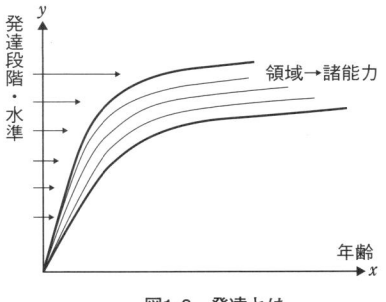

図1-2 発達とは

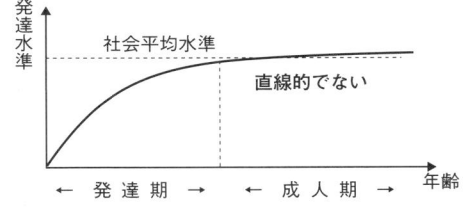

図1-3 精神発達の進み方①：経路

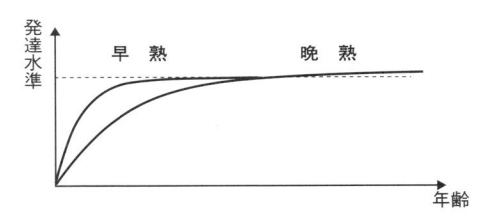

図1-4 精神発達の進み方②：速度の差

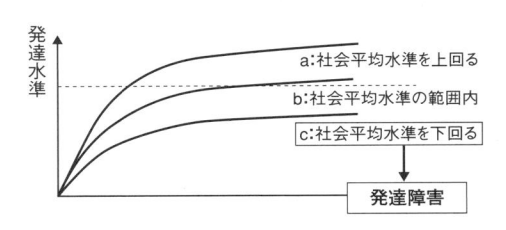

図1-5 精神発達の進み方③：到達度の差

すなわち，発達障害とは，何らかの原因で発達のある領域ないし，すべての領域で社会平均水準に至らないものということができる。

3. 発達への障害の現れ

発達には，段階・水準と領域があることを学んできた。では，この発達に生じる障害はどのようにとらえることができるのであろうか。我々は，日常的には，段階・水準に生じる障害（つまずき）を遅れということばで表現する。一方，領域に生じる障害は，偏りと称している。すなわち発達障害とは，何らかの原因で発達の諸領域に生じた遅れで，現れ方として，領域の全般的な遅れが顕著な場合と，ある特定の領域の遅れのため，発達の偏りが顕著な場合の大きく2つのタイプに分けられる（図1-6）。

つまずきはどう現れるか？

段階・水準 → 遅れ
領域 → 偏り

図1-6 発達への障害の現れ

4. 発達障害とは

　もともと発達障害（developmental disabilities）とは，アメリカ合衆国の公法で用いられた法律用語であった（米国法律集第42第6001条）。その内容は，6項目からなり，発達障害の特徴が法律的に規定されている。「①原則的に，5歳以上の人に見られる永続的な重度の障害，②その障害は知的障害または身体障害，あるいはその重複障害に起因する，③その障害は22歳までに現れる，④その障害は生涯にわたって持続する，⑤その障害のために，身辺処理・言語の理解と表出・学習・移動・自己決定・自立生活能力・経済的な自立という主要な日常生活活動のうち，少なくても3つ以上の領域で機能的にかなりの制限を受ける，⑥そのために，生涯を通じてあるいは長期間，個別的なサービス・支援・援助が必要とされる」というものである。また，アメリカ精神医学会（APA：American Psychiatric Association）による「精神疾患の診断・統計マニュアル（DSM：Diagnostic and Statistical Manual of Mental Disorder)」の第3版（DSM-Ⅲ）においても，発達障害の診断基準が示されている。「このグループの障害の本質は，主たる障害が認知，言語，運動，または社会的技能の獲得において存在することである。この障害は知的障害のような全体的な遅れ，特異的発達障害のような特定の領域の技能獲得における遅れまたは進歩しないこと，あるいは広汎性発達障害のような正常な発達の質的な歪みが多くの領域に存在することを含む。発達障害の経過は慢性の傾向があり，障害のいくつかの徴候は安定的に成人期まで持続するが，多くの軽症型では適応あるいは完全な回復が生じうる」（APA, 1987）というものである。DSM-Ⅲでいう発達障害とは，精神遅滞，広汎性発達障害，特異的発達障害，その他の発達障害，特定不能の発達障害が含まれる。ここで示された発達障害の定義は，DSM-Ⅲ-Rにおいては修正が加えられたものの存続したが，現在我々が手にするDSM-Ⅳでは，発達障害としてDSM-Ⅲで示されたいくつかの障害が，診断カテゴリーとして独立したこともあってか，なくなっている。また，WHO（世界保健機構）の「疾病および関連保健問題の国際統計分類」（International Statistical Classification of Diseases and Related Health Problem）の第10版（ICD-10）では，発達障害という診断カテゴリーはないが，「心理的発達障害」があり，以下のように定義されている。「1)つねに乳児期か児童期の発症，2)中枢神経系の生物学的成熟に強く関係する機能の発達の障害あるいは遅れ，3)多くの精神障害を特徴づける傾向のある軽快や再発のない安定した経過」（WHO, 1992）。ここで発達障害として含まれる障害は，ことばと言語の特異的発達障害，学習能力の特異的発達障害，運動機能の特異的発達障害，混合性特異的発達障害，広汎性発達障害，他の心理的発達障害，特定不能の心理的発達障害である。最後に，中央教育審議会による「特別支援教育を推進するための制度の在り方について（答申）」（2005）による発達障害を紹介すると「発達障害とは，自閉症，アスペルガー症候群その他の広汎性発達障害，学習障害，注意欠陥多動性障害その他これに類する脳機能の障害であってその症状が通常低年齢において発現するもののうち，言語の障害，協調運動の障害，心理的発達の障害，行動及び情緒の障害とさ

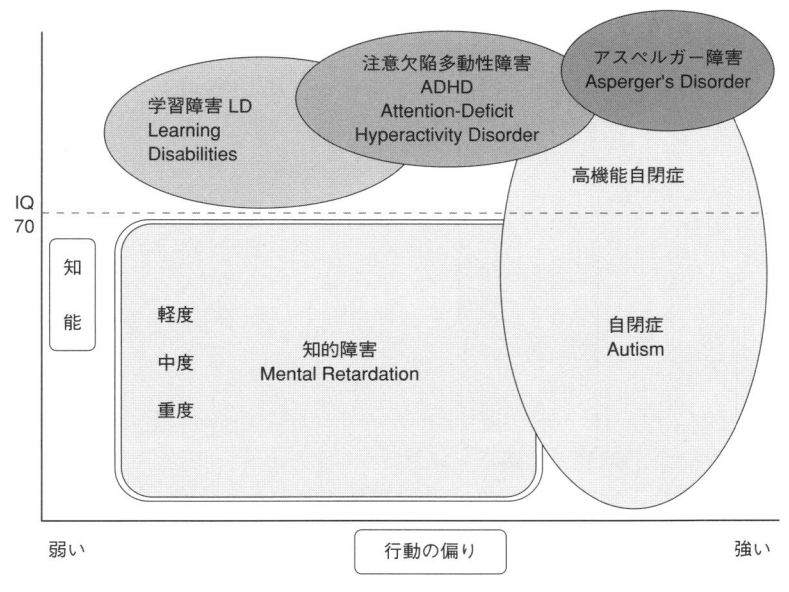

図1-7　発達障害とは

れている。これらには，従来から特殊教育の対象となっている障害が含まれるほか，小・中学校の通常の学級に在籍する児童生徒が有するLD，ADHD，高機能自閉症等も含まれる」というものである。

これら発達障害に関するいくつかの定義から発達障害を図1-7に整理することができる。すなわち発達障害とは，発達諸領域の全般的な遅れを特徴とする知的障害，正常な発達の質的な歪みが多くの領域に存在する自閉症，高機能自閉症，アスペルガー障害を含む広汎性発達障害，そして，ある特定の領域の技能獲得に遅れを示す学習障害などである（なお，ここで注意欠陥多動性障害は，「年齢あるいは発達に不釣り合いな注意力，及び／又は衝動性，多動性を特徴とする行動の障害で，社会的な活動や学業の機能に支障をきたすものである」とされている。このことから，行動に関連するある特定の領域の遅れと，現れた行動のまとまりのなさから，図においては，学習障害と広汎性発達障害との中間に位置づけた）。

参考文献

American Psychiatric Association　1994　*Diagnostic and statistical manual of mental disorders*（4th ed.）（高橋三郎・大野　裕・染矢俊幸（訳）　1996　DSM-IV精神疾患の診断・統計マニュアル　医学書院）

中央教育審議会　2005　「特別支援教育を推進するための制度の在り方について」（答申）

文部科学省　特別支援教育の在り方に関する調査研究協力者会議　2003　「今後の特別支援教育の在り方について（最終報告）」

World Health Organization　1992　*The international classification of disease*（10th ed.）（融　道男・中根允文・小見山　実・岡崎祐士・大久保善朗（訳）　1993　ICD-10精神および行動の障害—臨床記述と診断ガイドライン　医学書院）

第2章 発達障害の心理・行動特性の理解

第1節 知的障害

1. 知的障害とは
(1) 知的障害の用語と定義

　知的障害は，1999年3月までは旧文部省，厚生省関係において精神薄弱（Mental Dificiency）と表現されてきた。1999年4月より，「精神薄弱の用語を整理するための関連法律の一部を改正する法律」に基づき，法律上は「知的障害」となった。現在のところ，日本においては法律あるいは行政用語では「知的障害」，主に医学領域などでは「精神遅滞」が使われ，心理学領域では両者が混在しているような状況である。アメリカではMental Retardationが用いられることもあるものの，国際的にはIntellectual Disabilitiesが使われている。そして，わが国ではMental Retardationを「精神遅滞」ではなく，「知的障害」と訳すのが一般的である。このような状況であるが，現在のところ，わが国で用いられている「知的障害」と「精神遅滞」はほぼ同義と考えられる。

　知的障害の定義は，アメリカ精神遅滞学会（AAMR：American Association on Mental Retardation），アメリカ精神医学会（APA：American Psychiatric Association），世界保健機構（WHO：World Health Organization）がそれぞれ示している。2002年，アメリカ精神遅滞学会（AAMR）では10年ぶりに定義を改め，第10版として次のような定義をした。

　「知的障害（Mental Retardation）は，知的機能および適応行動（概念的，社会的および実用的な適応スキルで表される）の双方の明らかな制約によって特徴づけられる能力障害のことである。この障害は，18歳までに生じる」

　AAMRの第10版では，定義の適用に当たり以下の5つの不可欠な前提が設定されている。これらの内容を踏まえたうえで，AAMR第10版の定義について理解を深めることが求められる。

　前提1：「現在の機能の制約は，その人の年齢相応の仲間と文化に典型的な地域社会の状況の中で考えられなければならない」

　前提2：「妥当な評価は，コミュニケーション，感覚，運動および行動の要因の差異はもちろんのこと，文化的および言語的な多様性を考慮しなければならない」

　前提3：「個人の中には，制約がしばしば強さと共存している」

　前提4：「制約を記述することの重要な目的は，必要とされる支援の

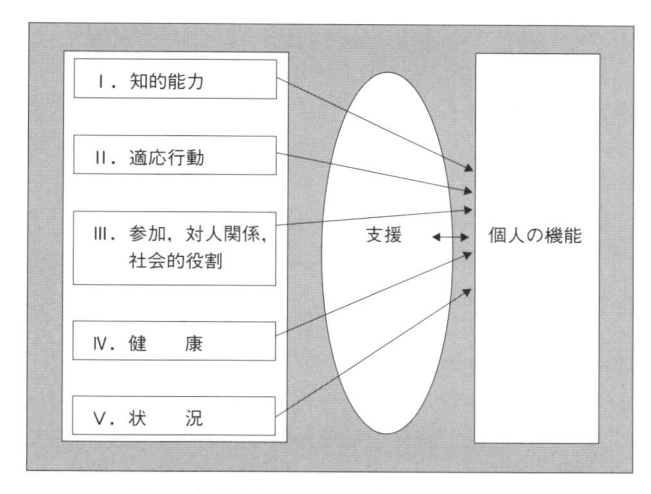

図2-1 知的障害の理論的モデル（AAMR, 2002）

プロフィールを作り出すことである」

前提5：「長期間にわたる適切な個別的な支援によって，知的障害を有する人の生活機能は全般的に改善するであろう」

AAMR第10版の理論的モデル（図2-1）は，知的障害の状態と個人の機能の理解における重要な要素である，人，環境及び支援への生態学的視点を保持している（AAMR, 2002）。この理論的モデルでは，個人の機能への多次元的影響の各々は，個人に利用可能な支援を通して仲介されていること，支援のニーズと個人の機能が相互に影響していることを示している（AAMR, 2002）。

アメリカ精神医学会（APA）の「DSM-Ⅳ-TR　精神疾患の分類と診断の手引」（2000）では，通常，幼児期，小児期または青年期に初めて診断される障害の1つとして精神遅滞が挙げられている。そして，以下の3点から定義を行っている。

①**明らかに平均以下の知的機能**：個別施行による個別検査で，およそ70またはそれ以下のIQ（幼児においては，明らかに平均以下の知的機能であるという臨床的判断による）。

②**同時に，現在の適応機能（すなわち，その文化圏でその年齢に対して期待される基準に適合する有能さ）の欠陥または不全が，以下のうち2つ以上の領域で存在**：コミュニケーション，自己管理，家庭生活，社会的／対人的技能，地域社会資源の利用，自律性，発揮される学習能力，仕事，余暇，健康，安全。

③**発症は18歳以前である**：世界保健機構（WHO）の「国際疾患分類第10版（ICD-10）」（1992）によると「精神遅滞とは，精神の発達停止あるいは発達不全の状態。これは発達期における巧緻性，認知，言語，運動といった全般的な知能水準に寄与する能力，および社会的な能力，の障害によって特徴づけられる。精神発達の遅滞は，他のどのような精神的または身体的障害の有無にかかわらず起こり得る」と規定し，IQについてはおおよそ69以下の範囲としている。

以上の定義から，知的障害（精神遅滞）について，以下の3つの共通

要素が挙げられる。1つ目は，知的機能に障害があること。これは，知能指数（IQ）が70あるいは75以下の状態を指す。2つ目は，適応行動に障害を伴う状態であること。これは，身辺処理や日常生活習慣に関わるスキル，コミュニケーションスキル，基礎的で実用的な学習スキル，余暇活動スキル，対人的・社会的スキル，職業的なスキルなど，社会生活能力全般の領域で現れる障害を意味している。3つ目は，出現の時期として発達期に生じる障害であること。発達期とは，現在のところ18歳以前と見るのが一般的である。

（2）知的障害の原因と出現率

知的障害の原因に関しては，生理型・病理型などの2分類法が用いられている。生理型とは，特異な病理的機制は存在しないものである。現在，知的障害のおよそ1／2から3／4が生理型とされている。一方，病理型とは原因の明確になっているものである。知的障害の原因疾患は，数多い。AAMR第9版（1992）によれば，原因疾患として300以上の疾患名が記されている。

なお，知的障害の病因については，AAMR第10版（2002）において生物医学的な因子だけに基づく分類ではなく，多因子的アプローチを採用している（表2-1）。病因への多因子的アプローチでは，危険因子のリストを因子のタイプと因子の作用時期の2つの方向に拡大している（AAMR, 2002）。この考え方は，知的障害の原因は生物医学的な危険因子の比重が大きい場合もあるが，必ずしもそれだけで知的障害を引き起こすものではないことを示唆している。つまり，それぞれの因子が単独で，あるいは重複して知的障害を引き起こす可能性を示している。知的障害の原因を単一の特定されたことだけに依存してとらえるのではなく，生物医学的，社会的，行動的，教育的といった4つの視点から時期

表2-1　知的障害の危険因子（AAMR, 2002）

時期	生物医学的	社会的	行動的	教育的
出生期	1. 染色体障害 2. 単一遺伝子障害 3. 症候群 4. 代謝障害 5. 脳発育不全 6. 母親の疾患 7. 親の年齢	1. 貧困 2. 母親の栄養不良 3. ドメスティックバイオレンス 4. 出生前ケアへのアクセス欠如	1. 親の薬物使用 2. 親のアルコール使用 3. 親の喫煙 4. 親の未成熟	1. 支援されていない親の認知能力障害 2. 親になる準備の欠如
周産期	1. 未熟 2. 分娩外傷 3. 新生児障害	1. 出産ケアへのアクセス欠如	1. 親による世話の拒否 2. 親による子どもの放棄	1. 退院時介入サービスへの医療的紹介の欠如
出生後	1. 外傷性脳損傷 2. 栄養不良 3. 髄膜脳炎 4. 発作性障害 5. 変性疾患	1. 不適切な養育者 2. 適切な刺激の欠如 3. 家庭の貧困 4. 家族の慢性疾患 5. 施設収容	1. 子どもの虐待と無視 2. ドメスティックバイオレンス 3. 不適切な安全対策 4. 社会的剥奪 5. 困難な子どもの行動	1. 不適切な育児 2. 診断の遅れ 3. 不適切な早期介入サービス 4. 不適切な特殊教育サービス 5. 不適切な家族支援

と併せてとらえる必要がある。

　知的障害の出現率については，広義の知的障害（状態像論に立つ知的障害）という判別基準に立つ場合の出現率は2.0％～3.0％程度，狭義知的障害（病因論に立つ知的障害）という判別基準に立つ場合の出現率は0.3％～0.8％程度と考えるのが妥当と指摘（山口，2004）されている。

（3）知的障害の分類

　これまでの知的障害の分類は，原因，行動特性，知的障害の程度，サポートのレベルなど多様な要因に基づき行われてきた。知的障害の分類は，障害概念そのものの変化，社会情勢によって変化していくものである。ある一定の分類法に対して，絶対的な見方をすることのないよう注意しなければならない。

1）知的機能に基づく分類

　知的障害の分類において，頻繁に用いられてきたのは，知的機能の水準に即した分類方法である。この方法は，知能検査の結果のみを基にして導かれる分類である。簡便であり，国際的な指標としても広く使われている。ただし，知能指数（IQ）に基づく分類は，あくまで知的機能のみに着目したものであり，適応行動や養育環境など総合的な視点が十分には含まれていない点を考慮しておく必要がある。また，現在では「知能は知能検査が測定しているもの」という操作的定義に基づいていることを踏まえておく必要がある。知能指数（IQ）は，次の式で定義される。

知能指数（IQ）＝精神年齢（MA）／生活年齢（CA）×100

APAのDSM-Ⅳ-TR（2002）における分類は下記の通りである。
・軽度精神遅滞：IQレベル50～55からおよそ70
・中等度精神遅滞：IQレベル35～40から50～55
・重度精神遅滞：IQレベル20～25から35～40
・最重度精神遅滞：IQレベル20～25以下
・精神遅滞，重症度は特定不能：精神遅滞が強く疑われるが，その人の知能が標準的検査では測定不能の場合（例：あまりにも障害がひどい，または非協力的，または幼児の場合）

2）多次元的アプローチによる分類

　精神遅滞（知的障害）の分類について，AAMR第9版（1992）の定義は「多次元的アプローチ」（multidimensional approach）に基づき，必要とするサポートレベルによって以下の4つに分類している。
・一時的（intermittent）：必要な時だけの支援。
・限定的（limited）：期間限定ではあるが，継続的な性格の支援。
・長期的（extensive）：少なくともある環境においては定期的に必要な支援。

・全面的（pervasive）：いろいろな環境で長期的に，しかも強力に行う必要がある支援。

多次元的アプローチは，①精神遅滞の概念を広げること，②IQ値によって障害のレベルを分類することはやめること，③個人のニーズを，適切なサポートのレベルに結びつけること，を意図している（AAMR第9版，1992）。第9版（1992）において知的障害の分類を従来から用いられてきた知能指数による分類から改めたことは，障害観を大きく転換させたものとして高く評価されよう。サポートシステムの視点のみで，知的障害を分類することに限界はあるのかもしれないが，障害概念の変遷のなかで，サポートシステムの視点が重要な要素になることは間違いない。

そして，AAMR第10版（2002）においても，「知的障害の状態の包括的な正しい理解には，個人と環境との相互作用，および自立，対人関係，社会的貢献，学校と地域社会への参加，および個人的幸福に関連する，その相互作用の個人に関する成果を反映する多次元的な生態学的アプローチが必要である」と説明されている。現代においては，知的障害を個人の機能あるいは環境要因のいずれかに依存して説明するのではなく，相互の関係でとらえていく必要がある。いずれにせよ，知的障害の分類は教育・支援へとつなげるために実施されなければならない。

2．知的障害の心理・行動特性

知的障害児・者に対する心理学的研究は，知覚，記憶，学習，言語・コミュニケーション，数概念など多様な領域で取り組まれてきた。本稿でこれらすべて扱うことは紙面の都合上，とても困難である。そこで，本稿では知的障害児・者の言語・コミュニケーション，認知，記憶，数概念について概論を述べる。なお，これら諸領域に発達については，知的障害の程度によって異なり，個人差も大きい。知的障害の症状は，その個人の生物学的な要因だけでなく，環境的な要因との相互作用によって変化する。何より，その個人が経験してきたことによっても，症状の種類や程度は変わる。特に，本人の失敗経験の積み重ねや他者からの賞賛・叱責の頻度は，動機づけや自己評価の低下を招き，さまざまな行動に影響を及ぼす場合がある。

知的障害の心理・行動特性については，今見られる症状だけに目を奪われるのではなく，その背景にまで視点をもっていくことが大切である。特に，支援へつなげるためには症状への対応だけでなく，そのような症状が生じている原因について，個人の生物学的要因，個人の経験的要因，そして現在の環境要因の3つの視点からとらえていくことが求められる。以下，各領域ごとに説明する。

（1）言語・コミュニケーション

知的障害児は，健常児に比べてアイコンタクト，発声，指差しなどのコミュニケーション手段を用いる前言語期段階から，すでに発達の遅れが認められる。ことばの発達や他者理解の発達において大切な共同注視（視線を共有して，同じものを見ること）の成立も遅れる場合が多い。

健常児では，およそ12ヶ月頃に数語のことばを話すようになる。しかしながら，知的障害児は有意味語の出現も遅れ，個人差は大きい。ことばの発達初期を支える認知機能としては，追視とモノの永続性，目的―手段の関係，模倣，象徴遊び（ふりをする遊び）が指摘（鴎田，1988）されている。モノの永続性とは，モノが見えなくなっても，その物自体は存在するということである（鴎田，1988）。知的障害児における表出言語と認知能力との関係については，感覚運動知能評価尺度（モノの永続性，目的達成，因果性，空間，対象関係把握のシェマ）を用いて検討されている。柳田（1988）は，知的障害児の言語獲得状況と感覚運動知能との関係について，表出言語獲得のための必要条件ではあるが，十分条件とはいえないと述べている。そして，4歳までに感覚運動知能期を完成すれば，言語面での予後がよいと報告している。知的障害児の初期言語発達について見つめる場合には，認知能力の発達についても確認しておくことが求められる。

　健常児は1歳後半から爆発的に話せる語彙が増加する。知的障害児も，健常児の発達に比べて遅れるものの，50語を超えるあたりから話せる語彙が増加する。ただし，発達経過が緩やかであるため，健常児と同程度の急激な変化は認められない場合が多い。そして，知的障害児・者は，語彙が増加し，言語によるコミュニケーションが可能になっても，統語的発達は遅れる。特に，動詞の獲得が遅れており，文が短く構造も単純な場合が多い。また，知的障害児の生活年齢と語彙テストの成績及び統語との関係を比較したところ，語彙テストの成績の方が統語よりも強い相関が認められると報告（Facon *et al.*, 2002）されている。つまり，語彙能力は生活経験によって高くなっていく可能性がある一方，統語的側面は語彙能力に比べて生活経験によって改善しにくいと推察される。さらに，知的障害児は特定の名詞と助詞を結びつけて記憶することにより，両者の関係が固定しやすいため，助詞の習得が困難と考察されている（池，1982）。助詞表現の習得が，知的障害児の言語表現活動全般を活性化することも示唆されている（森，1995）。知的障害児の豊かな言語・コミュニケーションを育むには，ある一定の水準に達した段階で助詞表現の指導を取り組むことも求められよう。

　ところで，ウィリアムズ症候群は，きわめて語彙理解や表出言語の発達が良好である。当然のことではあるが，一概に知的障害をひとくくりにして，言語・コミュニケーションの特徴を論じることはできない。また，知的障害児にも構音障害，吃音などが認められる場合があり，留意する必要がある。

　次に，知的障害の一群であるダウン症児の言語・コミュニケーションの特徴について説明する。ダウン症児の言語・コミュニケーション能力は，個人差が大きい。乳幼児期からダウン症児の言語・コミュニケーション能力の発達には遅滞が認められる。ダウン症児の言語・コミュニケーション能力の特徴としては，主に以下の5点が挙げられる。第1点目は，理解言語に比べて表出言語が遅れる。ダウン症児は，日常生活に関することばの理解はできるものの，表出言語が顕著に遅れ，学齢期以降も継続してこの特徴は認められる場合が多い。2点目は，ことばが不明

瞭である。ことばの不明瞭さの改善には，乳幼児期の段階から，口腔の訓練（例；息を吹く練習，しっかり食べ物を噛むなど）を意識することが望まれる。そして，ある程度（約100語以上）のことばが話せるようになれば，音韻意識を育む指導が大切になってくる。音韻意識とは，ことばの音の単位に対する認識である。3点目は，軽度の難聴が多い（約6割）。難聴については，早期から医療機関で検査をし，適切な対応をすべきである。4点目は，単語で多くのことを話せるようになっても，2語文，3語文への移行に時間がかかる。ダウン症児も，知的障害児の一般的傾向と類似して，特に「動詞」の獲得が遅い。2語文以降においては，「動詞」の獲得が支援のポイントとなろう。5点目は特に学齢期後半以降になって吃音が認められる場合が多い。吃音については，明確な原因がわかってはいない。そのため，人前で話す時なども過度のストレスがかからないように配慮する必要がある。

　一般に，ダウン症児は，表出言語の遅れが顕著ではあるものの，表情豊かで，コミュニケーションをとろうとする意欲は豊富である。対人関係も良好なため，発音が不明瞭でも積極的に話しかけてくるダウン症児も多い。不明瞭な発音を無理に訂正し，言い直しをさせるよりも，写真や絵などの視覚的手がかりを用いるなどの工夫をし，コミュニケーションしやすい環境設定を意識すべきである。また，視覚的な情報が得意なので「ひらがな」や「漢字」などを積極的に指導で生かしていくことが期待されよう。さらに，小学高学年くらいからパソコンを効果的に活用して，作文や日記などを作成するダウン症児もみられる。それぞれの発達段階とダウン症という特性を考慮して，指導を行っていくことが望まれる。

　知的障害児への言語・コミュニケーションの発達支援については，1980年代後半から日本においても語用論的アプローチによる指導など取り組まれてきている。具体的な内容については，指導技法の頁をご覧いただきたい（第Ⅰ部第3章第4節1(2)言語指導やコミュニケーション育成のいろいろな技法を参照）。

(2) 認　　知

　認知領域といっても，知覚，記憶，数概念，注意，社会的認知など多様な領域を含んでいる。本稿において，これらすべてを網羅することは紙面の都合上できない。そこで，本稿ではまず知的障害児の視知覚，記憶，数概念を中心に解説していく。次に，ダウン症児の認知発達の特徴について説明する。

1）視 知 覚

　視知覚の発達は，精神年齢と関連がある。知的障害児の視知覚能力の分析については，フロスティッグ視知覚発達検査が実施されてきた。フロスティッグ視知覚検査は，Ⅰ「視覚と運動の協応」，Ⅱ「図形と素地」，Ⅲ「形の恒常性」，Ⅳ「空間における位置」，Ⅴ「空間関係」の5領域から構成されている。知的障害養護学校高等部の生徒を対象とした研究（四日市，1992）では，知覚年齢とIQとの間に関連があること，なかで

もⅢ「形の恒常性」の領域では最も高い相関が認められていた。IQが37〜59の者では，Ⅲ「形の恒常性」とⅣ「空間における位置」の知覚年齢が低く，個人差も大きかった。また，IQが36以下，及び測定不能の対象者ではすべての領域で低い結果になっていた。誤答分析の結果，線をなぞることの難しさ，図形認知における図形の大きさの問題，縦横よりも斜めの空間関係がとらえにくいという点が示された。知的障害児にとって，枠からはみ出さないように線を引くだけでなく，線と一致してなぞること。小さい図形の認知や斜めへの意識を育むことが支援の課題と考えられる。フロスティッグ視知覚発達検査のⅠ「視覚と運動の協応」，Ⅱ「図形と素地」，Ⅴ「空間関係」の領域は，知的障害児の書字能力と関係あることも示されている（三塚, 1994）。知的障害児への書字指導を行う際には，視知覚能力についても評価しておくことが望まれる。

　なお，フロスティッグの理論では，視知覚能力を促進させる指導方法まで体系化されている。四日市（1992）の研究でも練習によって視知覚能力は向上しうるものであったと報告されている。具体的な方法は，指導技法の頁をご覧いただきたい（第Ⅰ部第3章第4節2(1)視知覚能力促進法　フロスティッグ法を参照）。

　知的障害児の図形認知に関する研究も報告されている。知的障害児（精神年齢6歳）の図形類同視による方向認知は，S方向（180度方向）を明らかに重視し，NW（315度）方向とNE（45度右）方向を軽視の傾向があり，健常児と比べて図形の方向認知において未発達な水準であると報告されている（田中, 1969）。知的障害児の図形認知（三角形と四角形）の特徴に関して，松村・鈴木（1988）は，精神年齢3歳〜7歳の間において年齢的な推移が見られ，年齢の発達とともに高いレベルの獲得が行われること。ただし，概念達成のレベルの獲得は，同一年齢でも個人差が大きいと報告されている。これらより，三角形や四角形の幾何学的な概念の獲得状況については，生活年齢の上昇に伴う発達的変化が認められるものの個人差が大きいので，生活年齢や精神年齢だけで判断せず，子どもの実態を適切に判断する必要があると考えられる。

2）記　憶

　記憶には，情報を覚える（記銘），その情報を保存しておく（保持），思い出す（想起）という3つの側面がある。最近は，情報処理的な視点から記銘は符号化，保持は貯蔵，想起は検索といわれる。

　松村（1989）によれば，知的障害児の記憶について考察する場合，構造的要因と制御過程を区別すべきである。構造的要因とは，コンピュータのハードウェアにたとえられ，記憶の貯蔵場所，短期貯蔵庫や長期貯蔵庫の容量，処理スピード等に関することである（松村, 1989）。制御過程とは，コンピュータのソフトウェアにたとえられ，情報を感覚記憶から短期貯蔵庫に，さらに短期貯蔵庫から長期貯蔵庫へ転送したり，短期記憶貯蔵庫に維持する時に働く注意，符号化，リハーサル及び精緻化などを指す（松村, 1989）。

　制御過程については，エリス（Ellis, 1970）以来，リハーサルの研究

が数多く取り組まれ，知的障害児・者は記憶課題においてリハーサルが貧弱あるいは不適切であることが実証されている（松村, 1989）。また，同じく制御過程に関する研究として，記銘時の処理水準を検討した研究がある。クレイとロックハートの研究（Craik & Lockhart, 1972）では，記銘時の処理水準が形態的処理，音韻的処理，意味的処理の順に処理水準が高くなり，忘却しにくくなると報告されている。知的障害児は，健常児と同様に，精神年齢の上昇（4歳～8歳にかけて）に伴って意味的な属性を符号化するようになる（松村・木村, 1986）。しかし，同一精神年齢の健常児と比べると音韻的符号化が多い傾向であった（松村・木村, 1986）。つまり，知的障害児の処理水準は同じ年齢の健常児に比べて低い水準であり，そのことが記憶課題の低下につながっていると推察される。そして，1970年代の後半以降になると，知的障害児に対する記憶方略に関する種々の訓練が実施され，訓練の直接的な効果やその維持は認められたが，般化については疑問視された（松村, 1989）。

　知的障害児の記憶については，メタ記憶に関する研究も取り組まれている。メタ記憶とは，自分自身の記憶能力や記憶過程，記憶課題と方略の関係などに関する知識及び実際の場面において働く調整機能のことである。知的障害児でも，精神年齢が6歳あるいは8歳では，リハーサルあるいはカテゴリーの方略が有効であることを知っている（Brown, 1978）。しかしながら，実際の場面では方略を使用しなかったと報告されている（Brown, 1978）。また，知的障害児は実際に再生できる量よりも多く再生できると予測する傾向があるものの，精神年齢9・10歳では記憶遂行を繰り返すことにより再生予測能力が改良されたことも示されている（松村・福島, 1993）。そして，ボウコウスキーとヴァーンハーゲン（Borkowski & Varnhagen, 1984）は，系列再生課題において自己教示訓練を実施した。その結果，般化における効果が認められた。近年では，記憶の方略訓練に原因帰属の訓練を併用した訓練技法を適用し，帰属訓練は方略訓練の効果を高める重要な要因になると報告されている（Turner et al., 1994; Turner, 1998）。特に，努力帰属は方略利用や再生に効果が認められている（Turner, 1998）。知的障害児へは方略訓練だけを行うのではなく，帰属訓練などを併せて実施し，相互関係のなかでアプローチしていく必要があろう。

　なお，記憶研究においては，単純な短期記憶のシステムでは説明できない実験研究や症例が示され，新たに作動記憶モデルが提案されている。作動記憶とは，情報の保持と処理が並立的に進行する記憶の機能やシステムを指す（菅野・山根, 2003）。バッデリー（Baddley, 1986）の作動記憶モデルは，音韻ループ，視空間スケッチパッドと情報制御機構である中央実行系から構成されている。詳細は，文献をご覧いただきたい。

3）数　概　念

　知的障害児の数概念の特徴の1つとして，数字を読むことはできても，数字に対応した事物の集合を選択できないといった状態が見られることが多い。中度知的障害児においても，数字の読みの成績は，計数や一定の事物を取り出す課題に比べて良好であると報告されている（Spradlin *et al.*, 1974)。つまり，知的障害児は音声による数詞あるいは数字の理解は促進されやすいものの，集合の中から指定された数だけ取り出すような事物操作になると困難が認められやすい。事物操作では，作動記憶も関連している。知的障害児に見られる事物操作の困難さについては，作動記憶の観点からも分析していく必要がある。

　数の基礎概念について，三村・松村（2001）は構造的チェックリストを作成している。三村・松村（2001）は，従来の各心理検査及び指導プログラムにおける数に関する項目を分析し，「ものを認知する（目と手の協応）」「ものを弁別する・分類する」「1対1対応・数唱・数字」「計数」「数概念」の5つの観点からチェック項目を作成している。そして，例えば「いわれた数だけものを取る」「ものを数えてその数がいえる」の一方，あるいは両方ができなければ，「数詞と1対1対応しながら数える」といった指導が望まれることを指摘している。詳細は，三村・松村（2001）を参照していただきたい。

　さらに，知的障害児への数の概念の発達支援については，数に関する刺激クラスの形成であると考え，数操作の達成状態を評価し，刺激等価性に基づいて指導していく方法が提唱されている（小池，2001）。刺激等価性は，子どもの負荷を最小限にし，効率的な指導を実施できる可能性がある。知的障害児の数詞，指表示，数字，事物の関係について達成状況を評価し，刺激等価性に基づいて効果的な指導方法を実施していくことが大切である（第Ⅰ部第3章第4節4(6)刺激等価性を参照）。

　ダウン症児の認知発達の特徴について説明をする。ダウン症児は，視知覚－運動系（例えば，〇，△，□などの型はめやひも通しなど）は優れている。一方，数概念と聴覚的な短期記憶（例；検査者が述べた数字を同じように繰り返して言う課題）には困難を示す。ダウン症児は，同じ記憶能力でも視覚的な記憶の方が聴覚的な記憶に比べて顕著に優れている。ダウン症児・者の作動記憶について検討した先行研究からは，ダウン症児が音韻ループに問題があることが指摘（菅野・池田，2002）されている。ダウン症児に指導を行う時には，視覚的な手がかりを効果的に用いて，進める必要があると考えられる。数概念やことば，ひらがなの指導などにおいても，口頭による説明を中心とした聴覚的な指導ではなく，絵や数字などの視覚的手がかりを積極的に用いた指導が望まれる。また，必要に応じてメモをとるなどの習慣を日頃から意識することも大切であろう。

(3) 行　　動

　行動特性のうち，まずは基本的生活習慣について述べる。知的障害児の基本的生活習慣について食事，睡眠，排泄，着衣，清潔の5つの視点から分析をした研究（上岡・井原，1992）では，知的障害児で最も通過が遅れる項目は，清潔領域であること，精神年齢よりも生活年齢の影響を受けやすいことを報告している。知的障害児の基本的生活習慣における課題は清潔領域であり，継続的な指導によって改善される可能性があると考えられる。

　養護学校における行動の自己制御について検討した研究（小島・池

田，2000）では，知的障害児（平均生活年齢14歳，平均精神年齢4.6歳）は，自己主張に関しては拒否・強い自己主張が発達しており，自己抑制面では待機行動や規則への従順といった点が発達していることが示されている。その一方，自己主張面の能動性・主体性や自己抑制面における他者との協調性が困難であった。知的障害児の自己主張に関する行動は，まずは「はい」「いいえ」などの簡潔で明確な自己主張を育み，のちに自ら積極的に意見を述べるなどの主体性を考慮した支援が求められよう。また，自己抑制面については，順番を待つことや規則に従うことなどの社会的ルールの理解を指導したのちに，他者の意見や気持ちを考慮した行動を育む支援が求められる。

　知的障害養護学校に在籍する児童・生徒の問題行動を検討した研究（小笠原・守屋，2005）では，半数以上の児童・生徒が平均1.9種類の問題行動を示していたが，高等部の生徒の問題行動の出現率は，他の学年の半数以下であった。そして，他傷行動と奇声，自傷行動において年齢との関係が認められており，他傷行動については年齢の経過とともに減少していた。また，問題行動の出現頻度とコミュニケーション手段との関係には一定の傾向があり，ジェスチャーが主たるコミュニケーション手段である児童・生徒において，問題行動が高頻度で出現していた。小笠原・守屋（2005）は，問題行動の出現には，コミュニケーションが伝わらない伝達性の問題が関係していると推測している。問題行動に対しては，その場での対処に追われるのではなく，問題行動の意味と問題行動が生じている原因，状況について見極める必要があろう。そして，問題行動に対して直接アプローチするのではなく，その意味について確かめ，代替行動を形成するなどの対応が望まれる（第Ⅰ部第3章第4節4.行動分析関係を参照）。

　ダウン症児の一般的な行動特性としては，動作模倣が得意，お世話が大好き，頑固，動作が緩慢である，といった点が挙げられよう。明るくて，とても人なつっこい一方で，ダウン症児は頑固であるという指摘を頻繁にされる。頑固さは，学齢期から徐々に見られる傾向にあるものの，生活年齢が上がるに従って，より顕著になる場合が多い。ダウン症児の行動の自己制御について検討した研究（小島・池田，2000）においても，感情抑制が課題とされていた。なぜそのような行動をしたのか自ら気づき，行動を修正できる能力を養うことが求められる。青年期以降では，自分の行動を振り返る力を育むとともに，我を通すだけでなく，他者の気持ちや状況の理解を促す教育・支援が求められよう。

(4) 自　己

　知的障害児の自己に関する研究は，主に自己の認知的側面（自己概念，自己認知など），自己の評価的側面（自己評価，自己能力評価など），行動に関わる自己の機能的側面（自己制御，自己管理など），自己決定という領域で取り組まれてきた。従来から取り組まれてきた領域は，自己概念や自己評価に関する領域である。知的障害児の自己概念や自己評価に関する研究では，いずれも自己概念は精神年齢の影響を受けており，一般的な傾向としては，生活年齢及び精神年齢が高くなるに従って客観

的な自己評価が可能になることが多くの研究から示されている。他者からの評価を意識し，おのずから客観的な自己評価ができるようになるには，精神年齢が8，9歳程度は必要とされている。

　そして，自己概念や自己評価の影響要因についても，本人の生活年齢及び精神年齢の他に，どういう他者と比較をしているのか？といった他者との関係性や知的障害者自身の経験してきた失敗経験，さらには今受けている教育・支援の質など多様な要因が関係している。特に，健常児と直接比較の機会が多く，能力差のわかりやすい運動能力に関しては，他の学習面や対人関係などの領域に比べて低い自己評価を抱きやすい傾向にある（大谷・小川，1996）。失敗経験を多く経験した知的障害児の自己評価は，低くなりがちである。青年期になると多様な要因が自己評価に影響を及ぼしており，個人差も大きくなってくる。知的障害児自身の自己評価に視点を向けて，適度な自信を抱けるように支援していくことが必要である。

　また，青年期の移行期支援においては適切な自己理解を促すことが大切になる。自分の得意，不得意を正しく理解し，成功経験だけでなく，失敗経験も受け入れることができる自己の形成が求められている。これは，実際の教育・支援場面では否定的な自己を形成するのではなく，今の自分でいいんだと考え，前向きに生きていこうとする自己肯定感を育むことに集約できよう。

　なお，アメリカ合衆国では障害児教育の分野において，自己決定が重視されている。アメリカ合衆国では，自己決定カリキュラムも数多く存在している。しかしながら，わが国においてはそれほど自己決定という概念や教育方法が浸透しているとは言い難い。自己決定は，自主性（autonomy），自己制御（self-regulation），心理的エンパワーメント（psychological empowerment），自己理解（self-realization）という4つの基本的な特性から構成される（Wehmeyer *et al*., 1998）。わが国における研究では，重度知的障害児も食事や遊びにおいては自己決定が可能であったと報告されている（長澤，2001）。知的障害児の主体性を高めるためにも，学校生活において選択機会を保障することが求められる。

　ダウン症児についても，自己の研究は取り組まれている。ダウン症児は，幼児期からすでに自己認知の発達が遅れる。近年では青年期の自己概念，さらには自己の障害への気づきも検討されている。ダウン症児においても自らの得意・不得意も含めた適切な自己理解を促進し，自己決定できる力を育むことが課題となろう。

3．まとめ

　知的障害の概念は，時代の変遷とともに，固定的で知能水準で分類をするというとらえ方から，支援のニーズと個人の機能は相互に影響し合う動的なものであり，多次元でとらえるという方向へ大きく変革を遂げた。そして，知的障害の心理・行動特性の概略を説明したが，特性としてまとめることが困難な程に個人差は大きく，それだけ個に対応した支援が求められるということになろう。実際の指導の展開に当たっては，

本稿で解説した知的障害の心理・行動特性を参考にしつつ，個に応じたアセスメントを実施し，必要に応じて指導技法の選定を実施することが求められる。知的障害の概念，心理・行動特性などの理解は不可欠であるが，あくまでも支援への最低限の知識を得たに過ぎない。読者には，「知識を生かす」方向へと発展させていただきたい。

第2節　LD

1. LDとは

　学習障害（LD）は，教科学習上のつまずきという観点から定義される。全般的な知的水準は同年齢の他の子どもと変わらない（知的発達に遅れはない）。したがって，教科学習に必要なさまざまな認知的な能力のうち特定の能力のみが損なわれた状態と考えられる。このような点で，知的障害とは区別されるが，知的な面で境界に位置する子どもがLD様の特徴をもつこともある。

　LD児の指導を立案・計画するに当たって，彼らのほとんどが通常学級に在籍していることを考慮に入れなければならない。通常学級の授業スタイルは原則として多くの子どもを対象とした一斉授業形式で行われるが，学習上でのつまずき要因を抱える彼らにとって，必ずしも効果的ではない。それぞれのLD児がもつ教育的なニーズを把握したうえで，通常学級での配慮やチームティーチング，通級指導における工夫が必要である。

　LDには中枢神経系のなかでも大脳に局所的な機能低下が想定されている。このことは，視覚障害や聴覚障害でしばしば見られる感覚器の異常が直接的な原因となっていないことを意味している。このようなことから，LDを認知に関する発達障害ととらえて，情報処理的観点からその障害を理解することは有意義と思われる。また，中枢神経系の機能低下には生物学的な原因があると考えられ，社会，経済及び心理的な要因からの直接的な影響によるものではないとされる。出生時に障害の原因がすでに存在し，その後の正常な発達過程を妨げるという点で，LDも発達障害とみなされる。他の発達障害と同様に，その発生メカニズムを階層的にとらえることが重要である。多くの双生児研究や家系研究は，LDが遺伝的な背景と密接な関係にあることを示している。さらに，胎生期に有毒な化学物質の暴露を受けると，微量であっても神経系の初期形成に重大な影響を及ぼす。

　環境や経験との相互作用を経て，大脳皮質はその機能を次第に局在化させてゆく。それとともに，感覚間の統合が図られることによって高次の認識が形成される。人の大脳皮質で連合野の占める割合は非常に大きくなっており，これらの領域が推論などの高次な認識機能を担っている。特定の認知能力，例えば視空間認知が損なわれてしまうと，教室の場所がわからず戻れなかったり，形態が類似している文字が読めない，複雑な漢字の偏や旁の配置を混同してしまうなどさまざまな学習上の障害として出現する。

　この章では，まずLDの定義を外観したうえで，その理解において認

知的なとらえ方が重要であることを述べる。指導計画を考えるうえでは，学習のどこでつまずいているのか，そして認知面のどの面が問題なのか，この2つの関係をアセスメントする必要がある。後半部分では，LDのなかでも最もその理解が欧米で進んでいる読字障害を取り上げて，その生物学的な背景から特性理解，さらに基本的な指導の原則について紹介し，日本語における読字困難へのアプローチを考えてみたい。

2. LDの定義

(1) 精神医学的定義

DSM-Ⅳ-TRによれば，LDは読字障害，書字表出障害，算数障害と特定不能のLDに分類される。診断上で満たすべき要件として，標準化された個別検査の成績が生活年齢，知的水準などから期待されるレベルと比較して十分に低いこと，その結果として学業成績や日常生活に支障があることを挙げている。精神医学的な定義では，LDを読字障害など3つの障害に限定して定義している。言い換えれば，医学的に定義されるLDには特異的な学習障害というニュアンスが強い。この場合のLDは，英語でLearning Disordersと表記される。複数形のsがつけられているように，LDは単一の障害概念というよりは，いくつかの障害の集合概念ととらえられている。また，Disordersは疾病・疾患という意味となる。

(2) 教育上の定義

文部省（現文部科学省）の調査研究協力者会議が提案した定義では，「学習障害とは，基本的には全般的な知的発達に遅れはないが，聞く，話す，読む，書く，計算するまたは推論する能力のうち特定のものの習得と使用に著しい困難を示す様々な状態を示すものである。学習障害は，その原因として，中枢神経系に何らかの機能障害があると推定されるが，視覚障害，聴覚障害，知的障害，情緒障害などの障害や，環境的な要因が直接的な原因となるものではない」と述べられている。このように，教育的定義では，学習障害を読み，書き，算数に限定していない。聞く，話すについては，DSM-Ⅳ-TRの別の箇所で定義されており，精神医学的定義と大きく異なるのは推論する能力もLDに含まれる点にある。聞く，話す領域を認知的側面から考えるとさまざまなレベルの問題があり，音声知覚の困難さ，発語プログラミングの問題，特異的言語発達障害（SLI）と呼ばれる状態像などがこの領域に含まれると考えられる。SLI児は，知的には問題はないが言語面のなかでも文法や意味理解に困難をもっている。日本語の文法面では，格助詞（「て・に・を・は」）の用法上の誤りが代表的といえる。ここで想定された推論とは，算数の問題を解くに当たって必要な数量の概念を理解する，または図形問題を解くうえでの空間操作能力などのことであるが，国語の文章題の理解や作文においても，推論するといった高次の認知能力が必要となる。実際に，読み書きは基本的に問題ないけれども，文章読解に進むとつまずく子どもが多くいる。

教育的定義のLDを英語で表記すると，Learning Disabilitiesとなり，

学習に必要な（認知的な）能力が損なわれている状態像を意味している。また，最近では Learning Difference という名称も用いられており，LDを障害と考えるより学習のやり方が違っている子どもととらえて指導をしていこうという姿勢がうかがえる。

（3）情報処理モデル

　LD児はさまざまな認知上の問題を抱えており，結果的にこれらが教科の学習を妨げている。そこで，認知的な働きを情報処理ととらえて理解することはLDという状態像を理解するうえで有益と思われる。まず，音や形といった刺激が頭のなかに入力される段階が存在するが，ここでは注意の働きが重要である。注意とは，自己の活動にとって必要な情報を取り入れるいわばフィルターの役割をもつ。注意の働きが十分に機能していないと，口頭で一斉に指示された情報の認知情報処理システムへの入力に失敗してしまう。入力された情報は，視覚，聴覚，触覚などの感覚ごとにそれぞれ階層的な処理を受けてゆく。視覚であれば，まず形態を構成する線分の傾きが検出され，次いで色や動きが同定される。最終的には，単純な形（例えば，三角形）あるいはさらに複雑な図形についての経験的知識が形成される。このような認知システムが存在するおかげで，我々は見ている三角形の線分の一部分が欠けていても，それを恒常的に三角形と認知することが可能である。これは，補間知覚と呼ばれる。この仕組みはトップダウン的な処理ともいわれ，K-ABCの「絵の統合」を用いて評価される。

　いったん入力された情報はシステム内に貯蔵されるが，時間的な側面から短期記憶と長期記憶に分けられる。短期記憶は，比較的短い時間に限って保持される記憶であり，作動記憶もここに分類される。作動記憶は，作業や課題を遂行するために必要な能動的な記憶と定義され，視覚性と聴覚性のコンポーネントが独立している。聴覚性作動記憶はWISC-Ⅲの数唱課題（特に，逆唱課題）の成績によって評価することができる。長期記憶は，陳述記憶と非陳述記憶に大きく分けられている。さらに，陳述記憶はエピソード記憶と意味記憶から構成される。エピソード記憶は，いつ，どこで，何をしたといったように個人的な体験や出来事に関する記憶である。意味記憶は，言葉の意味や一般的な事実に関する知識の貯蔵を担っている。非陳述記憶には，習熟して自動化された運動学習（例えば，自動車の運転）が含まれる手続き記憶がある。

　このシステムは，記憶を参照しながらさまざまな認知処理を実行し，最終的に音声言語や書字を出力として使用する。音声言語が表出されるためには，構音器官それ自体の運動が正常に機能することに加えて，連続した音声を産出するための協調運動プログラミングが必要である。書字をするうえでも，視覚と手指の協調的な運動制御が必須であり，これが損なわれると字がマス目からはみ出したり，字全体のバランスが悪くなってしまう。

3. アセスメント
(1) 考え方

　LD児に対してドリル的に繰り返し学習することは，効果的な指導方法とはいえない。まず，学習上のニーズ（教科学習のどこでどのようにつまずいているのか）と子どもの認知特性を把握しておくことが必要である。ここには，生育歴を聞くこと，板書をノートに書き写すことができているかなど学習に向かう様子を観察することが含まれる。さらに，できうる限り個別式の心理アセスメントを行うことによって，認知面についての多面的な情報を得ることが重要である。WISC-ⅢやK-ABCなどの検査では，知能指数だけでなく各認知能力を反映した下位検査の得点も知ることができる。したがって，対象児のなかで得意な面と苦手な面のそれぞれを把握することが可能である。アセスメントを実施後，個別のニーズにどのような指導アプローチをとっていくのか検討し，個別の指導計画を作成する。

(2) チェックリスト

　チェックリストを用いて観察した結果を整理すると，学習面のなかでもどのような側面が損なわれているか客観的に眺めることができる。標準化されたチェックリストは同年齢集団と比較しての対象児の相対的な位置を知ることができる点で有用性が高い。最近，上野ら（2005）は教育上の定義に沿って聞く，話す，読む，書く，計算する，及び推論するの計6領域ごとに評価可能な「LD判断のための調査票（LDI）」を実用化している。LDIでは，これら6領域の個人プロフィールを分析することによってLDの可能性を評価できるように工夫されている。

(3) 学習プリント

　学習プリントのなかにも多くの情報があり，どのような箇所でどのような間違いをしているか丁寧に検討することが重要となる。例えば国語のプリントの場合に，書字がマス目からはみ出していたり，かなと漢字のバランスが悪かったりすれば，視空間認知と運動の協調関係に問題があるのかもしれない。書字の間違い方についても細かな分析が可能である。特に，漢字の書字に問題がある場合に，細かな点で脱落や付加があるのか，偏や旁それ自体は書けるがその配置が間違っているのかどうかについて検討することは大切である。「て・に・を・は」などの助詞の使用が正しいかどうかは，文法を理解しているかどうかの目安になる。さらに，論理的な文章の読解は文脈理解力と関係があるし，登場人物の気持ちの理解は「心の理論」と関連づけて考えることができるだろう（第Ⅰ部第2章第3節1(1)3）自閉症の社会性障害説を参照）。

(4) 知能検査

　ウエクスラー式個別知能検査であるWISC-Ⅲ（適用年齢：5歳0ヶ月～16歳11ヶ月）は，子どもの知的水準を評価する最も標準的なツールとして使われている。IQは，同年齢集団と比較しての対象児の知的な位置を相対的に表す指標であり，平均が100，標準偏差は15である。

WISCの特徴は，知能を言語性知能と動作性（非言語性）知能の2つの視点から評価できることにある。さらに，WISC-Ⅲから因子分析結果に基づいて言語理解，知覚統合，注意記憶と処理速度の4つの群指数が求められるようになっている。言語性検査は6つ，動作性検査は7つの下位検査から構成されていて，それぞれで折れ線グラフを作成することで個人内で相対的に得意な認知能力と苦手な認知能力を見出すことができる。一般的に，LD児においてはこの折れ線グラフの谷と山の差が激しい。

K-ABCは，神経心理学者ルリヤ（Luria, A. R.）の理論をベースにカウフマン（Kaufman, A. S. & Kaufman, N. L.）夫妻によって開発された個別式知能検査で，LD児の学習指導を考えるうえで多くの貴重な情報を得ることができる。K-ABCの特徴は認知能力と教科学習に近い習得度を別個に評価して両者の関係を吟味できる点にある。例えば，認知能力が高いにもかかわらず習得度の成績が低いのであれば，動機づけの低さや環境要因によって本来の認知能力が発揮されていないことが推測される。さらに，認知に関する能力は物事を逐次的に記憶・処理する継次処理と，全体をとらえて部分的な情報を統合するといった同時処理という観点で評価可能である。このような観点で吟味することによって，継次処理の成績は低いけれど同時処理が得意であれば，絵や写真などを使用しての視覚的な情報の提示が指導上有効であることが導かれる。

（5）フロスティッグ視知覚発達検査と視空間認知

観察や知能検査の結果などから，さらに綿密に認知能力を評価する必要が生じる場合がある。視空間認知の発達を評価するために開発されたのが，フロスティッグ視知覚発達検査である（第Ⅰ部第3章第4節2.算数も参照）。この検査では，「視覚と運動の協応」「図形と素地」「形の恒常性」「空間における位置」，ならびに「空間関係」の5領域でそれぞれの認知能力を評価可能である。「図形と素地」は背景から丸や三角形といった図形を区別して知覚できるかどうか，「形の恒常性」は大きさが変化しても丸い形は丸として知覚できるかどうか吟味しており，これらはいわば形態認知を調べている。「空間における位置」は，周囲の図形と比較して対象の向きが同じか違うかを問う課題，「空間関係」はモデル図形を見ながら点を結んで図形を形作れるかを見る課題となっており，基本的に空間認知能力を調べる課題となっている。「視覚と運動の協応」は，視空間認識を行ったうえで手指運動との協調が必要とされる課題である。

形態視に関連した視覚情報は，大脳皮質視覚野から側頭葉の下側頭回へ送られる。この経路は脳の下側（解剖学的には腹側）にあることから腹側経路と呼ばれ，視覚情報の「何」について分析している。この領域にある神経細胞は，ほどよく複雑な形（例えば，手の形）に最もよく反応すると報告されている。この経路は図と地を識別する働きをもっており，この経路を損傷した患者はフロスティッグ視知覚発達検査の「図形と素地」において輪郭線の混同が見られる。また，我々は一部の情報が欠けた絵を見ても，欠けている部分を補間することによって，それが何

であるか認識することが可能である。これはすでに獲得した形態に関する知識を活用，すなわちトップダウン的な処理が行われているためである。

　空間視に関連した情報は，視覚野から頭頂葉へ伝えられる。この経路は脳の上側（解剖学的には背側）にあることから，背側経路と呼ばれ，視覚情報の「どこ」について分析する。この経路では物体の位置関係が解析されているようで，損傷を受けるとフロスティッグ検査の「空間における位置」や「空間関係」で誤りが見られる。さらに，視覚と運動の協応すなわち視覚誘導性の手の運動も損なわれる。十字の形を模写する際には，モデル図と同じように線分それ自体は描くことができるが，それぞれの位置関係が把握できないために正しく全体を描くことができない。この状態は視覚性構成障害といわれ，右半球が損傷した場合により重篤である。また，頭頂葉後部に病変が生じると，反対側の視野にある物体に気づかなくなってしまう半側空間無視という病態が出現することがある。この障害は，とりわけ右半球が損傷された場合に起こりやすく，反対側の左視野への空間的注意が損なわれるために生じると考えられている。

4．基本的な対応と指導
（1）バイパス法
　つまずきのある課題を克服するためには，得意な認知能力を最大限に活用していくこと必要である。例えば，漢字の偏や旁を書くことはできるけれども，漢字全体を正しく書くことができない場合には，漢字のパーツ1つ1つに意味をもたせることで，書字が促進されるといわれている。文章を言語的に理解することに困難があるケースでも，視覚的な意味理解は保たれていることがあるので，このような場合は写真や絵など視覚的な教材の提示が有効である。

（2）スモールステップ
　例えば，作文が書けないLD児に，毎回「さあ，このテーマで書いてみましょう」と指導をしても，なかなか作文らしく書けるようにはならない。まず，作文を構成している要素や必要な認知能力を考えることが必要である。語彙といった面で問題がなければ，まず文法的に正しく一文を書けるかどうか見る必要がある。次のステップは，文と文のつながりという観点から，接続詞の用法が間違ってないか確認する。さらに，「いつ，どこで，誰が」といった全体の展開へ指導を進めていくことになる。このように，小さなステップを段階的に学習していくことで，子ども本人の達成感も得られやすくなる。

5．読字障害
（1）認知特性
　読字障害（developmental dyslexia）は英語圏で多く見られる障害で，イギリスでは10〜15％の子どもに発現するともいわれ，一般的には青年期以降も読字成績の低下が持続する。日本ではその割合は少ないとい

われていたが，以前考えられていたよりも多く，5％程度の子どもが読字困難を示すとの指摘がある。また，中学校で英語を学習し始めると問題が顕在化することが注目されている。流暢にことばを自発できていても，本などに印刷されている文字を読めない，つかえながら読む，文字や行を跳ばして読むといった状態を示す。このような困難性は，出現頻度が低いまたは親近性を感じない単語の場合に生じやすい。したがって，何度か読む練習をした文章は読めるが，初めての文章では読みに困難が生じやすい。また，読字障害は，読むことだけにとどまらず，書字や計算にも影響を及ぼす。

　読み能力の問題は，感覚から高次の認知にまで及ぶ広汎な読字に関わる神経システムの損傷から引き起こされる。そのプロセスの第1段階は，文字の形態を分析して認識することである。アルファベットのpとq，ひらがなの「あ」と「お」は形態的に類似しているので読み間違えやすい。漢字は，基本的に偏と旁から構成される複雑な形態をもっているので，認識に当たって高度な視空間認知能力が要求される。第2に，文字の系列を語として視覚的に認識する段階がある。英語のアルファベットや日本語の仮名ではその順番つまり継次的な情報が重要であり，最終的にこれらを音韻の連鎖へと対応させてゆく。英語の場合は，アルファベットの綴りと発音との間に準規則性があるので，この関係を習得しなければならない。例えば，chという綴りにはいくつかの音韻が対応するが，読字障害児はこういった関係を学習することが困難なようだ。漢字の場合にも，1つの漢字に音読み，訓読みがあることに加えて熟語によって読みが異なっている。また，文字の形態から直接的に意味情報へアクセスして，意味から音韻化するルートもあると考えられている。言語ごとに文字体系とその読み間の関係に異なった特徴があり，このため読字障害が発生する認知メカニズムにも差異がある。

　英語圏における読字障害のアセスメントには，単語の読み，音韻意識，音韻再符号化，正書法符号化，呼称，綴りの観点がある。単語の読みでは，次第に難度が高くなる単語を音読することが求められる。音韻意識とは，音韻をはっきりと意識してそれを操作できる能力であり，口頭で提示された単語に含まれる音の数を同定すること，特定の音が含まれるかどうかの判断や特定の音の削除ができるかどうかで評価される。音韻再符号化では，偽単語を読む際にその綴り（例えば，ch）から特定の音韻化ルールに従って発音できるかどうかについて検討される。正書法符号化では，例えばyachtのように音韻化ルールが適用されない単語を1つのまとまりとして認識して読むことができるか調べられる。呼称では，視覚的に提示された物体や色の名前をできるだけ早く答えることが要求される。書字の面でも綴りの正確さが評価される。

(2) 理　　論

　音声を音韻レベルで意識的に分割することや操作することが苦手であること，つまり音韻処理が損なわれていることが読字障害の原因となっているという考えがある（Shaywitz, 1998）。この結果として，文字の形態と音韻的な読みとを対応させて記憶・学習することに困難を伴うとさ

れる。ひらがなの場合も，その有意味単語の音読の速さが，音韻構造の意識化課題の生成と具体物呼称の速さから説明できることが示されている（細川ら，2004）。また，音声知覚レベルあるいは聴覚処理での機能的異常も指摘されている。音声処理レベルでは，読字障害児は有声音（声帯の振動を伴った発声で，例えば／da／のように濁る音）と無声音（例えば／ta／）のカテゴリー境界を明確に区別できない（Manis et al., 1997）。2つの破裂子音／ba／と／da／を区別する際に頭皮上から記録されたミスマッチ陰性電位（MMN）が小さい（Schulte-Körne et al., 1998）。

第2の考え方として，視覚処理のなかでも素早い動きに敏感な大細胞系（M-システム）の選択的な異常に基づく理論が提唱されている（Stein, 2001）。この情報は，おもに頭頂葉に至る視覚の背側経路へと引き継がれ，視覚-運動協調に役立てられる。M-システムの異常に伴って，多くの読字障害児で両眼による固視が不安定となり，視覚的な定位つまり文字の追跡がうまくできないと考えられている。これを支持する知見として，主としてM-システムから入力を受けて動きの検出を担当する大脳皮質領域であるMT野の活動が，読字障害者で認められなかったとする報告がある（Eden et al., 1996）。聴覚など他の感覚系においても，比較的大きな神経細胞が時間処理（例えば，子音は短い時間でホルマント周波数が変化する）を担っているといわれている。読字障害者の聴覚情報を中継する左半球の内側膝状体の細胞が小さいことが見出されていることから（Galaburda et al., 1994），読字障害児における音声知覚の困難さはM-システムの異常から生じているのかもしれない。

第3に，音声の運動学習と関連した小脳理論なども提案されている。小脳は，運動スキルや認知の自動化を担っており，大脳のM-システムから多くの入力を受けている。視覚の背側（「どこ」）経路の最大の最終出力先は小脳となっている。読字障害では，左側と比較して右小脳（左大脳半球からの入力を受ける）の代謝活動の低下が示唆されている（Rae et al., 1998）。

(3) 粒性と透明性の仮説

これら理論のなかで，読字障害に対して最も普遍的に影響を与えているのは音韻処理の問題であるとされる（Ramus et al., 2003）。正書法と呼ばれる文字体系の違いによって読字障害の発現率が異なることに対して，粒性と透明性の仮説が提案されている（Wydell & Butterworth, 1999）。これによれば，透明性の程度（文字と音間の対応の規則性）が低いほど，一方，粗さ（文字と音間の対応単位の大きさ）が大きいほど発生率が高くなる。透明性という点では，英語では単語に含まれる同じchというアルファベット綴りであっても，chance, chaos, chandelier（フランス語由来）はそれぞれ／tʃ／，／k／，／ʃ／と発音され，綴りと発音の関係は1対1ではない。さらに，yachtでは例外的な発音となる。透明性が高く粗さが小さいイタリア語では読字障害の発生率は低い。

仮名短音1文字の個々の読みにおいては，音韻に対する意識が形成さ

れていなくとも相当数の文字で音読が可能であることが示されている（大六, 1995）。一方，複数の文字と1つの音とが対応する特殊音節（例えば拗音：「きゃ」，「きゅ」など）で読みが損なわれやすいことは，この仮説を支持している。欧米語では音節への意識が重要であるとされるのに対して，日本語における音韻は音節よりもモーラを単位として認識されるといわれる。仮名表記では「ゃ」や「ゅ」などの小さい仮名を除いて同じ長さで発音され，これが1モーラとなっている。したがって，「きゃ」，「きゅ」はそれぞれ1モーラである。促音（「っ」）は例外で，これのみで1モーラとなる。チョコレートは，「チョ」「コ」「レ」「ー」「ト」となり5モーラである。このように，仮名表記される単語の読みには，モーラ意識の形成が重要と考えられる（大石・斎藤, 1999）。その評価はモーラ分解（対象の単語がいくつのモーラから構成されているか），モーラ抽出（指定された位置の音は何か）やモーラ削除（単語中の指定された音を除く）の成績から行われる。

この仮説によると，漢字は透明性が低くかつ粗さが大きいことから読みが困難になりやすいと予測されるが，訓読みでは形態→意味→読みというルートを活用することで，読みの困難性が低減されている。例えば，五月という漢字の読みを考えた場合，「ごがつ」という読みと「さつき」という読みが同じ意味カテゴリーに入るということを意識した指導が効果的と考えられる。ただし，漢字の場合にも例外的な読みをする単語でかつ出現頻度が低い時に読みが難しくなる傾向があることから，一定の読みルールに従っていることもうかがえる。

(4) 神経科学上の知見

偽単語の韻を問う課題を行ったところ，健常群と比較して読字障害児群では左半球の角回を含む頭頂−側頭葉領域や後頭−側頭葉領域などの賦活が小さかった（Shaywitz et al., 2002）。これらの領域は，成人失読症患者での責任部位に対応することから，文字の形態情報から音韻への変換が損なわれていると見なされる。また，年齢が高くなるほど下前頭回（左半球ではブローカ野に相当）の賦活量が大きくなる傾向が認められた。これは，下前頭回が働くことによって読字プロセスを代償的に担っているものと考えられ興味深い。聴覚的短期記憶が保たれている子どもでは，音韻意識をトレーニングすることが有効なのかもしれない。読字障害では絵の呼称も損なわれているが（Swan & Goswani, 1997），最近の研究で読字障害をもった人はこの際にも後頭−側頭葉領域の活動が低下することが示されている（McCrory et al., 2005）。このことは，後頭−側頭葉領域が音韻再符号化作業に特異的な働きをしているのではないこと，さらに読字障害は文字を読むことと呼称するということの両方に共通した神経基盤の損傷を示唆しており，今後の議論を呼ぶであろう。

読字障害児に対して，アルファベット1文字あるいはこれらの組み合わせがどのような音素に対応するのかについての個別指導プログラムを毎日50分間実施したところ，読みの正確さ，流暢さと理解力の向上が認められた。さらに，脳活動の変化を調べたところ，両側の下前頭回に

加えて大脳後部の左半球上側頭溝，両側後頭−側頭葉領域などの賦活が増大したことがわかった（Shaywitz *et al.*, 2004）。このように，指導プログラムの実施に伴って行動上の改善が図られたと同時に，神経レベルにおいてもその効果が認められている。

(5) 遺伝的背景

　コロラド読字プロジェクトによる双子研究から，読字障害に遺伝的な背景のあることが報告されている（DeFries, 1987）。また，読字障害を構成する形質（認知要因）の種類に依存するが，遺伝率は最大で71％と推定されている（Olson, 2002）。複数の遺伝子が関与するといわれ，第6及び第15染色体について関連性を肯定する研究が多い（例えば，Smith *et al.*, 1983）。第6染色体は音韻意識課題の成績と関連しているのに対して，第15染色体では単語の読み課題成績との関係が示されているが（Grigorenko *et al.*, 1997），これに否定的な見解もある。最近の研究では，第6染色体短腕22.2に存在するKIAA0319遺伝子中の単一塩基多型が読字障害と関連すると報告されているが（Cope *et al.*, 2005），その機能については不明である。

　特異的言語発達障害（SLI）を発端者とする家系研究によると，両親及び兄弟にはSLIに加えて読字障害児の発生率がコントロール群と比較して高く，いずれかの障害を有するよりも両者が併存する場合が多かった（Flax *et al.*, 2003）。SLIは，知的には正常域にあるが，言語機能のなかでも特に統語（文法）領域の発達が特異的に損なわれている障害である。SLIが頻発して，しかも常染色体優性遺伝を示すKE家系が知られており，複数形，時制，単語の語形変化，文の統語構造などの障害に加えて発達性発語失行（発語器官そのものの運動に障害はないが，これらの協調制御が困難であるために構音ができない状態）を有していた。発語失行はブローカ野の限局的な損傷が原因と考えられていることから，SLIにおける読字障害の併存はブローカ野における音韻処理機能の低下に起因しているのかもしれない。遺伝子解析の結果，第7染色体（7q31）上にあるFOXP2がKE家系に見られたSLIの責任遺伝子であることが判明している（Lai *et al.*, 2001）。FOXP2は，言語を獲得するために必要な神経構造の形成に関わる遺伝子として初めて発見されたものである。この遺伝子は転写因子をコードしていて，この転写因子が他の特定の遺伝子の制御領域に作用することによってそれらの発現を調節している。

(6) 基本的な指導法

　英語圏で読字に困難を示す子どもへの指導法として，音素レベルから文章読解に至るまで階層的かつ総合的なアプローチが用いられている（Haynes & Hook, 2005）。①音素意識を高める課題のなかで最も効果的だったのは，音素表記から発音を合成するものや単語中に含まれる特定の音を抜くものであったという。これらの作業によって，音韻的な作動記憶が活性化されるようである。②フォニックスとは綴りと発音の規則的な関係を表すものである。例えば，capという単語のaの部分に対応する発音は／æ／であるが，最後にeというアルファベットが追加さ

れた cape では／ei／となる。日本語の場合には，例えば「姻」や「咽」といった漢字に「因」という旁が含まれているのでインという読みになる。このような対応関係を学ぶことによって読みが促進される。③文章レベルでは，読みの流暢さを促進するために句の区切り位置にマークをつけること，次の内容を予測すること，抑揚を意識させることが必要である。④読む前に語彙の意味理解を促進することも効果的である。大石ら（1984）は，仮名読みが著しく困難であった読字障害児を対象に仮名文字（例えば「う」）と対応する語頭音をもつ単語（例えば「うま」）の絵カードとの連合を形成することから指導を段階的に始めて，1年4ヶ月後に仮名46文字の読み書きを覚えたことを報告している。このように，意味経路を活用することによって字形と対応する音を学習しいくことは効果的と思われる。

また，多感覚的技法では文字と音との関係を多くの感覚を使用することで理解させる。天野（1993）は，日本語特殊音節の読字に関して，単語の視覚的な手がかり（絵やモーラ構造を記号で表したもの）と読みを対応させる学習法を提案している。また，図と地の認知が苦手な子どもは，文字の構成要素のまとまりを視覚的に理解することが難しい。例えば粘土や紐を用いて，つまり触覚を利用して字の形を作成することを通して文字の形態理解を促進させ，同時に対応する発音を行うことで，文字と音とを結びつけやすくできる。

第3節　自　閉　症

1．自閉症とは
（1）自閉症の歴史

カナー
ジョン・ホプキンス医科大学の教授で，アメリカで最初の小児精神科教授となった。

1943年にアメリカの精神科医カナー（Kanner, L.）は，『情緒的接触に関する自閉的障害』と題する論文を発表し，早期幼児自閉症（infantile autism）と名づけた11の症例を報告した。11例のうちのほとんどは男児で，社会的孤立が顕著な症状として認められており，精神遅滞と区別できる状態であった。カナーは，ブロイラー（Bleuler, E.）が分裂病（現在の統合失調症）患者に特徴的に見られるとした社会的相互作用の欠如，いわゆる自閉性という症状と類似していることからこのように命名した。

カナーは，自閉症の特徴を
・社会的孤立
・同一性の保持
・言語の障害

の3点とした（表2-2を参照）が，はじめから著名な自閉的孤立があり，外界からのいかなる刺激にも注意を払わず無視する臨床像から，社会的孤立が根本的な障害であると考えていた。

1）自閉症心因論の流布

このようにカナー自身は，自閉症の基本となる一次障害を社会性の障害ととらえ，社会性の障害が比較的早い時期（3歳以前）から現れるこ

表 2-2　DSM-Ⅳ-TR の診断基準

A. (1)(2)(3)のうち，合計6つ以上該当する（少なくとも(1)からは2つ，(2)(3)からは1以上）。
(1) 対人的相互反応における質的な障害で以下の少なくとも2つによって明らかになる。
　　(a) 目と目で見つめ合う，顔の表情，体の姿勢，身振りなど，対人的相互反応を調節する多彩な非言語性行動の使用の著明な障害
　　(b) 発達の水準に相応した仲間関係を作ることの失敗
　　(c) 楽しみ，興味，達成感を他人と分かち合うことを自発的に求めることの欠如（例：興味のある物を見せる，持って来る，指差すことの欠如）
　　(d) 対人的または情緒的相互性の欠如
(2) 以下のうち少なくとも1つによって示されるコミュニケーションの質的な障害。
　　(a) 話し言葉の遅れまたは完全な欠如
　　　（身振りや物まねのような代わりのコミュニケーションの仕方により補おうという努力を伴わない）
　　(b) 十分会話のある者では，他人と会話を開始し継続する能力の著明な障害
　　(c) 常同的で反復的な言葉の使用または独特な言語
　　(d) 発達水準に相応した，変化に富んだ自発的なごっこ遊びや社会性を持った物まね遊びの欠如
(3) 行動，興味および活動の限定され，反復的で常同的な様式で，以下の少なくとも1つによって明らかになる。
　　(a) 強度または対象において異常なほど，常同的で限定された型の，1つまたはいくつかの興味だけに熱中すること
　　(b) 特定の，機能的でない習慣や儀式にかたくなにこだわるのが明らかである
　　(c) 常同的で反復的な衒奇的運動（例えば，手や指をばたばたさせたりねじ曲げる，または複雑な全身の動き）
　　(d) 物体の一部に持続的に熱中する
B. 3歳以前に始まる，以下の領域の少なくとも1つにおける機能の遅れまたは異常。
　(1) 対人的相互反応
　(2) 対人的コミュニケーションに用いられる言語，または
　(3) 象徴的または想像的遊び
C. この障害はレット障害または小児期崩壊性障害ではうまく説明できない。

とから，比較的年長から出現する小児分裂病とは異なる障害であると考えていた。発症時期の違いや言語の障害の有無などから，自閉症を小児分裂病のような神経病理学的な位置づけ，つまり心の病と考えることはしなかった。にもかかわらず，カナーの論文には，機械的人間関係や凝り固まった考え，両親の暖かみの欠如（冷蔵庫のように冷たい母）が自閉症の原因である，といった誤解を招くような表現があり，以後アメリカを中心に自閉症の原因は親の子育てにおける問題や早期人生の経験に起因するものと考える傾向が一般的となっていく。フロイト（Freud, S.）により創設された精神分析療法の隆盛にそうように，親の養育態度やパーソナリティが自閉症の原因であるという心因論が広まっていった（Bettelheim, B.）。現在では，一次的障害としては完全に否定されている考え方であるが，わが国ではまだ誤解や先入観が残っており，科学的な正しい理解をもたなければならない。

2）自閉症の認知・言語障害説

1960年代後半から，イギリス・ロンドンのモズレー病院の小児精神科医であったラター（Rutter, M.）やウィング（Wing, L.）たちが，数多くの神経心理学的研究を行い客観的データを示す形で，当時流行していた自閉症心因論説に異議を唱えた。ラターらは，まず自閉症のある子

ラター
ウィングとともにロンドン・モズレー病院の小児精神科医であり，モズレー学派と呼ばれる。

眼球震盪
ぐるぐる回しの後などに見られる反復性の眼球運動のこと。自閉症のある子どもの多くはぐるぐる回しの後でも平気で、フラフラせずバランスを崩すこともない。

どもたちの知的発達状態を調査し、自閉症児の知能指数には測定不能な重度発達遅滞のレベルから平均以上の120までと、大きなばらつきがあることを明らかにした。また、てんかん発作に関する調査を行い一般人口よりも高い発生率が認められたことや、眼球振盪が自閉症のある子どもたちには見られなかったことなどを報告した。これらの研究結果から、自閉症は中枢神経系に何らかの器質的な障害があることが明らかであり、精神分析的な心因論が誤っていることを示した。この中枢神経系の何らかの気質的障害の結果、認知的な欠陥が起きるというのが、自閉症の根本であるという説を唱えた。さらにWISCやITPAなどの検査結果に見られる特定の検査項目の落ち込みから、言語の障害と抽象思考や概念形成などの認知能力の障害を明らかにし、自閉症の原因は認知能力や言語能力の障害であるとする認知・言語障害説を提唱した。この自閉症の認知・言語障害説は、研究史上コペルニクス的転回をもたらしたと評されるほどのインパクトをもって受け入れられ、自閉症の理解はこれにつきるとまでいわれた。

ラターは自閉症の診断基準を以下の4点に示した。
①生後30ヶ月以前の発症
②知的レベルと一致しない社会性の障害
③知的レベルに一致しない言語発達の遅滞と逸脱
④常同的パターン、異常な没頭、変化に対する抵抗などに示される同一性保持

また、ウィングは、自閉症の特徴を次の3点に分類しており、これは前述した自閉症の定義（表2-2）の原型になっている。
・対人的相互反応の障害
・言語的・非言語的コミュニケーションの障害
・限局した行動と興味

これはウィングの3つ組みと呼ばれており、現在でも臨床判断として用いられている。対人的相互反応の障害とは、人との関わりの程度が多いか少ないかの問題ではなく、質的問題であって適切な他者との関わりを年齢から期待されるスキルとして獲得できていないことを指す。例えば、年齢に応じた対人関係の常識や場の雰囲気を読み取ることなどが挙げられる。言語的・非言語的コミュニケーションの障害も同じようにコミュニケーション行動の有無といった量的問題ではなく、やはり質的問題である。詳細は後述するが、自分の意思や感情、表象などを他者に伝達しようとするコミュニケーション行動において、言語や非言語を適切なコミュニケーション手段として用いることができないことである。これは、コミュニケーションツールとしての言語あるいは非言語の使用のまずさだけではなく、伝えたい気持ちや相手の反応を待ち受ける期待感など広義のコミュニケーションスキルの欠如、つまり質的側面の問題を含んでいる。限局した行動と興味は想像力の欠如ともいわれている。これも単に想像力の有無ではなく、予想外の場面に遭遇した時に自分の予想との間に共通する概念を想定して得心したり、事情を推測したりする予想外現実に対応するための思考方法であるといえる。このような現実対応の想像力、イマジネーションが限定されると、自閉症のある子ども

たちは予想外の局面に対応することが難しくなり，そのためにできるだけ予想外の現実に遭遇しないように自らの行動や興味の範囲を限定化しまうことになるのである。

　このように決定的な説と思われた認知・言語障害説だったが，自閉症に特有の重篤な社会性及び対人関係の障害について，言語や認知の障害から十分な説明をすることができなかった。中枢神経系の障害に起因する認知・言語障害が自閉症の基本障害であるならば，自閉症以外の脳損傷や知的障害などほとんどの障害児に自閉的な症状が共通して見られなければつじつまが合わないことになる。このようなことがあり，自閉症の中心症状は，カナーが指摘したように社会性あるいは対人関係の障害であるといわれるようになり，その原因を探ることが新たな自閉症研究の課題になってきたのである。そこで 1980 年代後半からは，一度は否定されかけたカナーの仮説が再び注目を集めるようになり，この時期に新たに提唱されたのが心の理論障害説という新しい考え方である。

3） 自閉症の社会性障害説

　心の理論障害説に先立ち，ほぼ同時期の 1990 年前後からホブソン（Hobson, R.P.）は自閉症の基本的な障害を社会性の障害と考え，他者のもつ感情に情動的に反応することの障害が基本である，という感情認知障害説を提唱した。ホブソンによると，自閉症のある子どもたちの認知や言語の障害は，社会性の障害つまり対人関係における他者との関わり経験の失敗に起因するという。そしてこのような失敗は，自分自身の情動的反応性の異質さに加えて，自分の行動への動機づけや目的意識の不明確化という自己概念，自己意識の障害が根底にある，としている。

　一方，バロン-コーエン（Baron-Cohen, S.）やフリス（Frith, U.），レズリー（Leslie, A. M.）らは，心の理論障害説を提唱する。心の理論は，1970 年代のチンパンジーへの実験を皮切りに，当初は哲学の 1 分野（心の哲学）で取り上げられ，知的に検討されていた。その後，チンパンジーやボノボなどの霊長類研究と発達心理学的研究ならびに自閉症研究の分野で取り上げられるようになってきた。自閉症のある子どもは，自己や他者の目的・意図・知識・信念・思考・疑念・推測・ふり・好み等々の内容を理解することが難しく，それゆえに他者の心に関する理論が正常に発達していないと考える認知理論に基づく考え方が社会性障害説である。つまり，一次的表象の認知には問題はないが，二次的表象の認知（自己や他者が考えることについて考えるというメタ認知）メカニズムの障害から，自閉症の社会性障害を説明しようとする考え方である。心の理論を説明する有名な実験はフリスらによるサリーとアン課題であり（図 2-2），他者がもつ誤った考え（誤信念）を推測することができるかどうかを見る実験である。通常の発達でおよそ 4 歳頃にはこの課題をクリアしていくといわれているが，この実験を精神年齢 3 歳以上の自閉症児群，健常児群，ダウン症児群に対して行ったところ，正答率は健常児群とダウン症児群の 85％に対して自閉症児群は 20％であった。この結果と他のさまざまな実験結果から，バロン-コーエンらは自閉症においては他者の信念やふりなどを推測し読み取る能力において著しい障害

が認められ,その障害が自閉症の基本的な一次障害であるとしたのである。このようなメタ認知の障害原因はマインドブラインドネスであると仮定されており,この概念により自閉症の特徴のほとんどを説明できる,とされている。

　心の理論については,臨床的には説明がつきやすい理論であるが,批判もいくつか出されている。まず,4歳頃に区別できるとされる誤信念課題（サリーとアン課題）が正答できないことを自閉症の決め手とするならば,それ以前の2,3歳の時点で誤信念課題に失敗する健常な子どもと自閉症と診断される子どもとどのような機能的差違があるのかという矛盾が挙げられる。また,誤信念課題も20％の自閉症のある子どもは正答するし,さらにその後の成長により誤信念課題に正答する自閉症

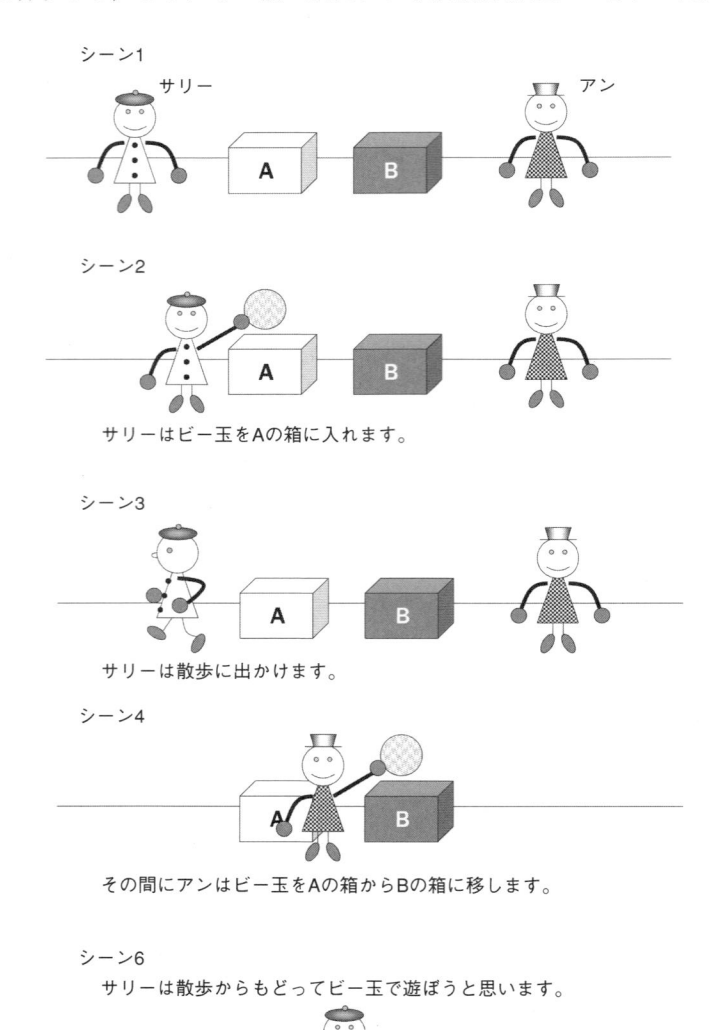

シーン1

シーン2
サリーはビー玉をAの箱に入れます。

シーン3
サリーは散歩に出かけます。

シーン4
その間にアンはビー玉をAの箱からBの箱に移します。

シーン6
サリーは散歩からもどってビー玉で遊ぼうと思います。

サリーはどちらの箱からビー玉を探すでしょうか？

図2-2　サリーとアン課題（フリス,1991）

のある子どもが増えていくといわれている。この数値データによるならば生得的な中枢神経系の障害とされている自閉症の説明との間に離齬が見られる。さらに，自閉症が発達障害であることに鑑み，誤信念課題に至る発達機序が発達理論として整理されきれていないことが挙げられる。象徴的ふり遊びや共同注視などとの関連は指摘されているが，発達論的にはまだ十分な説明がなされていないように思われる。また，ホブソンは，メタ認知の障害は身体的な情動表現（音声や表情，身振り等々）を考慮に入れていないことを指摘し，メタ認知である二次的表象よりももっと早期の情緒的な対人関係に見られる一次的表象に困難があるのではないか，と心の理論障害説を批判している。このように心の理論についてもいくつか批判的な意見も出ているが，従来客観化することが難しかった他者や自己の心の状態を知ることや，類推，共感などの内在的要因を実験心理学的手法を用いてデータ化したことは大きな功績であるといえよう。今後は，発達心理学的観点からの検討により，例えば誤信念課題の正答＝心の理論の獲得といった図式ではない検討が待たれるところである。

4）最近の知見

最近では，トレヴァーセンら（Trevarthen et al., 2005）が，発達心理学の立場から間主観性の障害説を提唱している。前述したホブソンの感情認知説と関連してくるが，トレヴァーセンらは発達の最早期の乳幼児期における他者，特に母親との相互関係を重視している。赤ちゃんが母親のあやしに応えるもって生まれた能力が，後の他人の感情や関心への生得的共感性へとつながっていくが，自閉症の場合はこの相互的な情動のやりとりや理解といった言語獲得以前の前言語的相互作用機能の発達に障害があるとしているのである。つまり，赤ちゃんは生得的に母親との関係のなかで，楽しい交流や意図・情動等の共有を図ろうとする動機づけを有しているが，何らかの理由でこの動機づけが正常に発達していかなかったことが自閉症の原因であると考えている。

（2）自閉症の診断

現在用いられている自閉症の診断基準は，アメリカ精神医学会が出している精神疾患の分類と診断（DSM）と世界保険機構（WHO）が出している疾病，傷害及び死因分類（ICD）が主なものである。ここでは，DSMの最新版DSM-IV-TRの診断基準を示しておく（表2-2）。自閉症の基本的な障害は，対人的相互反応やコミュニケーション行動における著しい障害と活動や興味の範囲がきわめて限定されていることにあり，これらの特徴は自閉症のある子どもたちの個々の発達水準から期待される行動よりも明らかに偏っている，とされている。

（3）自閉症の現在

ウィングは，自閉症の基本症状について，その多様性からスペクトラム（連続体）という概念を提唱した。自閉症は一生涯続く状態であり，また重症度の程度も多様であり，すべての知的レベルで起こりえること

間主観性
間主観性とは，乳児と大人，特に母親との非言語的レベルでの相互関係を表す理論で，母親との1対1の直接的対人関係の時期である第一次間主観性と9ヶ月以降に見られる第三者（おもちゃ等）を加えた三項関係的対人関係の時期である第二次間主観性に分けられる。

等の幅の広さからこの概念は広く受け入れられ，現在では自閉症スペクトラムが存在すると一般的に考えられている。知的障害を伴わない高機能自閉症や言語の障害がないと考えられているアスペルガー障害等まで含んだ包括的概念である。

2. 自閉症の心理・行動特性
(1) 言語・コミュニケーション

DSM-Ⅳ-TRの診断分類では，自閉症は広汎性発達障害の1類型に位置づけられているが，広汎性発達障害は相互的な対人関係技能やコミュニケーション能力の障害，または顕著に制限された活動と興味などを特徴としている。このことからも明らかなように，自閉症の言語・コミュニケーションの障害は，単に言語獲得の有無や言語発達の障害として見るのではなく，コミュニケーションの目的のために言語や非言語性の諸行動を駆使することができないことにある。そこで，本稿ではコミュニケーション行動を，言語であれ非言語であれ意思伝達の手段として用いること，そして単なる単方向の伝達ではなく双方向性をもった相互交互性に基づく行為であること，相互交互性のゆえに非特定の他者を対象とするのではなく特定の他者を意識するものであること，相互性は単一のユニットで構成されるのではなく複数のユニット，つまり相互交互的なやりとりが複数回にわたって展開されることが望ましいものであること，等に位置づけることとする。

また，表2-2の診断基準にもあるように，自閉症のある子どもたちの言語・コミュニケーションについては，知的レベルから推測される言語発達レベルに比べ重篤な障害があることがいわれている。自閉症のうち，60％から75％は何らかの知的障害をも有しているといわれているが，表出言語（話しことば）がなかったり理解言語に乏しい重度の知的障害を併せもつ自閉症のある子どもの場合は，自閉症特有の言語の障害に加えて，知的障害の影響についても考慮されなければならない。

以下に，前言語期と言語獲得以後に分けて，コミュニケーション行動特性上頻繁に見られる具体例を記すことにする。

1) 前言語期におけるコミュニケーションの障害

①**アイコンタクトの欠如**：親を含め，他者から向けられた視線に対し応答的に視線を合わそうとせず，意識的に回避しているように思われる行動がある。自分から視線を合わそうとしないことも同様である。アイコンタクトは後述するように，コミュニケーションに際しては特定の他者つまりコミュニケーション相手として同定することの最初の段階を表すことからも，コミュニケーションをとろうとする意志の欠如ないしとることの意識的回避と理解されている。

②**応答性のない表情・姿勢・身振りなど**：養育者，特に母親などからの働きかけに対して，応答的な行動をとることがほとんど見られず，相互交互的な反応になりえない行動である。例えば「抱っこしてあげよう」という言語的働きかけに対して，抱っこされることを予想しての腕挙げ動作が見られないこと等である。

③**指差しの未出現**：指差しについては，共同注意の発達の観点から数多くの研究がなされている。指差し行動が言語獲得の先行行動であるともいわれているが，必ずしも指差し出現が言語獲得に先行するわけではなく，指差しが未出現でも言語を獲得する自閉症のある子どもがいることも報告されている。指差しについては，いくつかの種類があるがなかでも原叙述的指差しといわれる行為が出現しないことが多い，とされている。原叙述的指差しとは，あるモノや出来事に対して他者と共通の認識や意識を共有したうえで，それに対する叙述や指示，観察，注意を向けることなどの意思を指差しというジェスチャーで表す行為であるが，自閉症のある子どもたちはこの原叙述的指差しに表されるように，叙述的行為の発達に障害があるといわれている。

2) 言語獲得期以降のコミュニケーションの障害

言語を用いてのコミュニケーション行動のプロセスは，一般的に図2-3に表される。図2-3より話し手を自閉症のある子どもと仮定すると，自閉症のコミュニケーション障害は，下線で示した③伝達対象者の同定や⑤対象者受諾の理解，⑦応答待機，⑫対象者からの応答受信等の能力において不十分さが見られる。他者に自分の思いや気持ち，表象等を伝えようとする場合に，特定の聞き手としての他者を定めなければならないが，その他者を同定することの難しさや，同定したとしてアイコンタクトなどで同定した他者に話すことの同意や受諾を得ることの困難さがある。見逃されやすいプロセスであるが，通常のコミュニケーションにおいては話し手が語りかける際に，聞き手に対して一瞬のアイコンタクト等で話しかけることへの了解を求めており，それに対して聞き手も承諾するといった双方の了解のうえで言語コミュニケーションが始まる。自閉症の心の理論障害説に見られるように，他者が自分と違う考えや表象をもっていることを理解できない場合は，この一連のプロセスにおいて他者つまり聞き手となる人の都合や考えを推測することができず，聞き手となる他者が聞き手となることを了解しておらず話しかけることに

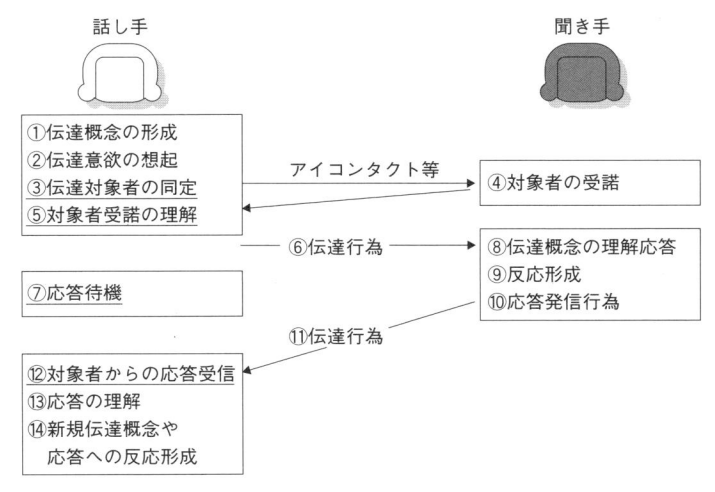

図2-3 コミュニケーションのプロセス

迷惑な気持ちを感じていても，それに気づくことなく話しかけてしまう場合がある。また，聞き手が話を聞いてくれた場合でも，次のプロセスとして聞き手からの反応がリターンされてくることを予期して期待しながら待つことや，実際にリターンされた内容を聞き手が聞いてくれたと同じ熱心さ，意欲をもって受け取るという反応をすることも難しく，よく見られる一方通行的な言い放しになってしまうのである。

　また，言語を獲得した自閉症の特徴として，言語学の分野でよくいわれている語用論の障害が指摘されている。言語学では，研究分野としてことばの音の構造や構成要素を調べる音韻論やことばの意味の理解を研究する意味論，文法上の規則と意味の関係を研究する統語論，ことばの使用に関して研究する語用論があるとされている。語用論は，獲得したことばをコミュニケーションの目的のために適切に用いる運用能力を指すが，自閉症の場合はお互いの話をよく聞き，聞いたことに対して自分の考えを述べたり，相手の興味にも関心を示す等のコミュニケーションに共通性な社会的な会話のルールを理解することの困難さに現れる。同じ内容の繰り返しであったり，人はあまりこだわらない細部に異常にこだわって話をすること，文字通りのことばの解釈しかできずことばに盛られた意味や伝達内容を理解できないことが往々にして見受けられるのである。

　自閉症のある子どもたちの言語・コミュニケーションの障害についてよく見られる例のいくつかを以下に記す。

　①**プロソディ（話しことば全体の流れの形）の乱れ**：プロソディとは，ことばのリズムやメロディ，抑揚などを指す。自閉症のある子どもたちによく見られるのは，音声表現として正しいことばであっても疑問文を平叙文のようなアクセントで話す場合や，感情表現につながるような抑揚を使えない平坦な話し方をする場合などである。

　②**エコラリア（反響言語）**：他者との会話の中で，他者から発問に対してそのまま他者の発問を繰り返す現象。いくつかの原因（理解の仕方）が考えられているが，まずは知的発達の障害を伴っている場合に発問内容を理解できずにそのまま発問内容を繰り返すことによるエコラリアが考えられる。あるいは，発問に対して応答しなければいけないことが理解でき，応答しようと試みるが，発問理解の過程（情報処理過程）で適切な返答が見つからなかったり，応答すべき反応の適切な言語表現を使用できなかったりすることにより，発問をそのまま繰り返すことでコミュニケーションの形態を維持しようとしている語用論の障害が考えられている。

　③**指示場面での理解困難**：語用論の障害によって指示理解ができない例。教室で椅子に座って授業を受けている際に，自閉症のある子どもが立ち上がり教室内を歩き始めると，すかさず教師が自閉症のある子どもの座っていた椅子を指差し「椅子！」と言った。教師の意図が，椅子に座るようにという要求であることは通常ならば明白な伝達意思として伝わるが，自閉症のある子どもたちだとこのような言外の意味は伝わりにくい。指差された椅子を取り上げ教師のところまで持ってくるようなトンチンカンな反応をする場合もある。

④「ね」の未使用：綿巻（1997）は，自閉症のある子どもたちの会話分析から，日本語で共感を表す助詞「ね」の使用頻度が極端に少なく，自閉症のある子どもたちは「ね」をほとんど使わない傾向があることを報告している。この指摘は筆者も臨床的に多く経験しているが，このようなことば遣いが紋切り口調や感情のこもっていない話し方という印象を与えているように思われる。付言するならば，自閉症のある子どもたちは他者との共感関係を結ぶことができないのではなく，共感関係の結びようが通常とは異なるやりようなのであり，他者を求める心は自閉症のある子どもたちもそうでない子どもたちと同じである（行動特性にて後述）。

⑤会話時における困難：自閉症のある子どもたちは，他者との会話において自ら会話を切り出す始語がほとんど見られないことが指摘されている。問いかけに対してある程度適切な言語反応をすることができるような，言語能力がかなり良好に発達している自閉症のある子どもでも自ら会話を始めようとすることばかけは困難である。また，話しかけられて反応する，という1ターンのやりとりから，2ターン，3ターンと相互交互性のある言語行動が展開されるのが会話であるが，始語が乏しいだけでなく，相手からの反応を待って次の対応を考えていくことなどが難しく会話が続いていかない特徴がある。

⑥独り言：コミュニケーション行動とは，話し手が聞き手を同定したうえで言語表現を用いて発信するものであるが，言語面で比較的良好な発達をしている自閉症のある子どものなかで，独り言を頻発することがよく見受けられる。筆者は時々，電車の中で車掌のまねをする自閉症青年に出会うことがあるが，彼の発語は非常に流暢であり，はじめて遭遇した時には車内に車掌が同乗しているのではないか，と勘違いしたぐらいである。状況的にも，下車間近の物まねでタイミングもよく，駅名等のアナウンス内容にまったく誤表現は見られなかった。にもかかわらず，彼の言語行動は周囲の人々にある種の違和感を感じさせるものであったのはなぜであろうか。述べてきたように言語行動によるコミュニケーションは発信相手を特定しなければならないものであるが，それゆえに不特定多数を対象としたように思われる言語行動は不可解な印象を与えてしまうのである。このように本来の望ましいコミュニケーションの形態として言語行動を用いることをせず，自分の興味から周囲の反応を気にせずに独り言様の言語行動を表出させることが多く見られるのも自閉症の言語・コミュニケーションにおける特徴の1つである。

言語・コミュニケーション行動に対する指導法について，特に有意味言語を獲得している自閉症の場合は社会性をともに学ぶことができることから，ソーシャルストーリー等の指導技法が有効である。

(2) 認　知

自閉症のある子どもたちの知的発達については，かつては約75％の自閉症のある子どもたちが知的発達の障害があるとされていた。この数年は，高機能自閉症やアスペルガー障害などの軽度発達障害が周知されるようになり，それに伴い自閉症の診断技術が向上し，自閉症と診断さ

れる子どもたちが増えてきたことから，知的に軽度の発達障害である自閉症の子どもたちが増え，知的発達の障害のある子どもの占める割合は低下し60％程度といわれている。自閉症の知的発達の障害については，知的発達を調べるWISCやK-ABC等のテスト結果から，その認知能力に偏り傾向のあることが示されている。よく知られているのは，WISCにおいて動作性IQが言語性IQよりも有意に優れた結果を示すことであり，自閉症への刺激提示として言語刺激よりも視覚刺激が望ましいことと結びつけて指摘されている。

1）社会的文脈との関連における認知能力

フリスによると，自閉症のある子どものWISCの結果では，高度のコミュニケーションを必要とするテスト項目—例えば理解等—は低得点で，視覚情報のみで対応できるテスト項目—典型は積木模様の構成等—は高得点となるとしている。フリスはこの質的な差異について，動作性と言語性の検査項目の違い，つまり言語能力の問題や空間認知のよさで理解するのではなく，社会生活上の文脈や前提条件が必要となる検査項目なのか必要とされない検査項目なのかによって成績が異なる，と指摘している。例えば，別の実験で意有意味単語の再生と無意味単語の再生について，自閉症児群と知的レベルをマッチングさせた対照群とで比較調査しているが，対照群は有意味単語の再生の方が有意に優れた成績を示しているにもかかわらず，自閉症児群はことばの有意味性に関係なく一定の成績だったとしている。

2）K-ABCに見られる情報処理の特徴

K-ABCは，子どもの知的活動を認知処理過程と知能技能の修得度の2つの観点から評価する検査であるが，特に認知処理過程においては情報処理の方法として同時処理と継次処理の能力について調べることができる。同時処理とは空間的な枠組み，例えば写真などの視覚刺激に対して全体的に理解するような能力や情報処理の仕方を指し，継次処理とは時間的な順序性のある枠組み，例えば提示された順番通りに情報を処理し理解する能力や方法を意味している。自閉症のある子どもたちの検査結果から，自閉症児は継次処理よりも同時処理が優れている傾向があることが示されており，自閉症の視覚情報処理や空間認知などが優れているから同時処理優位と考えられている。その反面，むしろ継次処理における情報処理の方策として，自閉症のある子どもはフリスの指摘するように刺激情報の順序性，つまりルールや社会的文脈を理解することが難しいので継次的な情報処理に相対的な困難を示している，と考えられる。

3）記憶（コード化）

自閉症のある子どもの記憶力については，イデオサバンといわれるある対象に関してのみ特別な記憶力をもつケースが報告されているように，機械的記憶については優れているとされている。一方，視覚刺激や無意味音の記憶には障害がないにもかかわらず，言語面での記憶の障害特に社会的情報の処理につながるコード化（符号化）の障害があること

もいわれている。コード化とは，具体的な事象から共通する表象を導き出し，プロトタイプな単一表象を作り上げる抽象化のプロセスを指す。メジボブら（Mesibov et al., 1999）によると，犬というカテゴリーを学習する際には，すべての犬を記憶するのではなく，犬の共通点を抽象化していき，犬という概念のイメージ（プロトタイプ）を作り出していくが，このような情報の抽象化やプロトタイプの作成が困難であることがコード化の障害であるとし，自閉症のある子どもに見られるとしている。

認知面への指導としては，心の理論を中心にホブソンの理論などを取り入れている認知的教育法が，イギリス等で臨床的効果が認められているようである。

(3) 行動特性
1) こだわり行動

表2-2の診断基準から考えられる自閉症の行動特性はこだわり行動であろう。筆者も自閉症のある子どものこだわり行動については，臨床経験の中で最も頻繁に経験したものの1つであるが，経年的に見て1つのこだわり行動が消失してもさらに新たな対象に対してこだわり行動が出現することがままあり，印象的にはこだわっていることにこだわっているのではないか，と思われるほどであった。このこだわり行動に対して，バロン－コーエン（1999）はこだわり対象を調査するアンケート調査を行い，人へのこだわりよりも物へのこだわりが優位であることを見出し，対象や内容に関連性のないこだわりではないことを示している。92名の自閉症のある子どもたちの親と33名のトゥーレット症候群のある子どもの親が対象となっており，自閉症のある子どもへのアンケート調査結果からは，こだわりは無作為な対象に対するものではなく，物に対する興味から派生するこだわりに偏っており，人に対する興味やこだわりが減少していることが明らかになった。特に機械類に対するこだわりはほとんどの自閉症のある子どもに見られるとし，言語発達の良好な自閉症のある子どもの場合は長時間にわたって対象となっている機械類についてうんちくを傾け，しばしば聞いている他者が繰り返し長時間にわたる話に飽きてしまうという。このことは，他者の興味がどうなっているかということに気づかない心の理論障害説とも関連しているが，自閉症のある子どものこだわり対象は人へのこだわりよりも物へ固執する傾向がかなり強いものであるとしている。しかし，だからといって自閉症のある子どもたちは他者にまったく興味・関心を示さないのではなく，他者への興味・関心を適切な一般社会のルールにのっとって表現することや関わりをもとうとすることに対するスキルが未獲得もしくは未発達である，と考えるべきであろう。臨床経験から，慣れてくると自閉症のある子どもたちも彼らなりの表現手段や方法で他者と関わりをもとうとしていることが理解されるし，他者の様子もよく観察していることに驚かされることもあり，決して他者への興味・関心が薄いわけではないと考えている。対人関係において社会文脈を適切に読み取り，他者の自分と

は異なるであろう表象や意思等を推測しながら他者との人間関係を結ぶことは自閉症のある子どもたちには大変難しい行動であるがゆえに，あまり複雑なルールのない原理原則が厳密に適用される機械への興味・関心が優先されこだわり行動へつながっていくとも考えられるのである。

2）実行機能の障害による行動特性

近年の中枢神経系前頭前野機能に欠損あるいは病巣をもつ事例研究から，認知機能の1つである実行機能の障害が自閉症にも指摘されるようになってきた。本来は認知機能であるので，認知特性で触れるべき項目であるが，実行機能の障害の結果が自閉症のある子どもや人たちの行動特性を説明しやすく行動特性との関連で述べることとする。実行機能はプランニング能力（計画・企画力や組織的な探索力，問題解決の構えを維持する能力等）や自己コントロール能力（衝動のコントロールや不適切な反応の抑制，思考や行動の柔軟性等）を含むものであり，自らの行動を頭の中で組み立て，環境や周囲の変化に適切に対応する行動をプランし調整する能力であるといえる。この実行機能に障害があるとすると，当然のことながら行動は形式ばったものになり融通のきかない型にはまった行動になりやすい。また，環境や周囲の対応等の変化に対して柔軟に自分の行動を調整することが難しく落ち着きがなくなったり，時にはパニック的状況に陥ることもある。儀式的行為が多くなり，環境や周囲を同一に保とうと些細な変化にこだわることや興味の範囲が狭くなること，行動様式が常同的になること，衝動を抑えきれず自傷や他害等の行動につながることもある。

行動特性に対する指導としては，行動のみならず認知的発達面で要求されている事柄や環境と自分との関係を理解しやすくする構造化によって指導するTEACCHが挙げられる。

3．まとめ

自閉症について，学齢期や青年期を中心に最近の研究結果を盛り込みながら学術的な記述を中心に進めてきたが，まとめに当たって自閉症を研究対象にしている筆者の自戒の念を込めて自閉症理解の基本的姿勢を述べておきたい。自閉症は発達障害であり，自閉症スペクトラムという概念にも見られるように基本的な特徴はあるものの，発達段階や障害の軽重，加齢に伴う心身の成長，取り巻く環境やその変化，教育（療育）条件等さまざまな要因によって表面化される実態像は種々さまざまであるといえる。ゆえに自閉症のある子どもたちと接する我々が大切にしなければならないことは，自閉症のA君，ではなくA君の自閉症という見方をすること，つまり自閉症という知識や教科書の記述から子どもたちを見るのでなく，まず1人の子どもとして先入観やレッテル張りをすることなく接することであると考えている。もちろん正しい知識は必須であるが，自閉症のある子どもたち1人1人の心に寄り添いながら，それぞれの子どもたちが呈する状態の底にあるさまざまな思い（感情や要求，苦悩等）をくみとり，正確なニーズへと展開していくことが求めら

れている。

　次に自閉症のある子ども達との関わりだけではなく，周辺環境との関わりも大切にしなければならないであろう。現在の日本では大学（短大）の教員養成課程において，障害や特殊教育（特別支援教育）についての講義を必修化していないことから，障害や特殊教育（特別支援教育）について学ぶ機会なく教職に就いている教員も多く存在している。ある教育委員会によれば小・中・高の全教員のうち8〜9割は障害等について詳しく知っていない，ということである。学校を挙げて特別支援教育に取り組んでいこうという近年の流れの中では，同僚教員の理解と支えは不可欠となっているが，知識と理解が十分でない同僚教員と上手な対人関係を構築し有形無形の協力関係を作り上げ，自閉症のある子どもたちを取り巻く教育環境を整備していくことも大切である。さらに保護者との良好な人間関係についてもいうまでもなく大切なものであり，ある面では子どもたち以上に保護者の心へ寄り添うことも必要である。このように，子どもたち，同僚教員，保護者，とそれぞれにおいて共感性に基づく良好な人間関係を構築することが，自閉症のみならず障害のある子どもたちの教育や療育に携わるものが心に留めておかねばならないことであると思う。

第4節　高機能自閉症・アスペルガー障害

1．高機能自閉症・アスペルガー障害とは

　第3節自閉症で述べられたように，最近では自閉症スペクトラム（autistic spectrum）という概念が浸透してきている。この概念は，ロンドン学派と称される研究者の一人であるローナ・ウィング（Lorna Wing）によって提唱された。彼女は，自閉症の診断基準を厳密には満たさないが，その行動特徴を備える子どもたちが高率で存在することを見出した。この考え方では，自閉症は重度の知的障害をもつ子どもから優秀な知能を有する子どもまでに生じ，自閉症そのものの障害の程度も重篤なレベルから比較的軽症まで幅広く連続的に分布する。知能指数が正規分布することはよく知られているが，対人コミュニケーションに必要な認知的能力も同様な分布をするのではないかと想定される。知的に正常域とされる子どもたちのなかにも，対人コミュニケーションに問題を抱え，高機能自閉症あるいはアスペルガー障害と診断される者が存在する。これらの子どもは知的に問題がないことから，通常学級に在籍する場合がほとんどで，友だち関係の構築に困難を伴っている。カナー型自閉症の発生率は1,000人あたり1人程度と推計されていたが，自閉症スペクトラムとして考えた場合には，その10倍程度になるのではないかと見積もられている。

　自閉症スペクトラム児が学校生活のなかや社会生活のなかで直面する困難さは，他者がどのようなつもりなのか，どんな気持ちでいるのかを推し量ることが難しいことに起因している。例えば，自分が机から落とした筆箱を拾ってくれようとしたクラスメートに暴言を吐いてしまうのは，そのクラスメートが筆箱を拾うとした意図を理解できないことが背

景に存在する。また，ことばの解釈についてもそれを字義通りに受け取ってしまうため，比喩，皮肉，冗談を理解できないことが指摘されている。例えば，食卓の場面でお母さんが子どもに向かって「お塩とれる？」と聞いた時，母親はこの発言のなかにそこにある食卓塩を取って渡して欲しいという意図を込めているのだが，自閉症の子どもは「取れるよ」と答えて終わってしまう。他者の意図や感情を推測するために，我々は顔の表情，まなざし，身振りなどの視覚情報，音声に含まれる抑揚やアクセント（これらはプロソディと呼ばれる）などの聴覚情報を利用しているが，彼らはこのような情報からうまく他者の心情を読み取ることが困難である。本節では，最近の「心の理論」研究の成果を紹介することを通して，高機能自閉症・アスペルガー障害における本質的な障害とは何かについて述べる。

2．精神医学的定義

DSM-Ⅳ-TRでは，広汎性発達障害のなかに「自閉性障害（autistic disorder）」とアスペルガー障害（Asperger's Disorder）の診断基準が示されている。アスペルガー障害は，「共感能力の欠如，一方的な会話，特定の興味に対する強力な没頭，不器用」を特徴とする子どもの記載を行ったオーストリアの小児科医ハンス・アスペルガー（Hans Asperger）にちなんだ症候群である。彼が報告を行ったのは，カナーが最初に自閉症症例を記述した翌1944年のことであったが，その業績が英語圏で正しく評価されたのはウィングによって「アスペルガー症候群」という用語が用いられるようになってからのことであった（Wing, 1981）。高機能自閉症は，自閉症のなかで知的障害を伴わないものとされ，知能指数上ではIQ＞70であることが一応の目安といわれる。このように，「高機能」とは平均以上の知的能力をもっていることではなく，知的な問題が顕著でないことを意味している。

自閉性障害では，3歳以前にウィングの3つ組みと言われる特徴，すなわち1）対人的な相互交渉の欠如，2）コミュニケーションに用いられる話しことばの欠如や遅れ，3）ごっこ遊びに代表される想像力の欠如，が出現する。興味の著しい限局や同一性保持行動と呼ばれる自閉症の特徴は，想像力の障害に帰因すると考えられている。特定の物を対象としたこだわりは，色や数字といった単純なものから，年齢を重ねるごとに時刻表や道路標識などへ興味が移っていき，その後学校までの道順，寝る前に特定のことをするといった儀式的な振る舞いへ変化するといわれる。初対面の人に「先生，何歳？」「先生，結婚してるの？」と質問攻めにしたり，同じことを何度も確認しないと気が済まないこともある。また，ハリーポッターのようなファンタジーあるいは空想の世界に埋没して登場人物になりきるような振る舞いをすることもある。こだわり行動は，変化（例えば，机の上にあったペンがその場所から動かされる）への抵抗の裏返しであったりするのかもしれない。この時には，変化したらどうしようという不安が生起するようである。不安に駆られて強迫的な行動が生じることもあるという。また，空想世界への埋没も現実からの逃避という側面ももっているようである。

高機能自閉症児では4～5歳頃になると語彙数が大幅に増え，言語面での遅れがキャッチアップされる。このように，統語（文法）や意味の側面で言語的な機能はある程度発達するが，実際の状況でどのようにことばを使うかといった語用的側面では本質的な障害が残存し，一方的に自分が興味をもっていることを喋り続けて，会話が成立しないこともしばしばである。親しい友だちに対して非常に丁寧な言い方で喋ったり，慣用句的な言い回しを過剰に使用することで，日常会話としては不自然な言い回しになってしまう。アスペルガー障害では，自閉症の特徴である1）対人的な相互交渉の欠如や3）想像力の欠如を伴うが，幼児期に著しい言語的な遅れがないとされる。高機能自閉症の場合も言語上の遅れは就学前にキャッチアップされるので，年齢が増すほど高機能自閉症とアスペルガー障害の差異は小さくなる。これらから，高機能自閉症・アスペルガー障害間で認知能力上の違いはないとする研究者も多い。ただし，アスペルガー障害の方が○○博士と例えられるような，百科事典的な知識をとめどなく喋る傾向が高いとする報告もある。広汎性発達障害の下位分類には，ウィングの3つ組みの特徴を備えるが，自閉症やアスペルガー障害の診断基準を満たさないカテゴリーとして「特定不能の広汎性発達障害」（PDDNOS）が用意されている。ここには，いわゆる「非定型自閉症」が含まれる。

3. 認　　知
(1) 誤信念課題の展開
　人は，直接他者の心を読むことはできないが，表情，身振り，声色（プロソディ）などから心的状態（思考，意図，欲求，信念）を推測することができる。この社会的な認知能力をもっているおかげで，他者と円滑なコミュニケーションが可能となっている。もし，話し相手の気持ちを推し量れないとしたら，コミュニケーションの相互性は失われ，話題の転換や切り上げもうまくできなくなってしまうだろう。
　精神年齢を4歳に揃えた自閉症とダウン症児を対象に一次誤信念課題である「サリーとアン課題」（図2-2参照）を行ったところ，ダウン症児群と比較して自閉症児群の成績が低下していた（Baron-Cohen et al., 1985）。ダウン症群と生活年齢が4歳のグループの正答率はともに80％程度であったことから，ほぼ4歳程度の知的水準があれば一次誤信念課題は通過できる。この結果は，自閉症児が「心の理論」をもたないことを示唆するものであったが，自閉症児の20％は正しく答えることができていた。そこで，バロン-コーエンは登場人物の1人（メアリー）が別の登場人物（ジョン）の行動について誤った信念を抱いているかがわかるかどうか問う「アイスクリーム屋の課題」（二次誤信念課題）を用いた。この研究で，サリーとアン課題で正答できた自閉症児がこの課題を通過できないことが示された（Baron-Cohen, 1989）。しかしながら，より高い知能をもつ大人のアスペルガー障害者では二次誤信念課題を通過すること（Bowler, 1992），また言語性知能が高くなるにしたがって課題に対する通過率も上昇する傾向にあったことから（Happé, 1994a），誤信念課題で失敗することが必ずしも自閉症の本質的な障害を示唆する

ものはないという指摘がなされた。二次誤信念課題は，6歳児程度の知的水準であれば正答できるようである。

(2) 奇妙な物語課題

これは，Happé（1994b）によって最初に用いられた課題で，改良版による結果がその後報告されている（Jolliffe & Baron-Cohen, 1999）。登場人物の意図などを推測する必要がない客観的で論理的な文章，あるいは一般的な知識を使って理解できる文章は「物理的物語（physical stories）」と呼ばれた。これに対して，他者の意図や感情を推測しなければ理解できない文章は「奇妙な物語（strange stories）」あるいは「心を読む物語（mentalistic stories）」と呼ばれた。これは，明示されていない他者の心的状態を推測する必要があるという点で誤信念課題と同様であるが，高度な「心の理論」課題の1つである。同義の言葉として，「心理化」や「社会的知性」がある。物理的物語における理解は，成人の高機能自閉症群，アスペルガー障害群，健常群の3者間で差がなかったが，奇妙な物語での成績は健常群と比較して，高機能自閉症群とアスペルガー障害群で低下していた。また，言語発達の初期プロセスが異なる高機能自閉症とアスペルガー障害間にこれら文章課題の成績で差がないことも示された。以上の結果は，発話や文章中で他者の意図や心情が明示されていないと，自閉症スペクトラム者はその読み取りが困難であることを示している。ただし，この研究で用いられた奇妙な物語には，バナナを手にとって耳のところに立てて見せて，「このバナナは電話よ」と発言した時にその意図がわかるかどうか問うタイプの文章と，良い天気になりそうと言ってピクニックに出かけた時にちょうど雨が降り始めて，「ええ，本当にピクニック日和のいい天気ね」と言った時の意図を尋ねるタイプの文章があった。前者が，バナナを耳元で立てるということが象徴する意味を純粋に問いかけているのに対して，後者の「〜いい天気ね」は発言者の心情を反映したもので，皮肉を込めた発言であると同時に，この発言は「怒り」の情動が伴われている。言い換えるならば，「〜電話よ」は想像力の問題であるが，「〜いい天気ね」は情動と結びついている点で，心的能力の異なった側面をしらべる課題となっていた。おそらく，健常者の場合には「〜いい天気ね」と言われた時の相手の表情や声の抑揚が頭の中に浮かぶのではないだろうか。

(3) まなざし課題

高機能自閉症者やアスペルガー者が困難を示したのは，顔から目の部分だけを切り出した写真から，その人の心的状態を読み取る課題（まなざし課題）であった（Baron-Cohen et al., 2001）。具体的には，提示されたまなざしが4つの心的状態語（例えば，「まじめな」「恥ずかしい」「警戒している」「当惑している」）のどれに最も当てはまるかの判断が求められた。ただし，まなざし課題における心理化は情動の側面が強調されているという点で，それまでに用いられた誤信念課題とは趣を異にする。自閉症児の研究において，情動の果たす役割を重視していたホブソン（1997）の考えが再評価されたとも考えられよう。

バロン-コーエンらの研究では，自閉症スペクトラム指数（AQ）の得点が高いほど，つまり自閉性障害の程度が高いほどまなざし課題の成績は低い傾向にあった。なお，このAQは若林ら（2004）によって日本語版の標準化が図られている。一般サンプルでは，興味深いことに，女性の方がまなざし課題において得意である傾向が示された。さらに，一般サンプルの得点分布は正規分布に近かったことから，本課題のようにある程度の難しさをもった心理化課題で要求される社会的認知能力が得意な人から苦手な人まで連続的に分布していることがわかる。このことは，健常者との連続性を仮定する自閉症スペクトラム仮説を支持していると思われる。

（4）ドジ課題

文章中の登場人物の心情理解についても，高機能自閉症（アスペルガー障害）児が困難を示すことが指摘されている。これは，バロン-コーエンらがドジ（faux pas）課題を用いてしらべた（Baron-Cohen *et al.*,1999）。彼らは，健常群での文章中のドジ検出は児童期に発達途上であること，また一次及び二次の誤信念課題を通過した自閉症群はこの課題で正答することが難しいことを報告した。また，健常群では性差が認められ，女子の方が成績が良かった。Faux pasは課題文中に明示的に記述されていない，後で考えるとあの時にこんな発言をして「しまった」という行為である。例えば，結婚式の時に高価なプレゼントをもらっていて，しばらくたって贈り主を家に呼んだ時に，そのプレゼントを誰かが壊してしまって「いいのよ，それは気に入っていなかったから」と言ってしまうケースである。この時には，後悔，困惑やバツの悪さといった複雑な感情が発言者に生起する。さらに，発言者の言動はその相手の感情を傷つけている。この結果の解釈としてバロン-コーエンらは，信念によって引き起こされたとき自閉症者は他者の感情を理解できないと述べている。

4. 生物学的背景

（1）意図理解

心理化を要求されるストーリー（「心の理論課題」）と論理的な展開から構成される物理的なストーリーを理解している時の脳活動が比較された（Happé *et al.*, 1996）。心理化が必要なストーリーは，例えば，店に押し入った泥棒が出てきた時に手袋を落とした，これを見た警官が「止まれ」と叫んだら泥棒は強盗を働いたことを白状した，という内容である。この課題では，なぜ泥棒は白状したのかということが質問された。アスペルガー者は健常者と比較して，回答までの時間のバラツキが個人によって大きかったが，回答するまでの平均時間には差は認められなかった。また，予想されるように，心理化課題での成績はアスペルガー者の方が有意に悪かった。健常者グループで，物理的ストーリーと比較して「心の理論」課題時により賦活した前頭葉内側部の領域はアスペルガー者では賦活せず，その代わり近接しているがより腹側の領野が活動していた。このような心理化を行うに当たって，前頭葉内側部の傍帯

状回と上側頭回の後部が関与している（Frith & Frith, 1999）。傍帯状回は，自分自身の心的状態（思考，情動，痛みなど）をモニターする時に活動する部位として知られている。一方，後部上側頭回は biological motion の検出に関わっているとされる。

　興味深いことに，傍帯状回は感覚モダリティが異なっても他者の意図理解に関わっている。ちらっと目配せする，名前を呼びかけるといった行動はどちらも「これからあなたとコミュニケーションしますよ」という合図であるが，自閉症児は呼ばれても振り向かない，視線を合わせないといったことが特に幼児期で指摘されている。視線が自分の方向を見ているか，自分の名前が呼ばれたかを答える課題を遂行している時の脳の活動を調べてみると，これらの課題に共通して賦活される傍帯状回の部位が見出されている（Kampe et al., 2003）。さらに，文章に加えてマンガから登場人物の意図を尋ねる課題の場合でも傍帯状回の共通した部位が賦活される（Gallagher et al., 2000）。この場合のマンガ課題は1枚で，例えば望遠鏡を覗いていた人の目の周囲が黒く縁取られていて，彼を見た人たちがくすくす笑っているというものである。このように，入力される感覚の違いに関わりなく，傍帯状回は心理化課題の遂行時に活性化している。自閉症児への指導として視覚的な提示が有効であることは認識されているが，これは自然現象を説明した絵や写真，WISC-Ⅲの絵画配列のような課題であてはまる。しかし，絵であっても登場人物の意図や感情を推測する必要がある場合はその理解が困難である。

（2）情動の認知と社会的文脈

　まなざし課題遂行中の脳活動を fMRI を用いて測定したところ，自閉症群では扁桃体の賦活がまったく認められなかったことに加えて，健常群と比較して前頭葉眼窩回の活動が低下していた。また，上側頭回の活動性についても差異が認められた（Baron-Cohen et al., 1999）。これらの脳部位は，ブラザーズ（Brothers, 1990）によって社会的脳と呼ばれている。上側頭回は，顔からの視線方向の抽出に関与し，その情報は扁桃体に送られる。自分に視線が向けられていると扁桃体が活性化することは（Kawashima et al., 1999），このような状況の時に自分自身が情動的反応を伴っていることを示唆している。扁桃体は，対象の情動的価値を評価する部位として知られる。扁桃体を破壊されたサルはもはやヘビを恐れず口にいれてしまう。扁桃体の神経細胞から電気的な信号を記録すると，サルが好きなスイカを見せられた時に興奮するのがわかる。アドルフズら（Adolphs et al.,1994; Adolphs et al.,1995）はウルバッハ-ヴィーテ病のために両側性に扁桃体のみが限局して変性した患者 S. M.を報告している。S. M.は，恐怖の表情の認知が選択的に損なわれていた。このように，扁桃体が損傷されると，恐怖などのネガティブな感情の同定が困難になることが知られている。

　さらに，扁桃体からの情報は前頭葉眼窩回に送られて，ここで情動に関する情報が社会的な文脈のなかに位置づけられる。言い換えると，眼窩回は情動を伴った社会的学習の座である。扁桃体が損傷した結果，情動に関して評価された情報が眼窩回に送られなくなってしまうと社会的

に適切な行動がとれない。扁桃体損傷患者と高機能自閉症群はともに「この人に話しかけたいですか？」と問われた時に，怒っているなどネガティブな表情の写真に対して，これらの感情の種類を答えることができても「話しかけたいです」と答えてしまう（Adolphs *et al.*, 2001）。アスペルガー児が，女の子が嫌がっているのだけれども抱きついてしまうという行動上の問題を示すことがある。これは嫌がっているという他者感情を同定することが難しいこと，また高機能の子どもでは感情のラベリングができたとしても社会的な状況判断に情動が実感として結びつかないことが背景としてあると考えられる。また，眼窩回内側部が損傷した成人でも，ドジ課題の成績が低下するが（Shamay-Tsoory *et al.*, 2005），これは扁桃体ダメージでも生じるので（Stone *et al.*, 2003），扁桃体が何らかの形で非明示的な文章からの情動認知に関わっているものと考えられる。そして，情動タイプの「心の理論」を発達していくうえでも，扁桃体の機能が正常であることが必要なのであろう。

5. 学校における課題
(1) いじめ・不登校

　以上に述べてきたように，自閉症スペクトラム児は他者の心が読めないという基本障害を抱えている。このことが学校生活に及ぼす影響は，本人にとって計り知れないほど大きい。同級生との会話のなかで，その空気に合わない唐突な発言から，からかいの対象になることは希ではないし，他者の行動の意図を誤ってとってしまうこともある。例えば，体育の時間に担任教師が励まそうと考えて，跳び箱を跳んだ時にクラスの子どもたちに声かけや拍手をさせたというエピソードがある。しかし，本人はそのような状況で一斉に声かけされるということを，いじめを受けていると思い違いしてしまった。このような生活のなかで，他の子どもとのトラブルが多発したり，実際にいじめの対象となりやすい。さらに，いじめられた時の反応を面白がられたり，仕返しを考えないといった特性のために，いじめが継続，激化しやすいこともあるだろう。この結果，杉山（2005）が述べているようにフラッシュバック（類似した情動が喚起される経験をした時に，いじめられた記憶が想起される）などPTSD症状が出現，不眠，食欲不振やチックなど二次的障害に至ってしまい，さらに，不登校や引きこもり状態となることもある。このような場合には，特別支援学級や保健室を緊急の避難先として活用してくことが必要であるし，学校内での強力な環境調整も不可欠である。近年，不登校児の相当数の割合（杉山（2005）の調査によればその3割程度）が発達障害をもっていることが指摘されており，これら障害の特性理解をふまえた対応が期待される。

6. まとめ

　第3節「自閉症」を受けて，本章では高機能自閉症やアスペルガー障害の特性について述べた。現在，最も説得力のある考え方が高度な「心の理論」に基本障害が存在するというものである。このなかでは，主に他者意図理解の側面と情動学習の2つが注目されているが，これらの働き

を担う脳部位がそれぞれ異なったシステムを形成していることが明らかにされつつある。このように，障害特性を理解していくことで発達障害をもたない子どもへの理解にも結びつくことが期待されるし，また，診断名がひとり歩きすることもないであろう。さらに，障害特性をふまえて個々の自閉症スペクトラム児の行動特徴へ対応していくことが必要である。

第5節　ADHD

1．ADHDとは

　注意欠陥多動性障害（ADHD）は，不注意，多動性そして衝動性という視点から診断される発達障害であり，中枢神経系に形態上の異常や機能低下が見られ，てんかんあるいは脳波異常を伴うことも多い。アメリカでの調査によると，学齢期の子どもの3～5％の子どもがADHDの診断を受けている。一般的に，彼らの行動は集中力を欠いている，落ち着きがない，よく動き回る，言うことを聞かないといったことばで形容されることが多い。診断上において発達的視点は重要であり，例えば年齢に相応しない落ち着きのなさであることが求められる。アメリカ精神医学会のDSM-IV-TRに示されている診断基準では，不注意と多動性・衝動性の両方の基準を満たす場合は混合型，不注意のみを満たす場合は不注意優勢型，多動性・衝動性の基準のみ満たす場合は多動性・衝動性優勢型の3つのサブタイプに分類されている。

　診断上は，注意の問題や多動性も認められる広汎性発達障害（PDD）などとの鑑別が重要となるが，PDDとの併存を認めるべきという意見もある。また，ADHDの場合にはその原因として生物学的な背景をもつとされており，生後の養育経験は直接的な原因とは考えられていない。幼児期や児童期に虐待を受けた子どもには，落ち着きのなさやぼんやりしているといった症状が見られるが，このようなケースはADHDと区別される。

　以上のような行動特性をもっていることから，学校で友達関係を築くことが難しい。また，社会的なルールに沿った行動ができにくく，状況に沿った行動の切り替えができにくいなどが原因となって行動上のトラブルが生じがちである。このため，学校生活に適応していくことが難しくなる傾向がある。一方，家庭においても手のかかる子どもと見なされがちであり，親のストレスも大きく養育態度も指示的・命令的になりやすいと指摘されている。

　症状の発現には環境要因つまり周囲の理解や対応に依存するところが大きい。診断基準上は，学校や家庭など複数の場面で問題が生じていることが必要であるが，対応がうまくいっていると問題行動が目立たないこともある。このような点で，ADHD児と周囲の人間との関係を再調整するといった環境調整が大きな役割を果たす（物理的な環境調整については，第Ⅰ部第4章　通常学級に在籍する軽度発達障害のある子どもに対する指導方法を参照のこと）。

2. 認　　知
(1) 注　　意

　ADHD児が抱えている不注意は，必ずしもケアレスミスが多い，聞いていないように見えるといったぼんやりとした不注意ではない。ポケモンやテレビゲームなど自分が興味・関心を抱いている事柄にたぐいまれな注意力を発揮する一方で，勉強など努力を要する課題に向かったり，持続していくことが著しく困難である。このような特徴から，ADHDの不注意は小学校入学以降に顕在化しやすいと考えられる。また，周囲からの音や光といった刺激へ容易に注意をそらされやすい。これを，注意の転導性が高いという。反対に，物事に熱中していると授業のチャイム音に気づかないといったことも起こる。この状態は，いわば対象に対して過集中である。このように，ADHDの不注意は注意そのものができにくいというより，注意のコントロールができにくいといった方がよいかもしれない。このような特性をもったADHD児に勉強に取り組んでもらうためには，環境調整の観点からのアプローチが必要である。教室内は，できるだけ視覚的な刺激が少ないように配慮されなければならない。座席は教師の目が行き届くように最前列となることが多いが，このような場合に教師机の上にいろいろなものが置かれているのは好ましくない。

　ADHDの不注意の程度をアセスメントするテストとしてよく用いられているのが，持続性遂行課題（CPT）である。この課題では，ターゲットが出現した時にボタン押し反応をし，それ以外の刺激では反応しないことが求められる。ADHD児は，ターゲットに反応しない見逃しやターゲット以外の刺激に反応してしまうお手つきが多い。また，CPTに従事する時間が長くなるにつれて反応時間のばらつきや誤反応回数が増加する。

　ポズナーとピーターソン（Posner & Petersen, 1990）は，注意を持続するためのシステムを提唱している。彼らによれば，3つのプロセスがあり，それは警告，定位／再定位と実行制御である。警告システムは，注意の状態を維持することに関わっており右半球の前頭葉と頭頂葉から構成され，神経伝達物質のノルアドレナリンによってその働きが修飾されている。ノルアドレナリンの重要な働きの1つは，大脳皮質の覚醒レベル（ヴィジランス）を調節することであり，注意を向けているターゲット（信号）とその他の刺激（雑音）のS／N比を増強することに役立っているようである。

　定位／再定位システムは，右半球の側頭-頭頂葉と下前頭回のネットワークから構成され，アセチルコリンによって修飾される。注意をある対象から別のものに移す場合に，もとの対象から注意を解放する必要があり，定位／再定位システムはこの働きを担っている。

　実行制御は，前部帯状回と前頭葉背外側部が担っておりドーパミンによってその機能が修飾を受けている。ADHD児では，警告，定位／再定位システムともに損なわれているがその程度はあまり大きくはない。それに対して，注意の実行制御システムの損傷度合いが大きいと考えられている（Sergeant *et al.*, 2003）。注意の実行制御とは，いわば能動的

な注意活動のことであり，注意すべき対象間に干渉が生じている時（例えば，ストゥループ効果：赤色のインクで印刷された青という漢字の色名を答えるのは難しい），そのどちらか一方に注意が集中されなければならない。ブッシュら（Bush et al., 1999）はADHD成人を対象に計数型ストゥループ課題を行ったところ，健常成人と比較して前部帯状回の賦活が小さいことを見出している。

(2) 作動記憶

ADHD児は学校に持ってこなければならないものを忘れたり，学業に必要なものをなくしてしまうことがしばしばである。これは記憶に問題のあること示しているが，このなかでも作動記憶の機能が低下している（Willcutt et al., 2005）。作動記憶は，目標指向的な課題や作業の遂行に関わる能動的な記憶であり，これらの点で一般的な短期記憶とは異なる。視覚性の作動記憶はK-ABCの位置探し，聴覚性のものはWISC-Ⅲの逆唱課題やリーディングスパンテストで評価できる。最近では，作動記憶は文章読解などにおける文脈理解や推論の基礎をなすものとも考えられている（苧阪，2002）。このような特性から，やるべきことを頭のなかに保持しておくことに困難が大きい。したがって，一度に複数の指示を与えるのは避けるべきである。

(3) 実行機能

ADHD児は読み書き計算など基本的なアカデミックスキルを獲得している場合であっても，授業の流れを理解していなかったり，総合学習の時間に「調べることを考えましょう」と言われるととまどったりする。これは目標を設定したり，その目標を達成するために計画を立てること（プランニング）が苦手であることによる。さらに，その計画を実際に行ったり，うまくいっているかどうか評価することにも困難があるといわれている。これら，目標設定－計画－実行－評価という一連のプロセスを制御する高次の認知機能は実行機能と呼ばれる。実行機能は，前頭葉で実現されているため，前頭葉が限局的に損傷した場合，知的水準は保持されるが，見通しをもった行動をすることができなくなる。プランニング能力は，ハノイの塔課題やロンドン塔課題で評価される。ロンドン塔課題では，長さの違う3本の棒に3つの異なる色の玉が差し込まれており，絵で示された最終位置に玉を動かすことが求められる。一度に移動できる玉は1つのみという条件の下で，最も少ない移動回数で最終位置に持っていくことが必要である。これら実行機能のなかでも，ADHD児においてとりわけ損なわれているのはプランニング機能である（Willcutt et al., 2005）。

前頭葉背外側部を損傷した患者はウィスコンシンカード分類検査（WCST）で低成績を示す。WCSTでは，カードに描かれた図形の色，形，数のいずれかを基準にして分類することが求められ，分類基準は途中で予告なしで変更される。この時，被験者は自分の判断が正しいか誤っているかのフィードバックを参考にして，分類基準を推測していかなければならない。このような課題の遂行はADHDにとって困難が伴う

（Romine et al., 2004）。WCSTの遂行にはワーキングメモリーに加えて注意セットのシフトといった認知能力が必要とされる。WCSTの場合，以前の分類基準であった分類カテゴリーから新たなカテゴリーへ注意を転換する必要がある。

　実行機能の損傷によって，見通しをもった行動が学校生活のなかで出来にくくなっている。この点では，ADHD児の環境を構造化することが望ましい。例えば，図工の授業の場合には工作をする流れを視覚的に明示して，必要な材料をいつどこから持ってくればいいのかわかりやすくする。この様な工夫で，授業への集中度が高くなるとともに落ち着きも増えることが期待でき，トラブルの減少にもつながってゆく（指導法については，第Ⅰ部第3章第4節2.(2)自己教示訓練，(6)メタ認知的方略を参照）。

3．動機づけと情動
（1）動機づけ

　先に述べたように，ADHD児は注意を持続させることが困難であるが，これは動機づけと密接な関係がある。彼らは，後でもらえる大きなごほうびよりもすぐにもらえる小さなごほうびを好む（Rapport et al., 1986）。これは，報酬への遅延を嫌う（遅延嫌悪）ともいわれる。また，彼らは報酬への感受性が低いのではなくむしろ敏感である。したがって，大きな目標を達成した時にごほうびを与えるよりも，望ましい行動をしたその都度すぐに与えられた方が効果的である。このような観点で，指導に当たっては外発的に動機づけを高めていく必要がある。また，小さなことで動機づけがそがれやすい面もある。例えば，英語の教師から気に入らないことを言われて英語を勉強しなくなってしまったり，自分から見て明らかに間違った漢字の書字をしたのに先生が○をつけたことから，漢字の練習を避けるようになってしまうこともある。

　このため，ADHD児にとってトークン（代用貨幣）システムの導入は効果が高い。このシステムでは，望ましい行動が生起するごとにポイント（あるいはシール）が与えられ，特定のポイントが貯まった時点で実際のごほうびと交換される。この際に，現在どれだけポイントを獲得しているのか，目標達成まであと何ポイント必要なのか視覚的にわかりやすく示しておくことが大切である。さらに，ポイントがある程度貯まった場合には，レスポンスコスト法が導入可能である。望ましくない行動が出現した時にポイントを減じる（罰）ことによって，これら行動の頻度を減少させることに役立つ。ADHD児は，ポイントの減少に対しても感受性が高いようである（指導法の詳細については，第Ⅰ部第3章第4節4.(3)トークンエコノミー法を参照）。

　スルザレックら（Slusarek et al., 2001）の研究によれば，動機づけ状態が高まることによって行動の抑制が促進できる。彼らが使用したストップシグナル課題では画面上に提示されるターゲット刺激にできるだけ早く反応するように求められるが，もしストップシグナルがターゲットの後に出現したら，ボタン押し反応を抑制しなければならない。ADHD児は，この課題の反応抑止率が低いことが明らかになっているが，動機

づけが高い条件ではコントロール群と差が認められなかった。

(2) 情動の制御

　幼児は些細なことで泣いてしまいがちであるが，発達に伴って泣くという表出行動を抑制することを学習する。情動のコントロールという面でもADHD児は遅れや困難性が見受けられ，ちょっとした言動に対して感情を抑えきれず反応してしまいがちである。例えば，自分が一番欲しいと思っていたプレゼントがもらえずに，失望が引き起こされた場合に，ADHDのリスクが高いと判定された幼児は大人がそこにいる場面，つまり社会的な状況下においてであっても，同年齢の他の子どもと比較してより怒りを表出する傾向にあったという（Cole et al., 1994）。同様に，学齢期のADHD児においても他の子どもとの葛藤場面で情動制御が効果的にできず，しかも情動表出を露わにしないように指示されてもできなかった（Walcott & Landau, 2004）。ADHD成人においても，このような情動表出のコントロール不全が継続し，不注意優勢型と比較して混合型においてその割合が高いと報告されている（Reimherr et al., 2005）。このようなことから，他の子どもの言動によって衝動的に感情を爆発させてしまうこともある。この時には，自分の感情の状態を意識させることが重要であり，自分の気持ちを言葉に出して感情状態を認識しやすくする手だてが効果的であろう。

(3) 情動に基づく意志決定と学習

　我々が行う意志決定，特にリスクを伴う場合，には理知的な判断だけでなく情動に基づいたプロセスに依存している。これを評価するテストはギャンブリング課題と呼ばれるもので，ハイリスクかつハイリターンで結果的に損をしてしまうカードのヤマと，リスキーではないがリターンも少なく結果的には得をするカードのヤマのうちどちらを選択していくかを観察する。前頭葉眼窩回の内側部を損傷した患者は，リスキーなヤマを選択する傾向が強く，結果的に損をしてしまう（Bechara et al., 1994）。ADHD青年を対象にしたギャンブリング課題の成績は，健常群と比較してリスキーなヤマを選択しており最適な選択方略を欠いていた（Toplak et al., 2005）。ADHD成人では，健常群と比較して差が認められなかったが，課題遂行中の賦活部位は健常群と異なり前部帯状回や海馬での活動が低下していた（Ernst et al., 2003）。

　社会的状況の変化に沿って我々は柔軟に自分の行動を変えていくことが要求される。この状態を最も単純な形で考えると，Aという状況下である行動を行った場合に報酬を獲得でき，Bという状況下で同じことをした場合には反対に罰を受けるという設定となる。問題は突然に状況と報酬の関係が反転した場合に，再度その関係を学習できるかどうかということになる。これが，いわゆる逆転学習で眼窩回の外側部が損傷されるとこの学習ができなくなる。ADHD児においても，この逆転学習が損なわれていることから，眼窩回外側部の機能低下が示唆されている（Itami & Uno, 2002）。

4. 行　　動
(1) 多 動 性
　診断上で問題とされるのは，例えば授業中にもかかわらず立ち歩いて教室の外に出て行ってしまう，といったように社会的なルールがある場面なのだけれども，そのルールを遵守できないという多動である。立ち歩くなどの多動は，移動性多動と呼ばれることがある。これに対して，席に座っているのだけれども，もじもじとしていたり，そわそわして落ち着かない，姿勢が悪いといった状態は非移動性多動と呼ばれる。これには，しゃべり過ぎるということも含まれる。ADHDの多動性が目立つのは幼児期から小学校中学年頃までで，移動性多動が非移動性多動に移行していくこともあり，運動性の多動はその後低減される傾向にある（山田，2001）。ただし，何かしていないと落ち着かないといった感覚は成人期まで持続するようである。多動性を軽減する指導法として動作法が用いられることがある（第3章第4節3.(2)動作法を参照）

(2) 衝 動 性
　衝動性とは，考えることなしに反応してしまう，つまり手が出てしまったり物事を決めてしまうことである。診断基準のなかでは，順番を待つことが困難である，質問が終わる前に出し抜けに答えてしまうことが挙げられている。また，会話の相手がまだ話し終わっていないにもかかわらず，それをさえぎって自分の話したいことをしゃべってしまうこともある。これらは，社会的ルールが存在するにもかかわらず，衝動的な行動からそれを遵守できないということも表現している。衝動性とは，行動を抑制できないことでもある。バークレイ（Barkley, 1997）は，ADHDの本質的な病態が行動の抑制障害だとする仮説を提唱し大きな影響を与えている。彼は，優勢な反応を抑制する，生起しつつある行動を停止する，競合する事象の存在下で反応を制御すること，つまり行動抑制がうまく働かないことによって，合目的な行動ができなくなると述べている。荒牧・宇野（2004）は，衝動性という観点からADHD児の行動モデルを提案している。それによれば，ADHDの衝動性は情動の表出，生活のルール，会話のルールと不注意の4つの側面に影響を及ぼしている。行動抑制が欠如している背景にはバークレイ（1997）が指摘したように，実行機能の不全が存在すると考えられる（宇野，2003）。

(3) 社会的学習
　社会的学習は，状況（弁別刺激）の認識→行動→報酬の獲得（あるいは，罰の付与）といった一連のプロセスから構成される。ADHD児は，これらのプロセスの各段階においてさまざまな困難を伴うと考えられる。不注意といった特性は社会的な状況認識を阻害し，作動記憶の弱さは認識した個々の事象を結びつけて文脈を理解していくこと阻害してしまうだろう。ある行動を行った時には，その行動自体を意識すること，つまりモニタリングできていなくてはならないが，ADHD児はエラーを犯した際のモニタリングに問題があることが指摘されている（Schachar *et al.*, 2004）。ただし，エラー検出時に記録されるエラー関連

陰性電位（ERN）が健常児と比較して小さいかどうかについては議論がある。行動と罰が結びつくことによって行動を抑制するという学習が成立するが，その時に自分が行った行動を意識できていないと，理由はよくわからないが怒られているという経験だけが記憶されてしまう。さらに，行動が生起してから罰が与えられるまでの経過時間が長いほど行動と罰は結びつきにくくなる。これらの理由から，ADHD児を叱るつまり罰を与えることには注意を払う必要がある。ただし，ベランダの上を歩く，高い木に登るなど危険な行為や社会的に許容されない行動に対しては，どのような行動をしたか説明したうえでメリハリをつけて叱ることが大事である。

5. 原　　因
(1) 遺　　伝

　親からの養育経験が不適切であったためにADHDの行動特徴が出現すると考えられた時期も存在したが，現在ではその原因は生物学的な背景にあると考えられている。しかし，ADHDが不注意と多動性・衝動性という行動上の症状から規定されているに過ぎないことを考えると，これらの行動特徴を引き起こしうる生物学的な原因には多くのものが存在すると考えるのは妥当なことだろう。ここにADHDの原因を追求する際の根本的な難しさが存在しているが，科学的な研究という点ではADHDが行動特徴から操作的に規定されることに利点もある。したがって，ADHDにはサブグループないし異型が存在することが考慮されなければならない。

　一卵性双生児で片方の子どもがADHDと診断された場合にもう片方の子どもも同じく診断される一致率は高い。20の双生児研究のレビューから，ADHDが世代間で伝達される確率，つまり遺伝率は76％と推定されている（Faraone et al., 2005）。しかも，年代によって診断基準が異なっているにもかかわらずその値は30年間にわたってほぼ同じである。また，子どもにADHD児がいるケースではそうでない場合と比較して，他の兄弟がADHDと診断されるリスクは2～8倍になるとも言われる。

　ADHDは，単一遺伝子の異常によって引き起こされるのではなく，複数の遺伝子異常が重積することによって生じると考えられ，遺伝的多型（DNA上の個人ごとの塩基配列の違い）について吟味が行われている。このなかで注目されている1つが，神経伝達物質ドーパミンのレセプターの1つDRD4である。DRD4遺伝子のexon Ⅲにある繰り返し配列の回数が7である人は，その他の繰り返し回数をもつ人よりも新奇性探索傾向が強いという報告がなされている。この行動傾向はADHD児の特徴でもあり，DRD4遺伝子の多型性がADHDと関連していると考えられている（Faraone et al, 2001）。ただし，否定的な報告も数多く，欧米人の場合繰り返し数が7である人の割合は20％になるので，このDRD4の多型性のみでADHDの発症が説明されるということではない。この他に，ADHD発現に小規模の効果が認められる遺伝子としてドーパミンレセプターDRD5，ドーパミントランスポーターSLC6A3，ドー

パミンβ-ハイドロキシラーゼ DBH，シナプトゾーム関連タンパク質 SNAP25，セロトニントランスポーター SLC6A4 やセロトニンレセプター HTR1B が挙げられる（Biederman & Faraone, 2005）。

（2）周産期

母親の喫煙が子どもの ADHD リスクを高めることが知られている（Linnet *et al.*, 2003）。胎児へのニコチン暴露は，アセチルコリンのニコチン様レセプターを介してドーパミン系へ影響を与える。アルコール摂取についてもその影響力が吟味されているが，現在の時点で見解は分かれる。最近の興味深い研究として，遺伝子多型と周産期要因の交互作用を調べたものがある。カーンら（Kahn *et al.*, 2003）は，ドーパミントランスポーター遺伝子 SLC6A3 の 10-repeat VNTR をホモで有していて，かつ母親が妊娠中に喫煙していた子どもの場合に，多動性・衝動性と反抗性得点がその他の組み合わせの場合と比較して有意に高かったことを報告している。

多くの研究が ADHD における大脳基底核の機能異常を示唆しているが，大脳基底核は代謝が活発で周産期の低酸素症による影響を受けやすい。動物実験では，低酸素症がドーパミン系の機能に長期的な機能不全を引き起こすと考えられている（Boksa & El-Khodor, 2003）。また，低出生体重であったことは，学齢期になって ADHD などの軽度発達障害と診断されるリスク要因でもある。妊娠中の喫煙，アルコール摂取などの混入要因を調整したミックら（Mick *et al.*, 2002）の研究によると，統制群と比較して低出生体重児群では 3 倍の頻度で ADHD と診断され，ADHD 全体の約 14％弱が低出生体重に帰因するという結果であった。

（3）薬物治療

薬物治療の対象となった場合の第一選択薬は中枢刺激薬であるメチルフェニデート（最も代表的なものとしてリタリン®）である。メチルフェニデートは，主としてドーパミンやノルアドレナリンのトランスポーターをブロックして，シナプス間隙におけるこれら神経伝達物質の濃度を上昇させると考えられている。リタリン®は ADHD の約 2／3 程度に有効とされ，3〜5 時間持続する。アメリカでは，最近は効果がより長時間持続する徐放剤もよく用いられている。服薬によって，不注意，落ち着きのなさが改善されるとともに認知機能に対しても効果があるとされる。また，ADHD の特徴を呈する PDD 児に対しても有効といわれている。副作用は，食欲不振，体重減少や不眠などで，チックが憎悪する場合がある。この他に，三環系抗うつ剤やノルアドレナリン選択的取り込み阻害剤（SNRI，例えばアトモキセチンが挙げられるが日本では現時点で未承認）が用いられることもある。三環系抗うつ剤と異なり，SNRI はコリン系への副作用がない。

6. 併存障害
（1）併存障害とは

併存障害（comorbidity）とは，一般的には対象となる障害とともに

存在し，その予後や機能に影響を与え得る病的状態（morbidity）のことである。ADHDの場合，不注意及び多動性・衝動性という本来の病態像に加えて，別の診断カテゴリーに由来する障害特徴を多くの場合に併せもっているといわれる。

　生得的な原因がその中心にある場合には一次的な障害と呼ばれ，ここにはPDDや学習障害（LD）が該当する。環境・心理的な影響によるものが大きい時には二次的に生じたと見なされ，反抗挑戦性障害（ODD），行為障害（CD）などが含まれる。ODDは，しばしばかんしゃくを起こす，大人と口論する，他人からいらいらさせられやすい，腹を立てやすいなどの行動上の特徴をもつことから診断されるが，これの多くは情動制御に問題があることを示している。混合型や多動性・衝動性優勢型のADHDで出現傾向が高いことから（Murphy et al., 2002），衝動的な行動特徴と関連性が深いと考えられる。ODDやCDはその障害が行動上で顕在化するということから，外在化障害と呼ばれる。これに対して，気分障害（うつ病や不安障害など）は個人の内的な問題と見なされることから，障害が内在化していると見なされる。

　齊藤（2003）は国内5施設での臨床調査150例（4〜15歳，男子128名，女子22名）に基づきADHD児の70〜80％に併存障害が認められ，それらは①行動障害群（ODDの併存率が54％と目立つ，行為障害10％），②情緒的障害群（強迫性障害18％，不安障害など），③神経性習癖群（排泄障害20％，チック障害9％など）ならびに，④発達障害群（LD26％など）に分類されると述べている。男子では行動障害群や発達障害群の占める割合が高いのに対して，女子は情緒障害群のなかでも不安障害，恐怖症や気分障害などの発現率が高い。

（2）広汎性発達障害との併存

　DSM-Ⅳ-TRの診断基準上では，PDDの診断が優先されるためにADHDの行動特徴が存在していたとしても，両者が診断上で併記されないことになっている。しかし，実際的には多くのPDD児は不注意や多動性・衝動性を示し，ADHD児のなかにはこだわり，興味の限局などPDD的な行動特徴を示すことが少なくない。小学校低学年頃まではADHDの不注意優勢型と診断されていたが，その後PDDと診断が変更されるケースも存在する。これは，知的に問題がない場合には，幼少期でのPDD特徴があまり目立たないこともあり，鑑別診断の難しさが反映しているとも言える（平谷，2001）。反対に，PDDと診断されていたにもかかわらず，発達経過に伴って自閉的な症状が軽減してADHDの状態像が目立ってくることもある。

　また，小学校低学年を対象とした質問紙調査による研究において，ADHD診断群とPDD診断群を質問紙による結果のみから正確に分離するのが難しいことが示されている（中井・宇野，2005）。両障害は診断上では明確に区別されるが，実行機能という観点からは，ADHDとPDDの両者においてともに損なわれるという報告も多く，これらには共通した何らかの生物学的基盤があることをうかがわせる。

(3) 家族機能と併存障害

　ADHD 児のなかには，思春期に ODD さらには CD へ進展するリスクが高い一群が存在するといわれている。齊藤（2000）は，このプロセスを DBD（Disruptive Behavior Disorders）マーチと名づけ，成人期にはさらに反社会性人格障害と診断されるケースも存在すると述べている。先に述べたように，ADHD の子どもと親は遺伝的背景を共有している部分があるが，これに家族内でのやりとりの相互作用から生じる影響が加わる。CD は，他者の所有物を破壊する，嘘をつく，人や動物に対する攻撃性をもつ，など反社会的行動を特徴とする障害であるが，この原因としては生物学的要因，心理・社会的要因ならびに両者の相互作用が指摘されている。最近のマッゴーら（McGough et al., 2005）の研究も，ADHD であること，性別では男子，さらに社会経済的状態が DBD の予測因子となっていることを示している。

　心理・社会的要因として家庭環境，例えば実父母の離婚が多い，虐待を受けた経験がある，などが大きな影響を及ぼし，親から子どもへの抑圧的な養育態度によって，子どもは反社会的な行動様式を獲得してしまうと考えられている。ADHD 児の親からの抑圧的働きかけの背景には，親自身に具体的な問題解決に当たっての困難性がある。子どもとのコミュニケーションが否定的，親自身が抑うつ的，権威主義的なコントロールになりがちといったことがある。落ち着きなく動き回っていることから養育が大変，子どもが言うことを聞かないなどといったことから親のストレスが高いことが報告されている。このようなストレスから養育態度が指示的，命令的，否定的になりがちであると指摘されている。このように，ADHD 児の問題行動に対して厳格すぎる対応（厳しい罰，拒否）は，本人の自己評価を低下させる一方で ODD や CD の行動特徴を頻度と強度の両方で一層激しいものにしてしまう。

　エルガーら（2003）の一般集団を対象とした縦断研究によると，母親の抑うつ徴候は子どもの多動性や攻撃的傾向に時間的に先行して見られる傾向にあるとともに，子どもの情動上の問題に引き続いて出現する傾向にあった。これらの観察結果は，さらに母親の気分状態と子どもの行動間に両方向的なリスクが存在することを示唆している。ADHD と大うつ病（MDD）は共通の家族因子をもつことが示唆されており，実際に ADHD 児の母親と姉妹に MDD が見出される傾向が高い（Biederman et al., 1991）。これらのことから，ADHD では両方向からのリスクがともに高いことがうかがえる。

　ADHD 児の二次的な障害を回避するためには，両親と子どもと関係を再調整することによって家族機能を修正していくことが不可欠である。母親とのやりとりによって生じた子どものストレスが，学校内でのトラブルの遠因になっていると考えられることもある。多くのストレスを抱えた親に対しては，まずその大変さを理解するとともに，子どもへの接し方について具体的な手だてを提供することが大切である。

引用文献

Adolphs, R., Sears, L., & Piven, J. 2001 Abnormal processing of social information from faces in autism. *Journal of Cognitive Neuroscience*, **13**, 232-240.

Adolphs, R., Tranel, D., Damasio, H., & Damasio, A. 1994 Impaired recognition of emotion in facial expressions following bilateral damage to the human amygdala. *Nature*, **372**, 669-672.

Adolphs, R., Tranel, D., Damasio, H., & Damasio, A. 1995 Fear and the human amygdala. *Journal of Neuroscience*, **15**, 5879-5891.

天野 清 1993 学習障害児に対する言語教育プログラム 聴能言語学研究, **10**, 183-189.

American Association on Mental Retardation 1992 *Mental retardation; Definition, classification, and systems of supports* (9th ed.) Washington, DC: AAMR.(茂木俊彦(監訳) 1999 精神遅滞―定義・分類・サポートシステム(第9版)― 学苑社)

American Association on Mental Retardation 2002 *Mental retardation; Definition, classification, and systems of supports* (10th ed.) Washington, DC: AAMR.(栗田 広・渡辺勧持(共訳) 2004 知的障害 定義，分類および支援体系 日本知的障害福祉連盟)

American Psychiatric Association 2000 *Quick reference to the diagnostic criteria from DSM-IV-TR*.(髙橋三郎・大野 裕・染矢俊幸(訳) 2002 DSM-IV-TR 精神疾患の分類と診断の手引 医学書院)

荒牧要右・宇野宏幸 2004 注意欠陥／多動性障害の衝動性に関する検討 脳と発達, **36**, 467-472.

Baddley, A.D. 1986 *Working memory*. Oxford: Oxford University Press.

Barkley, R.A. 1997 Behavioral inhibition, sustained attention, and executive functions: constructing a unifying theory of ADHD. *Psychological Bulletin*, **121**, 65-94.

Baron-Cohen, S. 1989 The autistic child's theory of mind: A case of specific developmental delay. *Journal of Child Psychology and Psychiatry*, **30**, 285-297.

Baron-Cohen, S., Leslie, A. M., & Frith, U. 1985 Does the autistic child have a 'theory of mind'? *Cognition*, **21**, 37-46.

Baron-Cohen, S., O'Riordan, M., Stone, V., Jones, R., & Plaisted, K. 1999 Recognition of faux pas by normally developing children and children with Asperger syndrome or high-functioning autism. *Journal of Autism and Developmental Disorders*, **29**, 407-418.

Baron-Cohen, S., Ring, H., Wheelwright, S., Bullmore, E., Brammer, M., Simmons, A., & Williams, S. 1999 Social intelligence in the normal and autistic brain: an fMRI study. *European Journal of Neuroscience*, **11**, 1891-1898.

Baron-Cohen, S., Wheelwright, S., Hill, J., Raste Y., & Plumb, I. 2001 The "reading the mind in the eyes" test revised version: A study with normal adults, and adults with asperger syndrome or high-functioning autism. *Journal of Child Psychology and Psychiatry*, **42**, 241-251.

Bechara, A., Damasio, A.R., Damasio, H., & Anderson, S.W. 1994 Insensitivity to future consequences following damage to human prefrontal cortex. *Cognition*, **50**, 7-15.

Biederman, J., Faraone, S.V., Keenan, K., & Tsuang, M.T. 1991 Evidence of familial association between attention deficit disorder and major affective disorders. *Archives of General Psychiatry*, **48**, 633-642.

Biederman, J., & Faraone, S. V. 2005 Attention-deficit hyperactivity disorder. *Lancet*, **366**, 237-248.

Boksa, P., & El-Khodor, B.F. 2003 Birth insult interacts with stress at adulthood to alter dopaminergic function in animal models: Possible implications for schizophrenia and other disorders. *Neuroscience and Biobehavioral Reviews*, **27**, 91-101.

Borkowski, J. G., & Varnhagen, C. K. 1984 Transfer of learning strategise : Contrast of self-instructional and traditional training formats with EMR children. *American Journal of Mental Deficiency*, **88**, 369-379.

Bowler, D. M. 1992 'Theory of mind' in Asperger's syndrome. *Journal of Child Psychology and Psychiatry*, **33**, 877-793.

Brothers, L. 1990 The social brain: A project for integrating primate behaviour and neurophysiology in a new domain. *Concepts in Neuroscience*, **1**, 27-51.

Brown, A.L. 1978 Knowing when, where, and how to remember: A problem of metacognition. In R.Glaser(Ed.), *Advances in instructional psychology*. Hillsdale, NJ: Erlbaum.

Bush, G., Frazier, J. A., Rauch, S. L., Seidman, L. J., Whalen, P. J., Jenike, M. A., Rosen, B. R., & Biederman, J. 1999 Anterior cingulate cortex dysfunction in attention-deficit/hyperactivity disorder revealed by fMRI and the counting stroop. *Biological Psychiatry*, **45**, 1542-1552.

Cole, P. M., Zahn-Waxler, C., & Smith, K. D. 1994 Expressive control during a disappointment: Variations related

to preschoolers' behavior problems. *Developmental Psychology*, **30**, 835-846.
Cope, N., Harold, D., Hill, G., Moskvina, V., Stevenson, J., Holmans, P., Owen, M. I., O'Donovan, M. C., & Williams, J. 2005 Strong evidence that KIAA0319 on chromosome 6p is a susceptibility gene for developmental dyslexia. *American Journal of Human Genetics*, **76**, 581-589.
Craik, F. I. M., & Lockhart, R. S. 1972 Levels of processing: A framework for memory research. *Journal of Verbal Learning and Verbal Behavior*, **11**, 671-684.
大六一志 1995 モーラに対する意識はかな文字の読み習得の必要条件か？ 心理学研究, **66**, 253-260.
DeFries, J. C., Fulker, D. W., & LaBuda, M.C. 1987 Evidence for a genetic aetiology in reading disability of twins. *Nature*, **329**, 537-539.
Eden, G. F., VanMeter, J. W., Rumsey, J. M., Maisog, J. M., Woods, R. P., & Zeffiro, T. A. 1996 Abnormal processing of visual motion in dyslexia revealed by functional brain imaging. *Nature*, **382**, 66-69.
Elgar, F. J., Curtis, L. J., McGrath, P. J., Waschbusch, D. A., & Stewart, S. H. 2003 Antecedent-consequence conditions in maternal mood and child adjustment: A four-year cross-lagged study. *Journal of Clinical Child and Adolescent Psychology*, **32**, 362-374.
Ellis, N. R. 1970 Memory processes in retardates and normals. In N.R.Ellis (Ed.), *International review of research in mental retardation* (Vol.4). New York: Academic Press.
Ernst, M., Kimes, A. S., London, E. D., Matochik, J. A., Eldreth, D., Tata, S., Contoreggi, C., Leff, M., & Bolla, K. 2003 Neural substrates of decision making in adults with attention deficit hyperactivity disorder. *American Journal of Psychiatry*, **160**, 1061-1070.
Facon, B., Facon-Bollengier, T., & Grubar, J.-C. 2002 Chronological age, receptive vocabulary, and syntax comprehension in children and adolescents with mental retardation. *American Journal of Mental Retardation*, **107**, 91-98.
Faraone, S. V., Doyle, A. E., Mick, E., & Biederman, J. 2001 Meta-analysis of the association between the 7-repeat allele of the dopamine d(4) receptor gene and attention deficit hyperactivity disorder. *American Journal of Psychiatry*, **158**, 1052-1057.
Faraone, S. V., Perlis, R. H., Doyle, A. E., Smoller, J. W., Goralnick, J. J., Holmgren, M. A., & Sklar, P. 2005 Molecular genetics of attention-deficit/hyperactivity disorder. *Biological Psychiatry*, **57**, 1313-1323.
Flax, J. F., Realpe-Bonilla, T., Hirsch, L. S., Brzustowicz, L. M., Bartlett, C. W., & Tallal, P. 2003 Specific language impairment in families: Evidence for co-occurrence with reading impairments. *Journal of Speech, Language, and Hearing Research*, **46**, 530-543.
Frith, C. D., & Frith, U. 1999 Interacting minds—A biological basis. *Science*, **286**, 1692-1695.
Galaburda, A. M., Menard, M. T., & Rosen, G. D. 1994 Evidence for aberrant auditory anatomy in developmental dyslexia. *Proceedings of the National Academy of Sciences, U.S.A.*, **91**, 8010-8013.
Gallagher, H. L., Happé, F. G. E., Brunswick, N., Fletcher, P. C., Frith, U., & Frith, C. D. 2000 Reading the mind in cartoons and stories: An fMRI study of 'theory of mind' in verbal and nonverbal tasks. *Neuropsychologia*, **38**, 11-21.
Grigorenko, E. L., Wood, F. B., Meyer, M. S., Hart, L. A., Speed, W. C., Shuster, A., & Pauls, D. L. 1997 Susceptibility loci for distinct components of developmental dyslexia on chromosome 6 and 15. *American Journal of Human Genetics*, **60**, 27-39.
Happé, F. G. E. 1994a Wechsler IQ profile and theory of mind in autism: A research note. *Journal of Child Psychology and Psychiatry*, **35**, 1461-1471.
Happé, F. G. E. 1994b An adavanced test of theory of mind: Understanding of story characters' thoughts and feelings by able autistic, mentally handicapped, and normal children and adults. *Journal of Autism and Developmental Disorders*, **24**, 129-154.
Happé, F. G. E., Ehlers, S., Fletcher, P., Frith, U., Johansson, M., Gillberg, C., Dolan, R., Frackowiak, R., & Frith, C. 1996 'Theory of mind' in the brain: Evidence from a PET scan study of Asperger syndrome. *Neuroreport*, **8**, 197-201.
ヘインズ, C. W. & フック, P. E.(著) 牟田悦子(訳) 2005 読みの効果的な指導法の特徴とは？ LD研究, **14**, 63-71.
平谷美智夫 2001 ADHDの臨床像：小児科学 中根 晃(編) ADHD臨床ハンドブック 金剛出版 pp.36-51.
ホブソン, P. 田原俊司(監訳) 1997 人の理解：情動の役割 バロン-コーエン, S., フラスバーグ, H. T. & コー

エン, D. J.（編） 心の理論（上）―自閉症の視点から― 八千代出版　pp. 285-317.
細川美由紀・室谷直子・二上哲志・前川久男　2004　ひらがな読みに困難を示す生徒における音韻処理および聴覚情報処理に関する検討　LD研究, **13**, 151-162.
池　弘子　1982　知的障害児の助詞の習得過程―「が」と「を」の習得段階の設定―　特殊教育学研究, **20**(3), 27-35.
Itami, S., & Uno, H.　2002　Orbitofrontal cortex dysfunction in attention-deficit hyperactivity disorder revealed by reversal and extinction tasks. *Neuroreport*, **13**, 2453-2457.
Jolliffe, T., & Baron-Cohen, S.　1999　The strange stories test: A replication with high functioning adults with autism or Asperger syndrome. *Journal of Autism and Developmental Disorders*, **29**, 395-406.
Kahn, R. S., Khoury, J., Nichols, W. C., & Lanphear, B. P.　2003　Role of dopamine transporter genotype and maternal prenatal smoking in childhood hyperactive-impulsive, inattentive, and oppositional behaviors. *Journal of Pediatrics*, **143**, 104-110.
Kampe, K. K. W., Frith, C. D., & Frith, U.　2003　"Hey John": Signals conveying communicative intention toward the self activate brain regions associated with "mentalizing," regardless of modality. *Journal of Neuroscience*, **23**, 5258-5263.
菅野和恵・池田由紀江　2002　ダウン症児の言語情報と視空間情報の短期記憶　特殊教育学研究, **39**(4), 57-63.
菅野和恵・山根律子　2003　言語発達の障害と作動記憶　特殊教育学研究, **41**(1), 45-51.
Kawashima, R., Sugiura, M., Kato, T., Nakamura, A., Hatano, K., Ito, K., Fukuda, H., Kojima, S., & Nakamura, K.　1999　The human amygdala plays an important role in gaze monitoring ― A PET study. *Brain*, **122**, 779-783.
小島道生・池田由紀江　2000　ダウン症者の自己制御機能に関する研究　特殊教育学研究, **37**(4), 37-48.
小池敏英　2001　第2章　知的障害における心理機能と発達支援　第7節　数概念　小池敏英・北島善夫　知的障害の心理学　発達支援からの理解　北大路書房　pp.98-106.
Lai, C. S. L., Fisher, S. E., Hurst, J. A., Vargha-Khadem, F., & Monaco, A. P.　2001　A forkhead-domain gene is mutated in a severe speech and language disorder. *Nature*, **413**, 519-523.
Linnet, K. M., Dalsgaard, S., Obel, C., Wisborg, K., Henriksen, T.B., Rodriguez, A., Kotimaa, A., Moilanen, I., Thomsen, P. H., Olsen, J., & Jarvelin, M.-R.　2003　Maternal lifestyle factors in pregnancy risk of attention deficit hyperactivity disorder and associated behaviors: Review of the current evidence. *American Journal of Psychiatry*, **160**, 1028-1040.
Manis, F. R., McBride-Chang, C., Seidenberg, M. S., Keating, P., Doi, L. M., Munson, B., & Petersen, A.　1997　Are speech perception deficits associated with developmental dyslexia? *Journal of Experimental Child Psychology*, **66**, 211-235.
松村多美恵　1989　精神発達遅滞児・者における記憶　特殊教育学研究, **27**(2), 83-96.
松村多美恵・福島久忠　1993　精神遅滞児における再生予測能力について　茨城大学教育学部紀要（教育科学）, **42**, 133-146.
松村多美恵・木村祐子　1986　精神薄弱児における記憶属性の研究　茨城大学教育学部紀要（教育科学）, **35**, 99-104.
松村多美恵・鈴木祐子　1988　精神遅滞児における図形認知の発達過程について　茨城大学教育学部紀要（教育科学）, **37**, 121-131.
McCrory, E. J., Mechelli, A., Frith, U., & Price, C. J.　2005　More than words: A common neural basis for reading and naming deficits in developmental dyslexia? *Brain*, **128**(Pt2), 261-267.
McGough, J. J., Smalley, S. L., McCracken, J. T., Yang, M., Del'Homme, M., Lynn, D. E., & Loo, S.　2005　Psychiatric comorbidity in adult attention deficit hyperactivity disorder: Findings from multiplex families. *American Journal of Psychiatry*, **162**, 1621-1627.
Mick, E., Biederman, J., Prince, J., Fischer, M. J., & Faraone, S. V.　2002　Impact of low birth weight on attention-deficit hyperactivity disorder. *Journal of Developmental and Behavioral Pediatrics*, **23**, 16-22.
三村和子・松村多美恵　2001　数の基礎概念に関する構造的チェックリスト　茨城大学教育学部紀要（教育科学）, **50**, 159-178.
三塚好文　1994　健常児における書字能力と形態認知との関連について―精神遅滞児の書字能力を高めるための基礎的検討―　特殊教育学研究, **31**(4), 37-43.
森　範行　1995　精神遅滞児の助詞表現を促す指導と評価―言語表現能力を高める試みとしての一例―　特殊教育学研究, **32**(5), 21-25.
Murphy, K. R., Barkley, R. A., & Bush, T.　2002　Young adults with attention deficit hyperactivity disorder:

Subtype differences in comorbidity, educational, and clinical history. *Journal of Nervous and Mental Disease*, **190**, 147-157.

長崎 勤 1994 言語指導における語用論的アプローチ—言語獲得における文脈の役割と文脈を形成する大人と子どもの共同行為— 特殊教育学研究, **32**(2), 79-84.

長澤正樹 2001 重度知的障害のある児童生徒を対象とした自己選択の実態—養護学校における食事と遊び場面に基づく調査研究— 発達障害研究, **23**(1), 54-62.

中井富貴子・宇野宏幸 2005 教師用の子どもの行動チェックリスト作成に関する調査研究—注意欠陥多動性障害と広汎性発達障害に焦点をあてて— 特殊教育学研究, **43**, 183-192.

小笠原恵・守屋光輝 2005 知的障害児の問題行動に関する調査研究—知的障害養護学校教師への質問紙調査を通して— 発達障害研究, **27**(2), 137-146.

大石敬子・斎藤佐和子 1999 言語発達障害における音韻の問題—読み書き障害の場合— 音声言語医学, **40**, 378-387.

大石敬子・角野禎子・長畑正道 1984 小児の読み書き障害の1例 失語症研究, **4**, 683-693.

Olson, R. K. 2002 Dyslexia: Nature and nurture. *Dyslexia*, **8**, 143-159.

苧阪満里子 2002 脳のメモ帳ワーキングメモリ 新曜社

大谷博俊・小川 巌 1996 精神遅滞児の自己概念に関する研究—自己能力評価・社会的受容感と生活年齢・精神年齢との関連性の検討— 特殊教育学研究, **34**(2), 11-19.

Posner, M. I., & Petersen, S. E. 1990 The attention systems of the human brain. *Annual Review of Neuroscience*, **13**, 25-42.

Rae, C., Lee, M. A., Dixon, R. M., Blamire, A. M., Thompson, C. H., Styles, P., Talcott, J., Richardson, A. J., & Stein, J. F. 1998 Metabolic abnormalities in developmental dyslexia detected by ^{1}H magnetic resonance spectroscopy. *The Lancet*, **351**, 1849-1852.

Ramus, F., Rosen, S., Dakin, S. C., Day, B. L., Castellote, J. M., White, S., & Frith, U. 2003 Theories of developmental dyslexia: Insights from a multiple case study of dyslexic adults. *Brain*, **126**, 841-865.

Rapport, M. D., Tucker, S. B., DuPaul, G. J., Merlo, M., & Stoner, G. 1986 Hyperactivity and frustration: The influence of control over size of rewards in delaying gratification. *Journal of Abnormal Child Psychology*, **14**, 191-204.

Reimherr, F. W., Marchant, B. K., Strong, R. E., Hedges, D. W., Adler, L., Spencer, T. J., West, S.A., & Soni, P. 2005 Emotional dysregulation in adult ADHD and response to atomoxetine. *Biological Psychiatry*, **58**, 125-131.

Romine, C. B., Lee, D., Wolfe, M. E., Homack, S., George, C., & Riccio, C. A. 2004 Wisconsin card sorting test with children: A meta-analytic study of sensitivity and specificity. *Archives of Clinical Neuropsychology*, **19**, 1027-1041.

齊藤万比古 2000 注意欠陥／多動性障害とその併存障害—人格発達上のリスク・ファクターとしてのAD/HD— 小児の精神と神経, **40**, 243-254.

齊藤万比古 2003 Ⅲ鑑別診断Ⅰ併存障害①行動・精神障害など AD/HDの診断・治療研究会 上林靖子・齊藤万比古・北 道子（編） 注意欠陥/多動性障害—AD/HD—の診断・治療ガイドライン じほう pp.73-81.

Schachar, R. J., Chen, S., Logan, G. D., Ornstein, T. J., Crosbie, J., Ickowicz, A., & Pakulak, A. 2004 Evidence for an error monitoring deficit in attention deficit hyperactivity disorder. *Journal of Abnormal Child Psychology*, **32**, 285-293.

Schulte-Körne, G., Deimel, W., Bartling, J., & Remschmidt, H. 1998 Auditory processing and dyslexia: Evidence for a specific speech processing deficit. *Neuroreport*, **9**, 337-340.

Sergeant, J. A., Geurts, H., Huijbregts, S., Scheres, A., & Oosterlaan, J. 2003 The top and the bottom of ADHD: A neuropsychological perspective. *Neuroscience and Biobehavioral Reviews*, **27**, 583-592.

Shamay-Tsoory, S. G., Tomer, R., Berger, B. D., Goldsher, D., & Aharon-Peretz, J. 2005 Impaired "affective theory of mind" is associated with right ventromedial prefrontal damage. *Cognitive and Behavioral Neurology*, **18**, 55-67.

Shaywitz, S. E. 1998 Dyslexia. *New England Journal of Medicine*, **338**, 307-312.

Shaywitz, B. A., Shaywitz, S. E., Pugh, K. R., Mencle, E., Fulbright, R. K., Skudlarski, P., Constable, R. T., Marchione, K. E., Fletcher, J. M., Lyon, G. R., & Gore, J. C. 2002 Disruption of posterior brain systems for reading in children with developmental dyslexia. *Biological Psychiatry*, **52**, 101-110.

Shaywitz, B., Shaywitz, S., Blachman, B., Pugh, K., Fulbright, R., Skudlavski, P., Menole, W., Constable, R., Holdhan,

J., Marchione, K., Fletcher, J., Lyon, G., & Gore, J. 2004 Development of left occipitotemporal systems for skilled redding in children after a phonologically-based intervention. *Biological Psychiatry*, **55**, 926-933.

隅田征子 1988 ことばを支える認知機能の発達 ことばの発達の障害とその指導 講座 言語障害児の診断と指導 第2巻 飯高京子・若葉陽子・長崎 勤 学苑社 pp.55-71.

Slusarek, M., Veilling, S., Bunk, D., & Eggers, C. 2001 Motivational effects on inhibitory control in children with ADHD. *Journal of the American Academy of Child and Adolescent Psychiatry*, **40**, 355-363.

Smith, S. D., Kimberling, W. J., Pennington, B. F., & Lubs, H. A. 1983 Specific reading disability: Identification of an inherited form through linkage analysis. *Science*, **219**, 1345-1347.

Spradlin, J. E., Cotter, V. W., Stevens, C., & Friedman, M. 1974 Performance of mentally retarded children on pre-arithmetic tasks. *American Journal of Mental Deficiency*, **78**, 397-403.

Stein, J. 2001 The magnocellualar theory of developmental dyslexia. *Dyslexia*, **7**, 12-36.

Stone, V. E., Baron-Cohen, S., Calder, A., Keane, J., & Young, A. 2003 Acquired theory of mind impairments in individuals with bilateral amygdala lesions. *Neuropsychologia*, **41**, 209-220.

杉山登志郎(編著) 2005 アスペルガー症候群と高機能自閉症 青年期の社会性のために 学習研究社

Swan, D., & Goswani, U. 1997 Picture naming deficits in developmental dyslexia: The phonological representation hypothesis. *Brain and Language*, **56**, 334-353.

田中敏隆 1969 精薄児の図形認知に関する研究—普通児との比較において— 教育心理学研究, **17**(3), 28-35.

Toplak, M. E., Jain, U., & Tannock, R. 2005 Executive and motivational processes in adolescents with attention-deficit-hyperactivity disorder (ADHD). *Behavioral and Brain Functions*. http://www.behavioralandbrainfunctions.com /content/1 /1/8.

Turner, L. A. 1998 Relation of attributional beliefs to memory strategy use in children and adolescnets with mental retardation. *American Journal on Mental Retardation*, **103**, 162-172.

Turner, L. A., Dofny, E. M., & Dutka, S. 1994 Effect of strategy and attribution training on strategy maintenance and transfer. *American Journal on Mental Retardation*, **98**, 445-454.

上野一彦・篁 倫子・海津亜希子 2005 LD判断のための調査票手引き 日本文化科学社

上岡一世・井原栄二 1992 精神遅滞児の基本的生活習慣の指導—発達過程からの一考察— 特殊教育学研究, **29**(4), 15-20.

宇野宏幸 2003 注意欠陥多動性障害と行動抑制—認知神経心理学的モデル— 特殊教育学研究, **40**, 479-491.

若林明雄・東條吉邦・Baron-Cohen, S.・Wheelwright, S. 2004 自閉症スペクトラム指数(AQ)日本語版の標準化—高機能臨床群と健常成人による検討— 心理学研究, **75**, 78-84.

Walcott, C. M., & Landau, S. 2004 The relation between disinhibition and emotion regulation in boys with attention deficit hyperactivity disorder. *Journal of Clinical Child and Adolescent Psychology*, **33**, 772-782.

Wehmeyer, M. R., Agran, M., & Hughes, C. 1998 Self-determination as an education and transition outcome. In. P. Wehman (Ed.), *Teaching self-determination to students wtih disabilities*. Paul. L. Brookes Publishing Co. pp.3-29.

Willcutt, E. G., Doyle, A. E., Nigg, J. T., Faraone, S. V., & Pennington, B.F. 2005 Validity of the executive function theory of attention-deficit/hyperactivity disorder: a meta-analytic review. *Biological Psychiatry*, **57**, 1336-1346.

Wing, L. 1981 Asperger's syndrome: A clinical account. *Psychological Medicine*, **11**, 115-129.

World Health Organization 1992 International classification of diseases (ICD-10). (中根允文・岡崎祐士(訳) 1994 ICD-10「精神・行動の障害」マニュアル—用語集・対照表付 医学書院)

Wydell, T. N., & Butterworth, B. 1999 A case study of an English-Japanese bilingual with monolingual dyslexia. *Cognition*, **70**, 273-305.

山田佐登留 2001 ADHDの行動合併症 中根 晃(編) ADHD臨床ハンドブック 金剛出版 pp.74-85.

山口洋史 2004 これからの障害児教育 障害児教育から「特別支援教育」へ ミネルヴァ書房

柳田光穂 1988 精神遅滞児における表出言語と認知能力に関する研究 特殊教育学研究, **26**(3), 31-39.

四日市ゆみ子 1992 精神薄弱児のフロスティッグ視知覚発達検査結果の分析とその進路指導への活用 特殊教育学研究, **29**(4), 119-124.

参考文献

Barkley, R. A. 1995 *Taking charge of ADHD: The complete, authoritative, guide for parents*. New York: The Guilford Press. (海輪由香子(訳) 2000 バークレー先生のADHDのすべて VOICE)

Baron-Cohen, S., & Wheelwright, S. 1999 'Obsessions' in children with autism or asperger syndrome: Content analysis in terms of core domains of cognition. *British Journal of Psychatry*, **175**, 484-490.

Bettelheim, B. 1967 *The empty fortress*. The Free Press, New York.（黒丸正四郎（訳） 1973 自閉症—うつろな砦Ⅰ— みすず書房）

Frith, U. 1989 *AUTISM: Explaining the enigma*. UK: Basil Blackwell Ltd.（冨田真紀・清水康夫（訳） 1991 自閉症の謎を解き明かす 東京書籍）

Happé, F. 1994 *Autism: An introduction to psychological theory*. UCL Press.（石坂好樹・神尾陽子・田中浩一郎・幸田有史（訳） 1997 自閉症の心の世界—認知心理学からのアプローチ— 星和書店）

Hornsby, B. 1984 *Overcoming dyslexia: A straightforward guide for families and teachers*. Leiden: Brill Academic.（苧阪直行・苧阪満里子・藤原久子（共訳） 1995 読み書き障害の克服 ディスレキシア入門 協同医書出版社）

小山 正・神土陽子（編著） 2004 自閉症スペクトラムの子どもの言語・象徴 機能の発達 ナカニシヤ出版

Mesibov, C. B., Adams, L. W., & Klinger, L. G. 1998 *Autism: Understanding the disorder*. New York: Plenum Publishing Corporation.（佃 一郎（監訳） 岩田まな（訳） 1999 自閉症の理解 学苑社）

中根 晃 1999 自閉症 日本評論社

齋藤久子（監修） 2000 学習障害 発達的・精神医学的・教育的アプローチ ブレーン出版

杉山登志郎・辻井正次（編著） 1999 高機能広汎性発達障害—アスペルガー症候群と高機能自閉症— ブレーン出版

Trevarthen, C., Aitken, K., Papoudi, D., & Robarts, J. 1998 *Children with autism: Diagnosis and interventions to meet their needs* (2nd ed.). Jessica Kingsley Publishers.（中野 茂・伊藤良子・近藤清美（監訳） 2005 自閉症の子どもたち ミネルヴァ書房）

内山登紀夫・水野 薫・吉田友子 2002 高機能自閉症・アスペルガー症候群入門 正しい理解と対応のために 中央法規出版

上野一彦・海津亜希子・服部美佳子 2005 軽度発達障害の心理アセスメント WISC-Ⅲの上手な利用と事例 日本文化科学社

上野一彦・牟田悦子・小貫 悟（編著） 2001 LDの教育 学校におけるLDの判断と指導 日本文化科学社

綿巻 徹 1997 自閉症児における共感獲得表現助詞「ね」の使用の欠如：事例研究 発達障害研究, **19**(2), 146-157.

Wing, L. 1996 *The autistic spectrum: A guide for prarents and professionals*. London: Constable and Company.（久保紘章・佐々木正美・清水康夫（監訳） 1998 自閉症スペクトル 親と専門家のためのガイドブック 東京書籍）

第3章 養護学校（特別支援学校），特殊学級（特別支援学級）における教育課程と指導技法

第1節 個に応じた支援計画の作成と実践
―個別の教育支援計画，指導計画，移行支援計画―

わが国の特別支援教育の推進のなかで，「障害のある子どもを生涯にわたって支援する観点から，一人一人のニーズを把握して，関係者・機関の連携による適切な教育的支援を効果的に行うために，教育上の指導や支援を内容とする『個別の教育支援計画』の策定，実施，評価（「Plan-Do-See」のプロセス）」が求められ（今後の特別支援教育の在り方について（最終報告），2003），支援の個別化とその具体的な遂行のための計画書の作成が重要視されている。図3-1に個別の支援を行う計画書の一覧について示した。「個別」という文言は，マンツーマンで行う個別支援や指導の場面を言っているわけではなく，一人一人違う障害のある人の個性や支援ニーズなどに「個別に応える」という意味である。

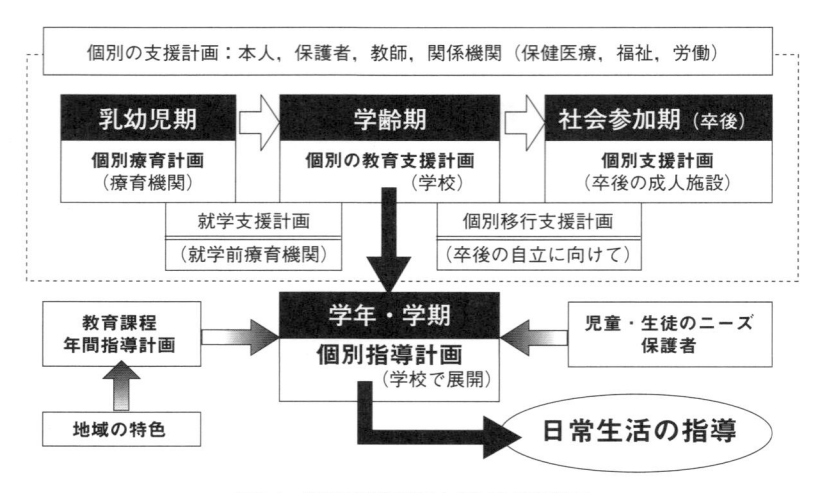

図3-1 個別の支援計画と個別の指導計画

①**個別の支援計画**：障害者基本計画のなかで示され，障害のある人の障害の状況や生活，年齢などに応じて，関係機関が適切な役割分担のもとに，一人一人のニーズに対応して適切な支援を行う計画。

②**個別の教育支援計画**：個別の支援計画を学齢期の子どもを対象に学校が中心に関係機関と連携して作成する計画。関係機関とは，保護者，教育，保健・医療，福祉，労働等であり，幼児期から卒業後の一貫性ある支援を行うことを目的としている。個別移行支援計画や個別

就学支援計画は，重要な支援をクローズアップさせたもので，個別の教育支援計画の一部にあたる。

　③**個別の指導計画**：障害のある児童・生徒一人一人の教育的ニーズに応じたきめ細かい指導を実現するために，学校が保護者からの意見などを参考に作成する一人一人の指導計画のこと。特別支援学校や特別支援学級において作成されている。

1. 個別の支援計画

　個別の教育支援計画の特徴は，(1)生涯発達支援の視野に立ったうえで，その時期の支援を立案すること，(2)教育のみならず，福祉，医療，労働などのさまざまな側面からの取り組みが必要であり，関係機関の密接な連携協力を確保すること，にある。

　個別の指導計画が，学校内における実際の教育支援（指導）などを記載するのに対して，個別の教育支援計画は，子どもの処遇や環境設定などの家庭，学校，地域などを包含した支援を立案する。

　個別化や個別指導，個別の計画書の実践は，最近重んじられるようになったわけではない。アメリカ合衆国ににおいて 1978 年に施行された全障害児教育法（The Education for All Handicapped Children Act；公法 94-142）に基づく IEP（Individualized Education Program）が，さまざまな研究者や文献などによりわが国に紹介された（その後修正され，IDEA；Individualized with Disabilities Education Act［障害のある個人の教育法］と称される）。一方で，すでに戦前からわが国では，障害児への効果的な教育として個別指導の原理と実践が強調されてきた経過があった。そして，近年，障害児教育に限らず教育観や価値観などが多様化した現代社会において個性や一人一人を重視した教育の確立が叫ばれている。こうした影響から，障害児一人一人の「特別な教育ニーズに応じた指導」や「個に応じた教育」のより一層の実施，ならびに，そうした教育実践の具現化のための計画書である「個別の指導計画」の作成が，平成 11 年改訂の盲学校，聾学校及び養護学校学習指導要領に，重複障害児の指導や自立活動における「個別の指導計画」の作成が義務づけられた。

　以下は，アメリカの IEP の主な内容を記す。

表 3-1　米国の IEP を構成する主項目（州ごとに異なる）

・現在の機能水準	（アセスメント）
・教育目標（年間目標と短期目標）	（指導目標）
・必要な教育サービス	（指導方法）
・開始日及びサービス提供期間	（教育期間）
・達成評価基準	（教育評価）

　この他には「検査法の実施」「保護者の参加」に基づき，必要に応じた各種検査結果や保護者の同意という項目がある。

　米国においては，IEP 作成のために言語や運動，認知などのあらゆる領域の検査バッテリーが顕著に多く開発され，教育現場で多用されている。また，子どもの教育上のニーズに基づいて，教育支援にとどまらず，

リハビリテーション分野の言語療法，理学療法，作業療法や音楽療法，心理療法なども「必要な教育サービス」として学校に導入される。

こうしたIEPのシステムから少なからず影響を受け，今日の個別的な支援の重視と，その計画書の作成システムの確立にいたっている。

2. 個別の指導計画

学校教育全体の制度についてみると，わが国には先進国に例がない障害児教育の学習指導要領がある。イギリスの「ナショナル・カリキュラム」，フランスの「教育課程等の基準」，米国の州ごとに制定されている「教育課程の基本」といった規定はみられるが，日本のように細部にわたっての規定が少ない。特に，米国は個人に対する教育計画を作成することが原則となっており，すべてに優先，重要視される。わが国は，学習指導要領や教育課程編成基準などによる各学校・学級の教育課程が導かれ，それに基づく全体の教育計画を（教育課程そのものが学校の教育活動計画であるが）立案することが行われる。次に，個々の児童・生徒の指導計画を作成するという指導計画の個別化がなされる。つまり，学級や学習単位の教育計画を作成したうえで，個人の指導計画を立案する。現在，多くの特別支援学校や学級で取り組まれている個別の指導計画は，そうした作成の流れを経ていることが多い。

しかし，個別の教育支援計画（生涯支援と多領域からのニーズに応えるもの）に基づいて，個別の指導計画をつくるシステムが確立するなかで，集団指導での個別配慮による支援の重点化と，そのうえに，集団の学習活動では達成できない個別目標を「個人の時間」や「個別指導の時間」などを設けて教育支援することが取り組まれている。

3. 個別の支援計画のフォーマット（図3-2〜3-4）

個別の教育支援計画と個別の指導計画の様式は，その学校や学級の特色や児童生徒の実態に応じて，独自に作成することになっている。また，基本的なひな型は各都道府県教育委員会や教育センターなどが公開している。

個別の教育支援計画は，誰もがわかる子ども解説書であり，さまざまな情報収集シートといえる。したがって，情報をうまく整理し，見やすい様式が望ましい。特に，通常学級に在籍する発達障害児の支援計画は，教師のアセスメントの他に，特別支援教育コーディネーターや校内委員会，専門家からの意見などの情報が盛り込まれるので，シートを大別した方がわかりやすい。

個別の指導計画は，集団指導型のスタイルの場合，項目と内容からその特徴を大別すると，①子どもの実態と指導目標が一体化しているフォーマット，②指導目標を中心に記載されるものに分かれる。また，指導目標の設定において，実際の授業単位＜日常生活の指導，教科別の指導や教科・領域をあわせた指導による指導の形態＞ごとに記載するものと，発達評価に基づく独自の領域（健康，生活習慣，言語，学習・理解など）を設けて記載する学校がある。これは，学習指導要領において，自立活動の指導計画の作成がうたわれていることと，発達障害児の場合，

表 3-2　個別の教育支援計画のシートと大まかな内容

理解シート：実態を把握すること（アセスメント）
・子ども自身の困り感と問題点
・周囲が子どもとかかわるための困り感と問題点
支援シート：どんなめあてと方法で支援するかを周囲が共通に認識しておくもの（支援方法や処遇）
・子どもの学習と発達を促す環境つくり
・子ども自身の実態や状況などにあわせた支援ツールの活用
・周囲の大人が積極的に育てようとする取り組み

児童・生徒名：	所属 ／ 生年月日 ／ 住所・電話 ／ 保護者名 ／ 担任名 etc.	
これまでの支援の経過と課題：……		
将来的な展望：……		
支援ニーズ（ねがい等含む）		支援目標
本　　　人	・……	・……
保　護　者	・……	・……
関係機関	・……	
そ　の　他	・……	
分野・項目・機関名	支援の方針・内容	評価と課題（申し送り）
○医療・健康〔機関名　　　　〕	・……	
○福　　　祉〔機関名　　　　〕	・……	
○学校生活〔担当者　　　　〕	・……	
○余暇・地域〔担当者　　　　〕	・……	
○家庭生活〔家　族　　　　〕	・……	
○進路・教育相談	・……	
＊支援会議の日時／参加者の記載	備考：……	本人・保護者署名欄

図3-2　個別の教育支援計画の例

生徒の実態	指導上の留意点
・□□□……	・○○○……
重点目標	本人・保護者の要望
・▲▲……	・○○○……

項目・授業		目標	生徒の様子・変化
日常生活の指導	登校時	・鞄の中身をそれぞれの場所に片づける	
	着替え	・ボタンなどをよくみて、できる限り自分で行う	
	……		
自立活動	健康の保持	・無理なくマラソンで1周できるよう、一定のペースで走れるようにする	
	身体の動き	・□□□……	
	心理的な安定	・○○○……	
国　　語		・……	
生活単元学習		・……	

図3-3　個別の指導計画の例

発達の偏りや行動障害への指導課題が多く抽出されることによるものである。記載される文章量は簡潔に書かれる様式と，詳細に書かれているものなどさまざまである。保護者の参加（要望）は，聴取している学校が多い中，フォーマットの中に項目を設定するところと，別票に記載する学校がある。

個別指導スタイルが中心の特別支援学級（通級型）などの場合，「自立活動」の支援に主眼がおかれ，子どもの言語コミュニケーションや行動情緒（社会性）の発達の遅滞と偏りなどから，短所・長所，優位・劣位性などの特性を見出し，指導目標を焦点化したコンパクトなシートが用いられている。様式が簡易的であるかといえばそうではなく，より具体的な目標と，その目標を立案する根拠（多くの場合，発達・心理検査，聴力検査などのデータ分析が求められる），子ども一人一人にあった教材や指導手続き，学習環境の構造化（子どもの行動特性に十分に留意した教材や指導時間，指導空間などの設定・統制）などが記載される。また，1〜数回の指導ごとに目標と照合するかたちで記録をつけていく。

	領域	年間目標	短期目標	指導の手だて	留意事項（通常学級）	活動名	評　価
グループ	相互交渉						
	意欲／参加						
学習	国語						
	算数						
	音楽						
	体育						
	図工						
行動・情緒	対人関係						
	行動上の問題						

図3-4　個別の指導計画の例（通級型）
＊「行動・情緒」領域，関連の重点指導目標と活動の留意事項を記載

4. 個別の教育支援計画・指導計画の作成手順（図3-5）

個別の支援計画の作成以前は，多くの学校・学級で個人記録（ファイル）と称するものがあり，①生育歴・教育歴・家庭調査票と，②学校における個人の指導記録（通知票・要録等も含む），③保健関係調査票の大きく3つに分けられていた。そして，実際の指導において目的に応じて活用され，現在でも個別の指導計画と別にあるところが多い。個別の指導計画の充実には，これらの実態把握すべてが活用されることになる。したがって，個別の指導目標などを導くためのアセスメント（実態把握）としてすべてを一括し，あくまで教育支援のためのアセスメントという位置づけにし，多角的・複眼的な視点，指標から分析していく。逆に，不必要にさまざまな検査バッテリーを多用することや必要以上に調査することは時間的な負担を考慮し避けたい。こうして，学校内にある情報や子どもの検査や観察などを通して情報収集する。そのうえで，保護者

図3-5 個に応じた支援のフローチャート

＜個別の教育支援計画＞

Ⅰ．支援ニーズの把握
- 本人，保護者から（ねがい・価値観など）
- 医療から（健康上のニーズ）
- 学校側から（教育上のニーズ）
- 福祉から（家庭，経済などのニーズ）
- 労働から（就労に向けてのニーズ）　等

Ⅱ．支援者（関係者・機関）の協議
＜支援会議＞

Ⅲ．支援目標
（本人と家族の立場を重視したもの）

Ⅳ．支援の方針と内容
（いつ，どこで，何を，どのように）

Ⅴ．支援に関する評価
（本人，保護者とともに）

＜個別の指導計画＞

Ⅰ．アセスメント（実態把握）
- 生活スキル　・認知スキル
- 言語コミュニケーションスキル
- 運動スキル　・社会スキル　等

Ⅱ．指導目標
優先して指導すべき指導課題

Ⅲ．指導の場
優先して指導すべき指導課題

Ⅳ．指導方法
優先して指導すべき指導課題

Ⅴ．授業
教材・教具，学習活動など

Ⅵ．教育評価

（個別指導計画の記載事項）

のねがい，家庭に関する調査などを行う。個別の教育支援計画の場合は，関係者・機関（主治医，福祉事務所，ハローワーク，療育・相談・保健センター，学童クラブ，学習塾，習い事，ガイドヘルパー，児童デイケアセンター，専門指導機関のなど）と学校，保護者，本人による支援会議を開催して，支援ニーズと具体的な支援目標に関する意見聴取と検討を行う。

5.「授業に活かせる」「評価しやすい」「効率的な」を目指して（図3-6）

個に応じた教育支援のためのプログラムということを第一義に考えれば，実際の指導に活用しやすいことが大切であり，まずは具体的な実践の計画書である授業の学習指導案に活かされてこそ意義がある。そこには，個別の指導計画の項目や記載内容などのフォーマットにおいて，一定のルールと制約が出てくる。

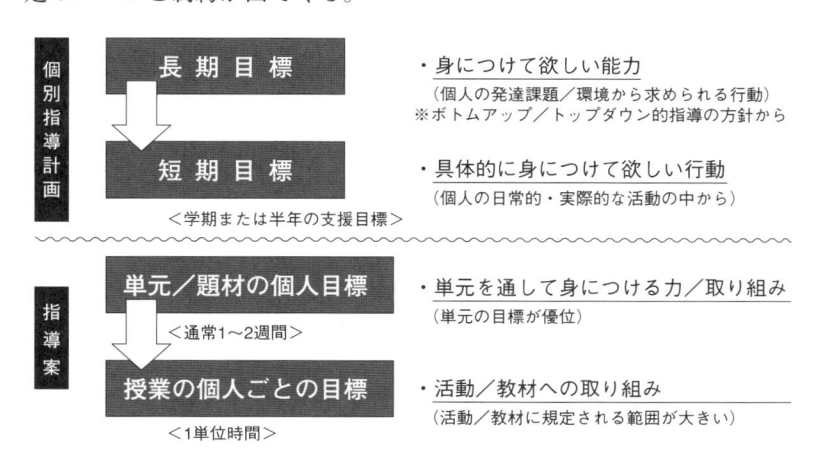

個別指導計画

長期目標
- 身につけて欲しい能力
  （個人の発達課題／環境から求められる行動）
  ※ボトムアップ／トップダウン的指導の方針から

短期目標
- 具体的に身につけて欲しい行動
  （個人の日常的・実際的な活動の中から）

＜学期または半年の支援目標＞

指導案

単元／題材の個人目標
- 単元を通して身につける力／取り組み
  （単元の目標が優位）

＜通常1～2週間＞

授業の個人ごとの目標
- 活動／教材への取り組み
  （活動／教材に規定される範囲が大きい）

＜1単位時間＞

図3-6　個別の指導計画の目標と指導案の個人目標

＊個別の指導計画を基にした単元／題材選び（個別の活動設定）をする
＊＊授業の個人目標を達成することで，結果的に個別の指導計画の目標を達成していくような関係

集団指導の場合は，各学校・学級の教育課程の学習単位ごとに個人の指導目標（長期・短期），指導方法や手だて，留意事項を設けて，それを授業において子どもの学習活動に活かすことである。また，自立活動の指導の場合，学校生活全体の教育活動において子どもの障害の状態などを考慮した「指導上の留意事項・指導の手だて（すべての指導場面において適用できる文章）」を具体的に記すべきであり，なかでも短期目標は実際の生活，指導場面を想定した行動や活動を掲げる。

　通級型の特別支援教室や集団から抽出して行う個別指導（教師と子どもの1対1）の場合，個別の指導計画そのものが学習指導案の原型となっている学級・学校が多い。長期目標は一年間を見通したものが設定され，そこから導かれ具体的な記述である短期目標は，指導の進み具合（評価，指導記録）に応じて，発展して設定し直されるようなフォーマットである（目標が到達したり，無理があった場合に追加や修正記述が可能な様式）。したがって，時系列で展開が可能な様式が求められる。

　一方，指導開始前の個別の指導計画，なかでも指導目標は盛んに作成されるが，教育評価（子どもの評価，教師による教育実践の評価など）に力点がおかれないことが少なくない（授業とのリンクがなされていないことが原因である）。評価しづらい文言による指導目標は，子どもの成長を喜ぶことや教育実践の成果を教師自身が問えない。そこで，「何ができるようになれば」「何が改善されれば」子どもの成長として評価できるかを想定した短期目標の設定がのぞまれる（米国IEPでは目標と評価は常に数値化されたものを用いる：例「3回できる」）。

　また，「実態把握（アセスメント）→指導計画→指導の実際→教育評価→アセスメント…」という教育実践サイクルを考慮して，アセスメントの方法とその内容項目は，指導後の教育評価に活かされるものが効率的でわかりやすい。したがって，チェックリストや検査法といったアセスメントツールを使用した場合，指導後の再評価で達成度が目にみえるものが望ましい。

　一方で，こうした個への支援（特に，指導目標）を重んじるあまり，授業における学習活動が個別の指導計画にしばられすぎることは，子どもの自主的に学ぶ姿や'生き生き'した学習活動を展開する趣旨からはずれることも危惧されている。また，計画書の充実にばかり目がとられ，教師の実践への情熱がそがれてしまうことも心配される。そこで，今後は効率性も重視すべきである。例えば，通知票や個別指導記録，個人ファイル，指導要録の評価項目などとの互換性や一体化されたフォーマットの工夫や確立が期待される。

6．相互補完的な授業づくり

　実際の指導で，指導目標の設定に対して，単一の授業のみで指導されるのでは，さまざまな情報収集により精査された子どもの姿（アセスメント結果）にせまる指導方法とは言い難い。子どもが学習するあらゆる授業場面を利用し，指導は相互補完的に展開されることが有効であろう。子どもに携わるすべての教師の連携や共同性がいかに発揮されるかによって指導効果が大きく影響を受け，そこに個別の指導計画の成果があ

る。

7. 個々に設定する支援目標・指導目標

　子どもの教育をしていくうえで，ボトムアップ的指導とトップダウン的指導という考え方から討論されることがある。発達障害児の教育は，子どもの生活年齢と，障害による発達段階の両者を社会生活の中で考慮し，最終的にその人なりの自立した生活を目指して教育支援している。したがって，どちらも重要な視点である。ボトムアップ的指導は，アセスメント法として「発達段階の特定（発達／知能検査法）」が適用され，子どもの発達の進歩に応じて，到達している段階から，着実に一歩一歩積み上げていこうとする指導の方向性である。トップダウン的指導は「生活・社会スキルの獲得と援助（社会生活能力検査法や地域・家庭地図のような社会生活の中で必要となるものを評価し，子どもが所属する社会や集団から優先的に求められるものを指導していく。例えば，通常学級に在籍する発達障害児の場合，教室内の集団活動や対人関係上のコミュニケーション行動の不適応が多くみられ，場面や文脈に応じた適切な行動を求める，といった環境との整合性を重視するトップダウン的志向が指導ではクローズアップされる（集団への適応を目指すステップアップ指導を組んでいく）。

　また，子どもの長所と短所を明らかにし，障害に起因する不適切な行動や能力的な側面での短所の改善を教育支援のターゲットとすることが多い。年齢や発達段階からみた発達課題であり，社会自立を目指すうえで必要な指導であれば導入することは当然である。しかし一方で，子どもの生涯発達を志向した際，才能に早くから気づいてあげ，長所をより一層伸ばしていくという教育支援のあり方も重視したい。

第2節　アセスメントと指導技法選定の手続き

　教育支援における子どもの評価には，「評価」「測定」「評定」と「アセスメント」という用語がある。評価（evaluation）とアセスメントは同義に使われるが，若干のニュアンスの違いがある。アセスメントは，テスト法だけでなく，多くの方法により多面的に調べ，相互的に診断・評価を行うものである。特に，教育の場面では，人間－社会関係における，処遇や方針を決定するために個人の特徴を調査することであり，テスト（検査），面接，観察，その他の方法を含む包括的なことばとして用いられる。もともとは「査定」という意味で用いられていたが，心理・教育分野では，「子どもの特性や状態を把握し，適切な支援や対応を行う手がかり情報を得ること」といえる。

1. 支援計画のためのスクリーニングとアセスメントの意義

　通常学級に在籍する発達障害児や診断がなされていない児童生徒を発見して支援する場合，まずはスクリーニングを行う。学校ですすめられている発達障害の「気づき」から「相談・把握」，そして「医学的診察」への過程は以下の通りである。

1. 気づき（教師や保護者などによる）
2. 相談・把握（個別面接相談や校内委員会など）
3. スクリーニングテスト（特別な教育ニーズの発見と障害判別）
4. アセスメント（実態把握と支援計画立案のための情報収集）
   ①本人へのアセスメント
      学力面（各教科），行動面，生活面，対人関係面，
      心理特性面（認知能力をとらえる知能・発達検査の実施含む）
   ②環境のアセスメント
      保護者のねがい等，学級での受入れ度
      地域の利用できる資源
5. 医学的診断（医療的指針と専門的な支援の連携構築へ）

　例えば，クラスでの教師の気づきには，「学習面で気になる」「全体的に意欲が感じられない」「意欲的な場面とそうでない場面の違いが大きい」「友達とのトラブルが多い」「友達と関わりを持ちたがらない」「落ち着きがない，あるいは衝動的に行動する」「いつもボッ〜としていて集中できない」「自分の気持ちをコントロールすることができない」「自分勝手な行動が目立つ」「集団行動についていけない」などがある。それを受けて，本人や保護者と面接相談し，スクリーニングテストを実施する。正式な心理検査や簡易的な障害臨床のためのテストを行う場合もあるが，多くの場合，発達障害の疑いがあるかどうか，そうした症状が認められるかどうか，などをチェックする判別のための観察・理解シートである（表3-3, 3-4, 3-5）。

表3-3　発達障害の教室での気づき：学習面の行動チェックリスト

〈聞く学習のつまずき〉	〈読む学習のつまずき〉
□先生の言葉を聞き違えることがある	□字を抜かしたりして読むことが多い
□新しい言葉をなかなか覚えられない	□余計な字をたして読んでしまう
□先生が説明したり指示していることがわからないことがある	（例えば，車を運転している→車を運転中にしている……）
□「どうして？」「どのように〜するの？」と聞かれるとこたえられない	□習った漢字が読めない
□先生や友だちの発表を聞いている時他の音に注意がそれる	□形が似ている漢字を読みちがえる
□先生や友だちの話の聞きもらしがある	□音読はできるが，書かれていることがわかるのに時間がかかる
□3〜4つのことを一度に言われると混乱する	□読書をしていても書かれている大事なところが正しくわからない
〈話す学習のつまずき〉	〈計算する学習のつまずき〉
□言われた言葉通りに間違わずに復唱することができない	□数を書き表す時に間違えることが多い
□意味が通らない言い方をしてしまう	（例えば，「さんじゅうしち」を317と書く）
□間違った意味で言葉を使ってしまう	□いくつかの数字をみて大小がわからないことがある
□話す時は言葉をただ並べるだけで文章にならない	（例えば，21と31はどっちが大きい）
□話す時はいつも文章が短い	□九九が覚えられない
□話した後に相手の人から何を言っているかわからないと言われる	□繰り上がりや繰り下がりのある計算がすごく苦手
□言葉をはっきりと言えない	□どういう時に何算を使えばよいかいつも迷う
□早口で話すことが多い	□算数で文章の問題になると計算式がつくれない
□話し声は小さく，がんばっても大きな声で話せない	
〈考える／おぼえる学習のつまずき〉	
□量を比べるのが難しい	□形を見分けたりパズルが苦手
□量を表す単位が難しくてわからない（例えば，kg, cm）	□図形をきれいに写し描くのが苦手
□時間を表す単位が難しくてわからない（例えば，「さっき」「あとで」）	□「〜したら○○になった」という話がわからない
□場所を表す言葉が難しくてわからない（例えば，「そこ」「わき」「あっち」）	□いつもと違った言い方をされるとわからなくなる

第2節 アセスメントと指導技法選定の手続き

表3-4 発達障害の教室での気づき：生活面の行動チェックリスト

〈集中力〉	〈がまん〉
□授業中の先生の話しかけに注意が向けられない	□先生から出された学習を最後までやりきれないことが多い
□長い説明は最後まで聞いていられない	□決められた時間までずっとがんばって学習できない
□忘れ物が多い	□学校のルールが守れず先生に注意されることが多い
□物をよくなくす	□すぐに諦めてしまうことが多い
□整理整とんが苦手	□先生に注意されて反省はするけれどまた繰り返してしまう
□問題を解く時ちょっとしたミスや勘違いが多い	□ちょっとしたことですぐにカッとなってしまう
□教室の外の音が気になる（車やサイレンの音など）	□怒るとがまんできずに物にあたったり投げたりする
□毎日の時間割が覚えられない	□怒ると友だちをたたいてしまう
□授業中気がつくとボーッとしていることがある	□怒った時や暴れた時のことをあまり覚えていない
〈落ちつき〉	□一度言い出したらその通りにならないと気がすまない
□授業中に理由なく席を立ってしまう	〈やる気〉
□体のどこかをいつも動かしている	□やる気まんまんで勉強や活動にとりくむことが少ない
□突然しゃべり出してしまうことが多い	□しっかりとした態度で勉強できない
□しゃべり出したら止まらない	□問題を解いても合っているかどうかは気にならない
□速く書いてしまい，字が汚い	□何にたいしてもやる気が出ない
□次々と違う物や遊びに移っていくことが多い	□朝学校に行きたくないことが多い
〈まとまった行動〉	〈かびんさ〉
□計画した通りに行動できない	□混んでいる電車や人ごみがきらい
□2〜3カ所のお使いや片づけを順番にうまくできない	□せまい部屋や隣の人とくっついて座るのがきらい
□列の順番が待てない	□人に体をさわられるのがいや
□あまり考えなしにすぐに行動してしまう	□食べ物の好ききらいが多い
□人が話していてもすぐに割り込んでしまう	□食べ物や動物，人のにおいが気になる
□自分一人でできることでも，周囲を頼ってしまうことが多い	□洋服は着る物が決まっている
〈こだわり〉	□タオルや布団は決まったものしか使わない
□同じ勉強や遊びばかりをしていたい	□夜布団に入っても眠るまでに時間がすごくかかる
□次の学習や遊びに切りかえるのがへたくそである	□朝の寝起きがいつも悪い（気分が悪い）
□予定が突然変わったりするとイライラしたり怒ってしまう	□たびたび手を洗わないと気がすまない
□決まった好きな物を集める趣味があり，そればかりいじる	□先生や親がちょっとでも怒ると，ものすごく怖がってしまう
□へんな癖があり，やめられない	〈ひとりの世界〉
□一番でないと気がすまない	□独り言が多い
□勝ち負けのあるゲームは負けるのがいやでやらない	□一人遊びが好き
□いつも持ち歩いている物がある（持っていないと不安）	□いつもボーッとしている
□虫や暗い場所，高い所など，いやなことがあるとずっと怖い	□一人でお話をつくったり，頭のなかで考えることが多い
	□気になることがあるとずっと一人で考えつづける
	□指で机をたたいたり，足ぶみをして音を出すなどの癖がある

表3-5 発達障害の教室での気づき：友だちや先生とのコミュニケーション面の行動チェックリスト

〈あいさつ／発表〉	〈会話〉
□先生や友だちとあいさつするのがきらい	□長い話は苦手で「うん」「ちがう」しか言わないことが多い
□自分から人と話をすることは少ない	□先生や友だちから質問されて，答えるのにとても時間がかかる
□みんなの前で発表するのはとても緊張する	□早口で話すことが多い
□あいさつはできるが声が小さい	□同じ言葉を繰り返して言ってしまう
□相手の顔を見てあいさつができない	□話題と関係ない，自分の好きな話をすぐにしてしまう
□初めて会う人には，とても緊張して，一言もしゃべれない	□「〜だよね」「これ，しょうゆ？（質問）」などの言い方ができない
〈人間関係〉	□相手の顔を見て話せない
□なぜか友だちと言い争いが多い	□相手の怒っている，悲しい，うれしいなどの気持ちがわからない
□一日に何回もけんかになる	□相手が先生や大人でも，友だちと同じように，自分勝手に話す
□決まった友だちとけんかする	□ジェスチャーが，おかしいとか，へたくそと言われる
□なかよしの友だちがいない	□言葉はよく知っていて，大人のような言葉を使うのが得意である
□友だちをいつもいいなりにさせる	〈人とのかかわり方〉
□友だちからいつもいじめられる	□話す時，すごく顔や体を近づけすぎたり，逆に，離れて話をすることが多い
□好きな友だちがいて，しつこくつきまとってしまう	□うれしい時やかなしい時の顔がつくれない
□先生や大人とばかり話すことが多く，同じ年の友だちは少ない	□うまくいってとてもうれしい時でも，人にはあまり話さない
□妹や弟，年下の子どもと遊ぶことが多い，または，その方が楽しい	□ひとりでいることが多い
	□友だちはつくりたくない
	□人と話していて，うなずいてばかりいる（「はい」が多いと言われる）
	□自分の好きなように話したり遊んだりできないといやがる

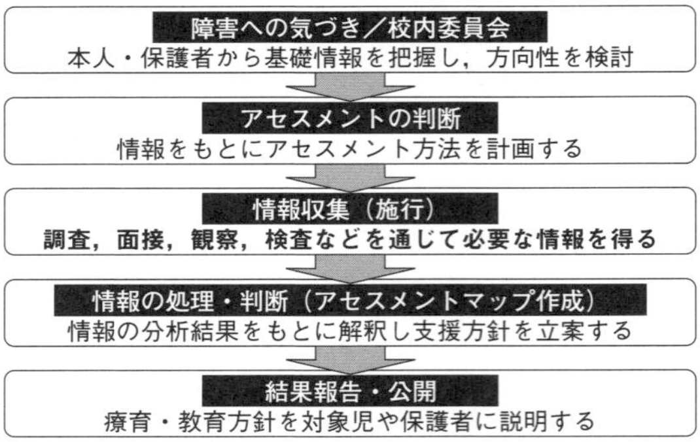

```
┌─────────────────────────────────┐
│   障害への気づき／校内委員会    │
│ 本人・保護者から基礎情報を把握し，方向性を検討 │
└─────────────────────────────────┘
              ↓
┌─────────────────────────────────┐
│         アセスメントの判断         │
│  情報をもとにアセスメント方法を計画する  │
└─────────────────────────────────┘
              ↓
┌─────────────────────────────────┐
│        情報収集（施行）          │
│ 調査，面接，観察，検査などを通じて必要な情報を得る │
└─────────────────────────────────┘
              ↓
┌─────────────────────────────────┐
│ 情報の処理・判断（アセスメントマップ作成） │
│ 情報の分析結果をもとに解釈し支援方針を立案する │
└─────────────────────────────────┘
              ↓
┌─────────────────────────────────┐
│         結果報告・公開           │
│  療育・教育方針を対象児や保護者に説明する  │
└─────────────────────────────────┘
```

図3-7　アセスメントの実施過程

　その後で，具体的な支援方法などを導くためのアセスメントを行う（図3-7）。発達障害児の教育支援を実践するためのアセスメント結果の記述は大きく3つがある。

　①子どもの諸機能の現在の水準や様子←発達と行動アセスメント（発達診断・評価やスキルの獲得状況など）

　②障害に起因する困難さの抽出←病理的アセスメント／不適切な行動のアセスメント（障害の状況やそれに伴う行動上の問題など）

　③支援指針・予後（必要な支援方法や教育環境，経過や見通しなど）

　教師は，事前に収集した子どものさまざまな教育に関連する情報（生育歴や合併症，家庭環境など）を検討したうえで，検査法や行動観察などから得たデータを基に推論を含めて，「教育支援ニーズ」と「支援方針」「支援方法」「教育支援による効果」などを仮説（計画立案）する。これに他機関からの情報収集や連携を通した意見・討論を加えて，個別の教育支援計画をつくっていく。そして，この支援計画を検証する過程が実際の教育実践にあたる。アセスメントの第一義の目的に，支援ニーズを見つけ出すことがある。対象児の生活や学習上，または対人関係などにおける困難さを抽出して，支援すべき内容と処遇を明確にする教育診断・教育判別である。これは，適切な教育環境や具体的な支援方法をつくる手がかりになり，特別支援教育コーディネーターなどにも求められる。

2. 適切なアセスメントの前提

　発達障害児のアセスメントに用いられる4つの基準がある。それは，「適応基準（所属する集団への適応がうまくいっているかどうか）」「価値基準（地域や家族の価値観の範囲内での行動かどうか――国や地域，家族の文化的考え方や生活習慣などによって他児と違っていても異常とは呼ばない）」「統計基準（集団の中での平均・標準値との距離はどうか――知能指数IQは同年齢の標準的な成績から100を基準にしてみている）」「病理基準（病理学で健康と判断されるかどうか）」である。

　アセスメント結果は，子どもの処遇や教育支援，環境設定などを方向づける重要な知見となる。したがって，アセスメントそのものの妥当性を検証する姿勢が評価する側に求められる。具体的には，次に述べるような適切なアセスメント結果を導いているかどうかである。

・複数の評価者による一致性（1人の教師の独断によらない）
・子どもの具体的な記述（誰もがわかる共通，明確な指標から）
・さまざまな視点による検討がなされているか（多領域を盛り込む）
・将来を予測しうる指標か（方針を導けるか）

　こうした観点から見ると，標準化された心理検査や発達テストの信頼性と有効性は著しく高く，教育臨床現場で推奨される大きな理由である。

3. 教育支援ニーズの把握―誰が，何を，どのようにアセスメントするか―

　教育支援のためのアセスメントは多面的な視点・指標を用いることは重要であるが，その一方で目的なく心理検査などを多用したり，必要以上に調査することは避けたい。そこで，担任教師を中心とした場合の「誰から」「何を」「どのように」情報を得るかを整理し，効果的・効率的な子どもの実態把握を目指したい。

表3-6　教育支援のためのアセスメント

アセスメントの情報源（誰から）
①担任教師（専門性を活かして自身により観察・検査・調査など実施）
②他の教師からの意見や情報
③保健室に集約される健康・障害に関する情報
④家族（主に保護者）のねがいや教育観・価値観
⑤子どもに関わる医師や専門家の所見（検査等の依頼も含む）
⑥福祉関係機関からの情報

アセスメント内容（何を）
Ⅰ．発達段階，生活・社会スキルの獲得　　Ⅴ．認知（学習）スタイル
Ⅱ．教科等の到達度　　　　　　　　　　　Ⅵ．性格・行動特性
Ⅲ．保護者の期待，ねがい　　　　　　　　Ⅶ．障害特性
Ⅳ．興味・関心　　　　　　　　　　　　　Ⅷ．生活環境

アセスメント方法（どのように）
a 面接聴取　　b 調査　　c 検査　　d 観察　　e 医学的診察

　これらは支援目標を導くためのアセスメントにとどまらず，教師の教授活動と授業つくりに活用できる。例えば，教材や授業展開，指導手続き（教授法），指導上の留意点，学習集団の構成（グルーピング化）などを立案するうえで有効な情報となる。教師自身が活用可能なものを選び（心理検査の活用も含めて），または教師自身の専門性を活かして学校・学級独自のアセスメントツールを作成することが教育実践に適していると考える。具体的には，国語科教師であれば，国語科の内容や活動，教材などに基づき，そして，言語・コミュニケーション領域の心理検査などを参考に「○○版国語科・アセスメントツール」の開発が期待される。

4. 学校フィールドで用いられるアセスメントと心理検査

　学校・学級で適用されているものの具体例を以下に列挙する。
　「発達や知能などを精査するもの」に，K式発達検査，田中ビネー知

能検査Ⅴ，KIDS，WISC-Ⅲ，K-ABC，ITPA，PVT，LCスケール，MEPA，S-M社会生活能力検査，フロスティッグ視知覚発達検査，太田ステージ，ポーテージプログラム，CLAC-Ⅲ，PEP，ABS適応行動尺度などがある。教科などの到達度は，学力テストや学習指導要領に基づく教育内容表をチェックする（学校独自に作成）。認知スタイルは，知能検査の結果分析や遂行態度の観察から得られる。各検査法やアセスメントツールは，目的や測定・評価する対象・領域などが明確に設定されているものが多い（「記憶や言語を測る」「対象年齢は児童」など）。米国では心理検査法の開発が盛んであるが，「簡易性」「所要時間」と並んで，実際の指導法とどの程度リンクされているか，または，支援手続きや教材・教具などに結びつくかが最も重用視されている。

5. 障害特性とアセスメントの視点

　幼児期から学齢期の発達障害児は，行動面で重複して示す傾向が著しい。高機能自閉症児のなかには，コミュニケーション障害や対人関係の問題，固執のみでなく，多動性や衝動性といった注意障害もみられる。そして，学習面ではLD（学習障害）が合併することも多く認められる。そんな子どものアセスメントを実施すると，支援ニーズが多領域にわたり，数多く抽出される。どれから教育支援すればよいのか，何を重点目標にすればよいかが迷う。そうした時，その子どもの診断名による特性に，または，子どもと親，教師による困り感の最も顕著な部分に着眼していく。

表3-7　アセスメントの視点

言語・視覚・聴覚・運動障害など	障害機構そのものの問題
広汎性発達障害	社会性と対人関係の問題
注意欠陥多動性障害	注意と行動の制御の問題
Ｌ　Ｄ	学習の未熟さや偏りの問題
知的障害・ダウン症など	発達全般の遅滞の問題
情緒障害など	集団や環境への適応の問題

　上記した障害ごとの共通した特性について，十分に特化して把握していくことが，子どもの優先すべき支援ニーズを導く視点になる。しかし一方で，LDの子どもの支援ニーズは皆同じであるといった先入観に立たず，一人一人の子どもの個性に着眼する視点も同時に求められる。

6. アセスメントから支援目標を導く

　発達障害児の場合，アセスメントを実施すると数多くの教育支援ニーズが導かれる。そのなかから，限られた教育期間や学校生活の時間で優先性・緊急度の高いものをどのように探し出すかが教師に求められる専門性であろう。保護者と十分に協議し，どんな子どもに育ってほしいか（将来の展望），という生涯発達の視野に立つべきであろう。

　さまざまなアセスメントツールを使用した結果，対象児の長所と短所を導き出すための分析と解釈が求められる。つまり，何が発達課題であり，どのような活動が苦手なのか。その逆に，全体的な発達や教科等の

到達をみて，何が良好であり，どのような活動が得意かを見つける。例えば，標準化された発達検査の結果，できなかった項目のみに，目がいきがちであるが，結果として算出された対象児の発達年齢より高い年齢級にある項目で達成されているものがあれば，その項目（問われた能力）は良好なものとして解釈できる。その逆に，発達年齢より低い年齢級の項目で未通過であれば，その時点では困難性をもつと推測できる。また，行動観察チェックリストにおいて，どんな活動が得意であり，どんな場面で行動上の問題が出現しているかといった，得意・苦手な行動や場面を見つけだすことが必要である。こうして導き出された長所はより一層促進するための支援目標と手だてを考え，短所はいかに改善に向けて取り組めるかを査定することがアセスメントの重要な役割となる。

　一方，長所・短所には，さまざまな能力やスキルの獲得・未獲得だけをみるのではなく，アセスメント内容の「認知（学習）スタイル」の特性を精査することに有効な資料を提供してくれる。例えば，文字を書く際に，書き順は繰り返し指導してもなかなか覚えられない子どもがいた。しかし，難しい漢字であっても，細部までしっかり視写することはできる。また，3枚の順序絵の説明はできないが，1枚の絵はしっかり叙述することができる。こうした場合，課題に対する処理様式として，系列化（継次性）に弱さがあり，全体を統合する力（同時性）は比較的良好であることがわかる（例えばK-ABCやWISC-Ⅲなどの使用から）。このように課題が呈示されて，それを遂行（処理）する際に，対象児にとって課題の意図（課題や言語教示などの情報）を理解（入力）されやすい手だて（認知スタイル）が明らかになり，有効な支援の手がかりの示唆を得ることが可能になる。

7. アセスメントマップを描く―結果の分析と授業づくりへの活用―

　あらゆる角度からのアセスメントは，たくさんの子どもの実態を浮き彫りにしてくれる。しかし，結果を単一的に列挙しても，子どもの教育支援プログラムには結びつかないことが多い。結果の分析と解釈が必要

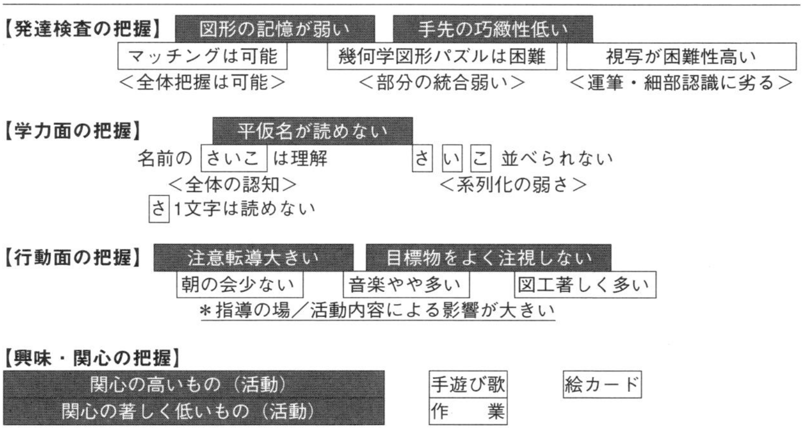

【発達検査の把握】　図形の記憶が弱い　　手先の巧緻性低い
　　　　　　マッチングは可能　幾何学図形パズルは困難　視写が困難性高い
　　　　　　＜全体把握は可能＞　＜部分の統合弱い＞　＜運筆・細部認識に劣る＞

【学力面の把握】　　　平仮名が読めない
　　　　　　　名前の さいこ は理解　　さ い こ 並べられない
　　　　　　　　　　＜全体の認知＞　　　＜系列化の弱さ＞
　　　　　　　　　　さ 1文字は読めない

【行動面の把握】　注意転導大きい　　目標物をよく注視しない
　　　　　　朝の会少ない　音楽やや多い　図工著しく多い
　　　　　　　＊指導の場／活動内容による影響が大きい

【興味・関心の把握】
　　　関心の高いもの（活動）　　　手遊び歌　　絵カード
　　　関心の著しく低いもの（活動）　作　業

図3-8　アセスメントマップ（ある子どもの一部抜粋）

とされるためである。図3-8に示したようにアセスメント結果をマップ上に書き出し，整理した後，分析・解釈する。この場合，「手先の巧緻性が低い→運筆が劣る，作業に関心が低い」「図形やパズルが困難←→目標物を注視しない」「手遊び歌に関心が高い→朝の会の注意転導が少ない」などの対象児の能力と行動特性，興味関心などの連関性が明白になる（単純に関係づけるのではなく，吟味が必要である）。

この作業は，担任教師1人によって行われるよりも，校内の複数の教師で協議しながらすすめるか，または，心理・教育アセスメントの専門家に助言を求めながら行うことがのぞましい。最終的に，子どもの全体像を担任教師が分析記述し，実態把握することが重要である。そのために，さまざまなアセスメントツールの結果分析をマップ上にスケッチし，トータルな子ども理解につとめるべきであろう。

第3節 心理検査

心理検査は，数多く存在している。本稿では，特に児童期から青年期にかけての発達障害のある子どもに対する心理検査で頻繁に用いられるものについて示した。ただし，表の内容はあくまでも概略であることに留意する必要がある。

表3-8には，個別式の知能検査を示した。知能検査としては，他に「鈴木・ビネー知能検査法」（鈴木, 1956），「教研式ピクチャア・ブロック検査」（榊原ら, 1980）などがある。

表3-9には，発達検査を示した。発達検査は，幼児期を対象としたものが多い。

表3-10には，言語・コミュニケーションに関する検査を示した。他に，主に言語障害をもっている子どもを選別するための「新訂版 ことばのテスト絵本」（田口・小川口, 1987）などがある。

表3-11には，知覚に関する検査を示した。他に，視覚記銘や視覚認知を評価する「ベントン視覚記銘検査」（ベントン著・高橋訳, 1963）などがある。

表3-12には，社会性，運動，LD判断などに関する検査を示した。他に軽度発達障害については，注意欠陥多動性障害と広汎性発達障害に焦点を当てた「教師用の子どもの行動チェックリスト」も開発されてきている（中井・宇野, 2005）。

表3-13には自閉症児を対象とした検査を示した。他に，T-CLAC（小林ら, 1978）などがある。

表3-14には，人格に関する検査を示した。人格検査はきわめて数が多い。本稿では，紙面の都合上，ほんの一部について紹介しただけであることに留意していただきたい。

第3節 心理検査 81

表 3-8 個別式の知能検査

検査名・出版社・発行年・適用年齢	著者	目的・特徴など
田中・ビネー知能検査V 田研出版 2003年 適用年齢：2歳～成人	財団法人 田中教育研究所	知的発達の遅速をトータルにとらえたい場合に適している。一般知能を測定しているという特徴から、被検査者の基礎的な能力を把握することに優れている。2～13歳までの被検査者は、従来通りの知能指数（IQ）、及び精神年齢を算出するものの、14歳以上は原則として偏差知能指数（DIQ）を算出し、精神年齢は原則として算出しないことになっている。
WISC-III 知能検査 日本文化科学社 1998年 適用年齢：5歳0ヶ月～16歳11ヶ月	Wechsler, D. 日本版 WISC-III 刊行委員会 東 洋，上野一彦， 藤田和弘，前川久男， 石隈利紀，佐野秀樹	WISC-III は、13の下位検査から構成されている。WISC-III の下位検査は、異なる多種の知的能力を測定するために作成されているが、すべての下位検査を総合すると子どもの一般知能が測定できるように構成されている。下位検査の成績から、全検査IQ、言語性IQ、動作性IQという3種類のIQが求められる。また、これら3種類のIQだけでなく、言語理解、知覚統合、注意記憶、処理速度の4種類の群指数を得ることができ、個人内差を把握することができる。
WPPSI 知能診断検査 日本文化科学社 1969年 適用年齢：3歳10ヶ月～7歳1ヶ月	Wechsler, D. 日本心理適性研究所 小田信夫，茂木茂八， 安富利光，松原達哉	WPPSI は、言語性検査と動作性検査がそれぞれ5種類と補充問題が1種類の合計11種類から構成されている。各下位検査の結果から言語性IQ、動作性IQ、全検査IQの3種類のIQが求められる。
K-ABC アセスメントバッテリー 丸善メイツ 1993年 適用年齢：2歳6ヶ月～12歳11ヶ月	原著者 Kaufaman, A.S. Kaufman, N.L. 日本版著者 松原達哉，藤田和弘， 前川久男，石隈利紀	K-ABC は14の下位検査バッテリーとそれらを組み合わせた4種類の総合尺度からなっている。総合尺度とは、継次処理尺度（3つの下位検査）、同時処理尺度（6つの下位検査）、認知処理過程尺度（継次処理尺度と同時処理尺度を合わせたもの）、習得度尺度（5つの下位検査）である。日本版 K-ABC は14の下位検査があるものの、子どもの年齢によって実施する下位検査の種類と数が異なるため、子どもが実際に行う下位検査は最大で11である。認知処理スタイルが明らかとなり、指導へつなげることができる。

表 3-9 発達検査

検査名・出版社・発行年・適用年齢	著者	目的・特徴など
遠城寺式乳幼児分析的発達検査法 慶応義塾出版会 1977年 適用年齢：0ヶ月から4歳8ヶ月まで	遠城寺宗徳，合屋長英， 黒川 徹，名和顕子， 南部由美子，篠原しのぶ， 梁田 昇，梁井迪子	乳幼児の発達を測定する検査である。移動運動、手の運動、基本的習慣、対人関係、発語、言語理解の6領域について評価し、発達の特徴を明らかにする。
新版K式発達検査 京都国際社会福祉センター 1983年 適用年齢：0～13, 14歳	嶋津峯真，生澤雅夫， 松下 裕，中瀬 惇	子どもの発達の全般的な年齢水準を測定することができる。検査問題は①姿勢―運動領域 ②認知―適応領域 ③言語―社会領域から構成されている。発達年齢（DA）及び発達指数（DQ）が求められる。
乳幼児精神発達診断法 大日本図書 0～3歳：1961年 3～7歳：1965年 適用年齢：0～7歳	津守 真，稲毛敦子， 磯部景子	子どもの日常生活における行動の全般的な様子を知る。運動、探索・操作、社会、食事・生活習慣、言語の各領域から理解することができる。

表3-10 言語・コミュニケーションに関する検査

検査名・出版社・発行年・適用年齢	著者	目的・特徴など
1993年改訂版 ITPA言語学習能力診断検査 日本文化科学社 1992年 適用年齢：CAないしMAが3歳以上10歳未満の児童	原著：Kirk, S. A., McCarthy, J. J., & Kirk, W. D. 日本版：旭出学園教育研究所 上野一彦，越智啓子，服部美佳子	言語学習能力に障害のある子どもを診断するための検査である。10の領域で，子どもの能力の発達水準を測定し，コミュニケーション過程から個人内差を明らかにする。子どもの情報処理特性が明らかになるので，LDの子どもに適している。
絵画語い発達検査法（PVT） 日本文化科学社 1978年 適用年齢：3歳0ヶ月〜10歳11ヶ月	上野一彦，撫尾知信，飯長喜一郎	言語の理解力のうち，特に「語いの理解力」を指標とし，その発達を測定する検査である。4枚の絵から検査者のいう単語に最もふさわしい絵を選択させるという検査方法をとっている。「語い年齢（VA）」を求めることができる。
LCスケール 山海堂 2005年 適用年齢：0歳1ヶ月〜6歳11ヶ月	大伴　潔，林安紀子，橋本創一，池田一成，菅野　敦	子どもの言語・コミュニケーション能力を総合的に評価する。口頭で答える言語表出と，絵の指さしで答える言語理解，ことばの使用の基礎となるコミュにケーションを評価している。言語表出，言語理解，コミュニケーションの領域ごとと，言語・コミュニケーション全体について発達水準を示す言語・コミュニケーション年齢（LC年齢）を求めることができる。

表3-11 知覚に関する検査

検査名・出版社・発行年・適用年齢	著者	目的・特徴など
フロスティッグ視知覚発達検査 日本文化科学社 1977年 適用年齢：4歳0ヶ月〜7歳11ヶ月	飯鉢和子，鈴木陽子，茂木茂八	視知覚能力の発達について検査をし，適切な訓練へとつなげるための検査である。Ⅰ.視覚と運動の協応　Ⅱ.図形と素地　Ⅲ.形の恒常性　Ⅳ.空間における位置　Ⅴ.空間関係から構成されている。
ベンダー・ゲシュタルト・テスト 三京房 1968年 適用年齢：5〜10歳の児童，精神年齢10歳以下の知的障害児	Bender, L. 高橋省己	視覚・運動機能の発達評価，脳損傷の診断，パーソナリティの偏りなどについて診断する。

表3-12 社会性，運動，LD判断などに関する検査

検査名・出版社・発行年・適用年齢	著者	目的・特徴など
新版S-M社会生活能力検査 日本文化科学社 1980年 適用年齢：乳幼児〜中学生	（監修）三木安正 旭出学園教育研究所 日本心理適性研究所	社会生活に必要な基本的な生活能力について測定する。検査結果は，社会生活年齢（SA）と社会生活指数（SQ）に換算される。身辺自立，移動，作業，意志交換，集団参加，自己統制の6領域から構成されている。
TOM（Theory of Mind）心の理論課題検査 ―幼児・児童社会的認知発達テスト― 文教資料協会 2001年 適用年齢3〜7歳	森永良子，黛　雅子，柿沼美紀，紺野道子	どれだけ他者の意図や気持ちなど心をどの程度理解する能力を備えているのか測定する。社会性の発達の問題のチェックに適用できる。
MEPA-R ムーブメント教育・療法プログラムアセスメント 日本文化科学社 2005年 適用年齢：0〜72ヶ月	小林芳文 （国際ムーブメント教育・療法学術研究センター協力）	ムーブメント教育を適切に進めるために子どもの運動技能，身体意識や心理的諸技能の実態を評価し，発達支援の手がかりを得る。運動・感覚（姿勢，移動，技巧），言語（受容言語，表出言語），社会性（対人関係）の3分野から構成されている。
LDI―LD判断のための調査票― 日本文化科学社 2005年 適用年齢：小学1年〜6年 中学生は準用	上野一彦，篁　倫子，海津亜希子	LD判断のための調査票であり，LD判断のための一資料となる。6つの基礎的学力（聞く，話す，読む，書く，計算する，推論する）と行動，社会性の計8領域で構成されている。子どもがどの領域で特異なつまずきを示しているか，あるいは示さないかを評価できる。

表3-13 主に自閉症児・者を対象とした検査

検査名・出版社・発行年	著者	目的・特徴など
CARS 小児自閉症評定尺度 岩崎学術出版社 1989年	Schopler, E., Reicher, R. J., & Renner, B. R. 監訳 佐々木正美	自閉症を他の発達障害と鑑別し，自閉症の程度を評価するものである。15項目の行動特性について，評定するようになっている。
新訂版 自閉児・発達障害児教育診断検査 (PEP-R) 川島書店 1995年	Schopler, E. 茨木俊夫	自閉児及び関連する発達障害を評価し，教育の指針を得るものである。PEP-Rは模倣，知覚，微細運動，粗大運動，目と手の協応，言語理解，言語表出の領域における発達機能が明らかになる。子どもの反応を合格，不合格という基準だけで評価せず，「芽生え反応」を用いているのが特徴である。
青年期・成人期自閉症教育診断検査（AAPEP） 川島書店 1997年	日本 AAPEP 研究会 編集代表 Schopler, E. 茂木俊夫	自閉症児・者に対して社会生活上に必要とされる機能について評価を行い，支援へ繋げるための基礎的資料を得ることを目的としている。直接観察尺度，家庭尺度，学校・作業所尺度の3尺度から成り立っている。3尺度には，職業スキル，自立スキルなどの6機能領域がある。

表3-14 人格に関する検査

名称・出版社・発行年・適用年齢	著者	目的・特徴など
矢田部ギルフォード性格検査 竹井機器工業 改訂版：1965年 適用年齢：小学生〜成人	矢田部達郎，園原太郎，辻岡美延，安藤照子	文章化された質問項目によって得られた回答から，性格のタイプが把握される。抑うつ性，回帰性傾向，劣等感，神経質など12の下位尺度がある。
ロールシャッハ・テスト 日本文化科学社 1921年 適用年齢：幼児期後半〜成人	Rorschach, H.	左右対称の曖昧な刺激図版（10枚）を見て，「何に見えるか」などの質問がなされる。人格や心理的機能を評価する。実施の手続きやスコアリング・システムには，いくつかの異なった方法がある。
文章完成テスト 金子書房 1961年（小・中学生用），1960年（成人用） 適用年齢：8歳〜成人	佐野勝男，槇田 仁	提示された刺激文に対して被験者が自由に表現する。表現された文章内容を分析し，パーソナリティ特性を把握する。小学生用，中学生用，成人用に分かれている。
バウムテスト 日本文化科学社 1970年 適用年齢：3歳以上	Koch, K. 林 勝造，国吉政一，一谷 彊	樹木画による人格診断法であり，全体的印象，樹木の構成，空間領域の検討，運筆，形態の分析などを通して，人格を理解する。

第4節 主な指導技法と教育課程

1. 国　語
(1) 国語の指導とことばの発達
1) 国語の指導

　知的障害児にとっての「国語」とは何かという問題がある。ここでは，特別支援学級や特別支援学校での国語の指導を，ことばの習得とことばを含めたコミュニケーション活動を育てることと考え，通常学級の学習指導要領にも記されているように，「聞くこと・話すこと」「読むこと」「書くこと」を育てることとして考えたいと思う。

　養護学校学習指導要領では，国語の目標として，「日常生活に必要な国語を理解し，表現する能力と態度を育てる」とある。例えば内容の1

段階の（2）では，「（2）教師などの話しかけに応じ，表情，身振り，音声や簡単な言葉で表現する」とあり，第2段階の（1）（2）では，「（1）教師や友達などの話し言葉に慣れる，（2）見聞きしたことなどを簡単な言葉で話す」など，ことばそのもの学習を強く意識した国語の学習内容になっている。

　知的障害児にとっては，ことばそのものの習得が国語学習の重要なウエイトを占めることになる。その上で，「話すこと・聞くこと」「書くこと」「読むこと」の指導が積み重なり国語学習が進んでいくと考えている。また，内容については，1・2・3段階と概括的にしか内容が示されていないが，実際の授業では，より具体的に課題を設定する必要がある。その反面，概括的であることは子どもの実態に合わせて，先生の裁量が幅広く応用できるとも考えられる。

　また，障害児のことばの育成には，先生が子どもとじっくり関わるなかで，子どもとの信頼関係を作る必要がある。子どもは信頼できる，何でも話せる先生に向かってことばを発していく。ことばが育つ土壌としての先生との関係や学校環境が，まず求められる。

　また，障害の程度によっては，国語の教科指導やことばの指導を自立活動に組み込んだり置き換えて授業を組むこともある。自立活動のコミュニケーションの中にも言語に関する項目が位置づけられており，コミュニケーション活動の指導も，ことばの育成にとって大切なことになる。本節でも，特別支援教育対象児に対する拡大・代替コミュニケーション（AAC；Augmentative & Alternative Communication）について，使われる教材や使用される機器とその指導方法について触れておきたい。そして，ことばやコミュニケーションの指導は，国語や自立活動の教科や領域だけでなく，学校の教育活動全体のなかで行われていくことになる。

2）ことばの発達の様子

　知的障害児のことばの指導においては，定型発達児のことばの発達の姿をとらえておく必要がある。それが，個別の指導計画作成や授業計画において，子どもの現状をとらえ，次の指導目標を立てる時の目安になっていくと考える。乳児期から学童期における言語発達の主な様相を表にして掲げている（表3-15）。

　そして，子どもの心理的発達に応じて，学んでいくことばの指導内容を考える必要がある。例えば，読むことの指導を例にとれば，単語を構成する1つ1つの文字の音節分解ができる時期をつかんで，読むことの指導から書くことの指導を行うことになる。子どもの発達の様相と，その時期をつかんで指導することは，子どもと指導者双方にとって無理のない学習となり，効果的に学習を進めていくことができる。

3）ことばの指導

　ことばの指導は，「発達全体の中でのことばの指導」として考えたい。ややもすると，ことばの形式的な指導ばかりが先行して，子どもの中に言語表現を支える他者関係や概念，そしてイメージや象徴機能の育ちを見過ごしてしまいがちである。また，表象作用全体の中でのことばによ

表3-15　年齢に伴う主な言語発達とコミュニケーションの様子

年(月)齢	主な言語発達の様子	主なコミュニケーションの様子
新生児期	不快な時に叫喚発声をする。	人間の顔，音声，身振りに興味を示す（大人の動作をまねる共鳴動作）。
1ヶ月頃	気持ちよく目覚めている時に，「アー」という穏やかな母音様の音声が出る。	親しい人との間に情動的交流関係を作る。
2〜3ヶ月	クーイング（「ウーウー」などの母音）や笑い声などいろいろな音を出す。 体の動きに合わせて声を出すことがある。	関わる人の音声や身振りや視線に協応してくる。視線の共有や注意の共有（ジョイント・アテンション）が見られる。 子どもと大人の双方が共感関係を感じ，模倣につながっていく。
6ヶ月頃	「ババババ」「ママママ」といった反復喃語（規準喃語）が出始める。	周囲の環境に興味をもち，物への関わりが増える。
7〜8ヶ月頃	自分の発声や他者の人の発声を聞く重要性が増す（喃語にも，周囲の言語音の影響がある）。	人見知り。 親しい人に動作や音声で自分の思いを伝えようとする（原初語）。
8〜11ヶ月頃	特定の音声と特定の物や事象が結びついた音声を発するようになる。「初語」といわれるが，明確に事象を特定しているとは言えない。 限られた語彙数の時期が続く。 リズムのある音節がつながった会話様喃語（ジャルゴン）が出る。	指差しが見られる。 言語学的概念の初期形態が見られる（1つの音声が，ある事物や事象の属性を代表させる）。 「子ーモノー大人」の三者が結びつく三項関係が成立してくる。
12ヶ月頃	あいさつや「イナイイナイバー」といった動作に伴う音声を出す。	非言語コミュニケーション機能の発達
1歳過ぎる頃	行動による対話ができるようになる。	
1歳台	一語文が出始める。	象徴機能が発達してくる。
1歳6ヶ月頃	一語文期，物の名前がわかるようになる（語彙数は100程度）。	自己の音声を表現手段として使い始める，「これ何？」といった質問をよくする。 その子としての言語表現がある。
	二語文期（品詞的性格が明確になる）	象徴機能の形成（見立て遊びやごっこ遊び）（言語概念が育つ）
2歳頃	意味内容をもったことばの理解。	ことばによるコミュニケーションをするようになる。
3〜4歳	基本的な言語システムが形成される。	語彙が増え，他者とのことばによる伝達が可能になる。
4歳後半〜5歳前半	文字が読めて書けるようになる。	
6〜10歳	文字・書きことばの習得によって文字を使うようになる。 言語による組織的な教育が行われる。	話しことばが伝達の主流となる。 読字・書字によって他者の意図を受けとり，自分の思いを伝える。
10・11歳以上	言語による思考が発達し抽象概念の世界が開ける。内言として言語を使うようになる。	言語によって，その人の人格までも表現されるようになる。

る表現という観点が抜け落ち，形ばかりのことばを使ってしまうことも知的障害児では起こってしまう。

　特別支援学級の担任をしていた時，子どもたちに校外学習で行ったスケート教室の絵を描かせた。自閉症のＳ児が，すぐに「できた」と言ってきたのを見て驚いた。画用紙の中央に「スケート」と大きくカタカナで書いてある。ことばだけでなく描画や身体表現など表象活動全体の中で，バランスよく子どもの発達全体を見わたしたことばの指導が必要であることをこの時痛感した。

　また，子どもへのことばの指導の前に，子どもと一緒に遊びながら，子どもの興味関心がどこにあるのか，聞く力，話す力，対人関係やコミュニケーションの取り方など，子どもの特性を関わりの中で観察し，子どもとの信頼関係を築くことが必要になる。

　そのうえで，発達検査等を実施して発達の全体像や言語発達を把握し，言語発達上の課題や今後の見通しを考え，指導目標を設定していくこと

になる。そのためにも、どの時期にどのような心理的・言語的発達があるのか、通常の子どものことばの発達をつかんでおく必要がある。

　ここでは、ことばの指導について、「聞きことば・話しことば」「読みことば」「書きことば」の指導に分けて考えたいと思う。また、ことばの習得の基礎には「前言語期」と言われる時期があり、その時期に獲得される基本的な人間関係や象徴機能や自我の発達が、ことばの発達にとって大切になる。その上に、ことばが重なっていくことになる。

　特に、特別支援教育対象児においては、この「前言語期」といわれる時期のもつ意味が、ことばの発達やコミュニケーションにとって重要になる。前言語期の発達課題をもつ子や、発語が難しい子どもの発語やコミュニケーションの力を育て、その後の言語やコミュニケーション活動を支えるためにも、拡大・代替コミュニケーション（ACC）の指導が必要になってくる。

　また、子どもの障害特性も考える必要がある。例えば自閉症児の多くは、話しことばによる長い指示文など聴覚からの情報処理が苦手だといわれている。しかし、視覚から情報を受け取れる絵カードやシンボルや書きことばによる指示や伝達は混乱なく受け入れ、自分からもカードを使った意思表示をすることができる。自閉症児にとっては、情報の入出力の手段に課題があるといえる。子ども一人一人の得意なコミュニケーションの形をつかんでおく必要もある。

①前言語期—ことばの前のことば—

　子どもが有意味語を話し始める誕生から1歳半までの時期は、ことばの発達にとって人との関係や物や事象の認知など、ことばの基礎となる心理的準備を行う大切な時期である。ことばの学習をする知的障害児にとっても、ことばを習得するための基礎となる心理的内容を含んでいる。

　最も大切なのは、親しい人との情動的交流である。重症児をベッドから抱き上げると喜び、「疲れた」と言ってベッドにもどすと、寂しい顔をして自分の感情を表現してくる。子どもの発する思いを受け止める人がいて、子どもは心と心がつながることを知り、やがて子どもは親しい人、信頼できる人に向かってことばを発するようになっていく。

　次に、人の声の刺激がある。生後間もない乳児でも、母親の声に反応して泣きやんだりする。在宅の重症児も、母と先生の世間話をベッドの中で聞きながら微笑んでいるようなことがある。教室でも、先生の子どもへのほどよい穏やかな語りかけが必要だと考えている。

　また、子どもが興味関心をもったものに先生も興味関心を示し、注意を共有していくことから経験を共有し、モノや事象を媒介とした、自分—モノ—他者といった三項関係の成立もことばの発達には欠かせない。指差しも、注意を共有する三項関係の始まりとして重要である。

　ことばになる前の自発的な発声も大切である。通常は、生後5ヶ月頃から心地よい時に、低いゆったりとした「ブブブ」「ババババ」といった喃語と言われる声を出す。次に、喃語より少しリズムのあるもう少し発声のつながったことばのような声を出すことがあり、これをジャルゴンと呼んでいる。大人の側が子どもの発声に意味づけを行うことで、子ど

もとの関係が深まる時期でもある。知的障害児においても同様に，喃語やジャルゴンが出かけてきた時期は，ことばの芽が出かけている時期でもあり，自発的な発声を先生が育てていくことが求められる。

また，人の仕草や発声をまねたり模倣することも大切になる。まだ，ことばの出ない重症児が先生のギターでの歌に，「アーアー」と同期して声を出してくる。人の発声の模倣もことばの学習にとって大切なことである。またボールのころがし合いなど受け手と投げ手が役割を交換するやりとり関係も，ことばのやりとりの基礎的要因になる。

1歳を過ぎた頃から，子どもは発声や動作での対話的なやりとりを行う。1歳過ぎのA君は，予防注射を受ける前に，自分の腕に人差し指を突き当てて「うう」と言って「注射をするのか」と動作で尋ねてきた。私が同じように指を腕に立てて「うん」とうなずくと，口をとがらせて「注射は嫌だ」と訴えてくる。こういった「行動による対話」が，ことばによる対話の前に可能になってくる。行動による対話は，知的障害児のことばの学習にとって重要な要因になる。この時期の発達課題をもつ子や発語が困難な子に対して，行動や動作，表情やサインを使った行動での対話を育てることが求められる。

やがて子どもは，対象を「マンマ」「ブーブー」といった音声で表現するようになり，初語としてことばが出現することになる。

ことばの前のことばを十分に育てることが，知的障害児のことばの指導にとって大切なことになり，同時に子どもの発達全体を育てる中でのことばの指導が求められる。また，これから続くことばの指導全体の中で常に根底に流れていくことでもある。

②聞きことばの指導

小学校特別支援学級や特別支援学校低学年においては，はじめに「聞くこと」をことばの指導の目標に絞り，先生や友人の話をしっかり聞いて行動や返答ができることを課題として設定することがよいと考える。

聞くことの指導は，音楽を聞いたり鳥の声を聞いたり，楽しみながら集中して音を聞くことも必要になり，聞くことすべてにつながっていく。

聞くことの指導では，人の話を聞くためには静かで落ち着いた学習環境が必要で，粘土や積み木遊びなど子どもたちが椅子に座って集中して打ち込める課題を工夫し，学習の構えを作ることがまず必要になる。時には，ささやくような声で，子どもの集中力を高める語りかけも工夫の1つになる。話をするタイミングも重要になる。授業のはじめに，子どもが落ち着いて聞く体勢になっている時に，学習内容と段取りを簡潔に話すことが求められる。作業の途中で話をしても，子どもは聞いていないことが多い。また，黒板や紙に文字や絵を書いて視覚的に補足して，話しことばの理解を工夫する必要もある。

聞くことにも，一次的ことば（岡本, 1982）としての話しことばを聞く場合と，二次的ことばとしての書きことばを聞く場合との2つの違ったレベルのことばを音声として聞くことになる。

一次的ことばとされる話しことばでは，対話的関係の中で，その時の

一次的ことば
岡本（1982）が提唱した子どもの言語発達の様子を示す用語。相手とのやりとり関係の中で機能することば。特徴として，「1対1の対面対話的関係，特定の親しい人の間に交わされる，話のテーマが具体的である，コミュニケーションの内容が場面や状況の支えによって伝わる」といったことが挙げられる。

二次的ことば
岡本（1982）が提唱した子どもの言語発達の様子を示す用語。児童期から発達する。「話し手と聞き手が固定して，一方向的に発話が展開，不特定多数の人に向かっての話，話のテーマが抽象的，ことばの文脈のみで判断する，書きことばが加わる」といったことが挙げられる。

状況や相手の表情，声の調子や強さなど，ことば以外の判断要素が加わった中で人の話を聞くことになる。子どもは，その一次的ことばの話しことばに対して反応していく。そんな対話的関係の中で，話しことばにつながる「聞きことば」を身につけていくことでもある。

　一方，絵本などの読み聞かせの場合は，書きことばとしての二次的ことばを聞くことになる。読み手の声の調子などは内容を判断する参考になるが，絵本の内容に関しては，挿絵や書かれている文章を聞き取ることで内容を読み取っていかなくてはならない。文字文化に親み，読字や書字の習得に繋がる聞きことばの学習になる。

【聞きことばの指導事例】
　聞きことばの指導では，次の３つの内容に分けて考えている。
(1)感覚的に，音や音声を聞くことの指導：音当てゲームなどの感覚機能遊び。音楽やうたを聞いてまねて歌うこと等。
(2)話しことばを聞く指導：朝の会で先生や友達の話を聞く。電話のおもちゃを使って，先生の問いかけを聞いて電話で答える。

　聞くこと自体を意識させ，記憶していないと答えられない，なぞなぞやクイズを出し，よく聞くためのことば遊びや伝言ゲームをする。例えば，「私は，誰でしょう」「スリーヒントゲーム」など。また，「お父さんとお母さん。男の人はどっち」などのクイズで，先に提示された条件を覚えておく問題等を出す。

　また，子どもの実態に合わせ，３段階のレベルで聞く方法もある。①「はい・いいえ」で答えられる質問，②複数の選択肢から選ぶ質問，③そのものを説明させる質問という段階を考えた質問方法もある。

　同じような聞き方であるが，対比した質問のしかたとして，例えば，「これは，みかんです」「これは，りんごです」と２つの物を繰り返し提示し「これは，みかんですか」と聞き，「はい」「いいえ」で答える。次に，みかんとりんごを並べて，「みかんはどれですか」と聞く。それができるようになると「これは，何ですか」とみかんを示して聞く，という段階での聞き方もある。

　子どもが聞いて理解できる質問の出し方が教師の側に求められる。
(3)読みことばを聞く指導：絵本の読み聞かせやテレビの人形劇や昔話のビデオ視聴をする。先生の素話や絵本の読み聞かせを定例化していく。また，パネルシアターを使って友達の話に合わせてパネルの人形を動かすなど，その子のできる役割を分担して行うことでも楽しめる。短い時間でも，集中して聞ける内容を考えることが求められる。

③話しことばの指導

　子どもの話しことばは，信頼できる人との静かな対話的関係の中で育つと考える。そのために，先生の側が子どもの話に静かに耳を傾け，何でも話せるという信頼関係を作り上げていくことが必要になる。教師自らが子どもとの対話的関係のあり方や対話の発展方法を点検する必要があり，後述するインリアル・アプローチもその技法の1つとなる。

　話しことばの発達においては，喃語からジャルゴンへと進むなかで，自発的な発語が出てくる。自発語が出てきた時期に，子どもの発声や発語を教師が受け止め，「そうだね」と共感して意味を見出していくことから，子どもの発声が単なる音声から，両者にとって意味ある話しことばになっていく。そういったやりとり関係の中で，コミュニケーション関係も育っていく。

　発達途上にある子どもの人間関係を育て，ことばの育成に関わる重要な役割を先生は担っていると思う。

　喃語から始まった子どもの発声は，やがて「マンマ」といった初語につながっていく。1歳から2歳の時期は，急激にことばが増える時期でもある。その理由の1つとして，象徴機能の発達が考えられる。象徴機能とは，例えば積み木をバスに見立てて遊んだりできる機能のことで，目の前にないモノを，それとは別のモノで表現する働きのことをいう。象徴機能の育成は，ことばの発達やコミュニケーション活動においても，特別支援教育では特に重要な指導内容に位置づけられる。

　例えば，知的障害児が粘土でかたまりを作っているのを見た先生が「これなーに」と聞くと，子どもが「かいじゅう」と言う。「そうか，強そうだな」と先生が言うと，子どもが「つよいねん」と返してくる。何気ない日常の教室風景であるが，子どもは自分の内面の思いを粘土に託して，怪獣という象徴（シンボル）を粘土で作って先生に示してくる。シンボルが示されることで，子どもの思いを受けとめることができる。また，子ども―怪獣（シンボル）―先生という三項関係を確かめていくことにもなる。そして，自分の思いをことばというシンボルを使って表現することから，象徴機能の進んだ形としてのことばの存在がある。

【話しことばの指導事例】
　いくつかの設定場面における話しことばの学習を考えてみたい。
(1)パターンとして決められた日常的な話をする場面を設定する。
　朝の会で，今日の日付や天気，昨日の出来事などを一人一人発表する。
(2)自分から自発的に話したくなる対話的場面を設定する。
　例えば，朝の会の後，学校園に行って水遣りをする。草花の成長や花の色，昆虫を見つけ，子どもの話に耳を傾け子どもたちとの対話を楽しむ。子どもの発話をうながすために，花を見たり，散歩をしながら子どもの興味関心を育て，子ど

もの自発語を待つという場面を設定していく。
(3) みなの前で話をする場面を設定して話をする。

行事や校外学習で出かけた時の写真や絵を見ながら，その時の出来事や印象に残ったことを話す。ふだん話しことばの少ない子でも，旅行の紙芝居では友人の話にうなずいたり，喜んだりすることで自分の思いを伝えることができる。

先生には話しかけてきても，みなの前での発表になると話せない子もいる。また，独り言のように他者を意識せずに話す子もいる。みなの前で話すことは，対話的関係ではなく二次的な話しことばとして不特定多数に向かって話すことになる。そこで，特定の友人，例えば隣の○○さんに向かって話をするという，具体的なことばを届ける相手を作ることも，みなに向かって話すという導入段階には必要になる。

そして，何よりも子どもは信頼できる人，好きな人に向かって話をしていく。安心して話を受け止めてくれる人が，障害児のことばの育成には大切だと思う。対話的関係は一次的ことばの育成となり，設定場面は二次的ことばの育成として考えられる。

④読みことばの指導

はじめは，読み聞かせ等によって文字文化に慣れていくことが必要になる。岡本（1982）は，「学校で，子どもは文字言語という新なことばを学ぶ」と述べている。今までの話しことばの習得過程とは違った，すでに自分のもっている概念と，またそれを象徴化した話しことばというシンボルを，今度は文字を使って書きことばというシンボルに置き換えて表現する作業をしなければならない。

このことは，物や事象を先に認知して概念化し，それにシンボルとしてのことばがついて話しことばが形成されたのとは反対に，今度は文字というシンボルを先に認知して，そのシンボルとしての文字に，すでに話しことばによって認知されている事象や物がその概念を当てはめていく，文字によって事象を再認していく作業が必要になる。

知的障害のS児は，ひらがな練習帳で「あ・ひ・る」と書きながら[a] [hi] [ru]と発声しているが，その意味がわからず首をかしげている。「あひる」と文字表記された書きことばと，音声による話しことばとしての[ahiru]が結びついていないといえる。「あひる」と表記された書きことばが，すでに獲得された音声による話しことばとして表現される[ahiru]という音声や，音声が表すアヒルの概念や「アヒル」そのものとが，文字表記された「あひる」という文字記号と結びついていないといえる。S児には「あひる」と書かれた文字が，意味ある了解可能な書きことばとしては成立していない。

音声言語としての[ahiru]と発音されることばの概念と意味がわかっていても，この時点でのS児にとっての「あひる」という文字表記は，単なる文字記号としての「あ」と「ひ」と「る」でしかなく，あくまで

も[a]と[hi]と[ru]というバラバラの音声記号の文字表記でしかないといえる。

　見方を変えれば，1つ1つの文字が「あ」「ひ」「る」と読めても，3つの文字を1つのまとまりのある「あひる」という文字のかたまりとして統合し，意味ある語彙として認知していくことが，この時期のS児にとっては難しかったといえる。話しことばによってすでに認知されている[ahiru]と発音される話しことばが，書きことばでは「あひる」と文字表記されることに気づくのには，もう少し時間が必要であった。

　文字表記を読み，すでに獲得している音声言語の概念にどのようにつなげていくかという読字学習には，書字学習と重なるが，ひらがなドリルの単語のなぞり書きもひとつの方法だといえる。単語を発音しながらなぞり書くことによって，視覚や手指動作からも単語における音節の意識をもたせ，単語の音節分解の学習と同時に，一文字一文字の結合した単語のまとまりを意識させることが必要である。また，音声と文字を同時に提示することは，音声言語によって意味されるモノを書きことばによっても再認しながら，ひらがなの読字学習を進めていくことになる。

　S児は，給食の献立や授業の時間割が気になり，先生に「読んで」といつも言ってきた。文字を意識して，自分で直接読みたいという思いも湧いてきていた。そういった子どもにとっての意味あることばとして受け入れられることばが，読字学習を促進していくことになる。

　この時期には，好きな絵本を先生と一緒に1文字1文字読んだり，手紙や詩などの短い文章を，目や指で文字を確認しながら声を出して読むことも必要である。ストーリーを楽しめることや書かれている内容から意味をつかんでいく学習も大切になる。

　また，絵本の読み聞かせでは，読後感が心にしみるように感想を無理に聞き出そうとせずに静かに読み終わることも必要だと思う。一方，読解力を高めたい時は，別に設定した教科の時間に教科書等を使って，登場人物やストーリーをつかんでいるか，どんなイメージや感想をもつことができるのかなどを確かめることが求められる。

　次に文中でも紹介した，小学校特別支援学級で読みことばを習得したS児の事例から考えたいと思う。

【読みことばの指導事例】

　S児は，知的障害を伴う情緒障害児として，小学校の特別支援学級に入学し，入学時の発達検査は，新K式でDQ54であった。話しことばは同学年の児童と同じように話すが，「給食まだ」と同じ内容を繰り返し聞いたり，注意力が散漫で，話しかけてもこちらの話を聞いていないことがある。文字は読めない。

　1年生…絵本の読み聞かせを喜び，集中して聞くことができる。話しことばがあるので，読字と書字を育てたいと考え，市販のひらがな練習帳のなぞり書きを始める。プリントに印刷してある絵と文字の違いはわかるようである。自分の名前

などの文字を含めて7文字ほどのひらがなが読める。「つ」を見て「つき」と読んでいる。

2年生…ひらがなのなぞり書きで，「あ・い・う」と声を出しながら鉛筆でなぞる。読める文字は9文字ほどであまり増えない。練習帳の絵を見て，書いてある単語を読んでいる。給食の献立を「読んで」と言うので，先生が文字を指さすとS児が「う・ど・ん」と読む。

3年生…「か・ら・す」と1文字ずつ読むが，意味がわからない。ひらがな練習帳の絵を見て，文字を読もうとする。「ろば」と文字で書いてあるが，挿し絵を見て「うま」という。50音のひらがな表では，ほとんどのひらがなが読めるようになった。

4年生…学芸会の感想を話すことができる。拾い読みだが，絵本を1冊読むことができる。友だちと遊んだことを喜んで話し，原稿用紙200字程度に書くことができるが，自分の書いた文章が読めない。

S児は，絵本の読み聞かせが好きで，話をよく聞くことができる。それが，絵本を自分で読みたいという意欲につながっていった。また，給食の献立が書いてあるプリントが気になり，献立を読もうとした。

ひらがな練習帳で文字を書きながら読む行為を繰り返すことで，読字と書字を同時に習得していくことができたが，単語の語頭文字を見て自分のイメージする単語を言ってしまう状態が長く続いた。4年生の終わりには短い絵本を1人で読めるようになった。子どもの発達に合わせて楽しみながら根気よく関わることが読字学習には必要だと思う。

⑤書きことばの指導

「文字」と「書きことば」を分けて考えた方がいいと考えている。文字は，あくまでも記号としての文字であって，書きことばを構成する要素だといえる。

読字学習と重なるが，書字学習において特に障害児は，単なる文字の学習と意味ある書きことばの学習を，意識して別の学習として行っているとは思えない。文字には意味が付随していると子どもたちは受け取っている。それを，指導者側が単なる文字の書字練習と考えていても，「あひる」と書かせれば，指導者は「あ」「ひ」「る」という1つ1つ独立した音節分解された文字を学習させたと思うかもしれない。しかし，まだ音節分解のできていない子どもにとっては，「あひる」という文字列のどこまでが，[ahiru]の[a]を表すのかは認識できていない。子どもの側は，[ahiru]という，ひとつの音としてまとまった音声言語（単語）の表記の学習していると思っている。前述のS児は，「あ」の字だけを指差して[ahiru]と読む時期が長く続いた。それは，つまりS児にとって[ahiru]という音声によってイメージされる概念は，「あ」という文字

記号だけでもいいわけである。

　このことは，「あ」「ひ」「る」という1つ1つの音節分解されたそれぞれの文字を学習させているのか。それとも，[ahiru]という音声で獲得された「アヒル」という概念の再認による書きことばの表記を学習させているのか。どちらの学習を目的としているのか，指導者側の文字学習のねらいを確認しておく必要がある。

　書きことばの指導には，2つの要素があると考えている。1つは聞きことばや読みことばから読字学習を通じて文字文化を知り，読字と結びつけて書字学習を進めていく方法である。ひらがなのプリント学習など，書字スキルを重点に学習する方法で，学校では多くがこの方法だといえる。書字スキルの学習では，なぐり書きから直線や曲線，三角形や四角形などの図形のなぞり書きを通じて，ひらがなのなぞり書きや視写につながっていく。また，助詞の使い方など文法的な約束を学習していくことにもなる。

　もう1つは，表現手段としての意味ある書きことばとして学習していくという考え方である。自己表現としての話を子どもに十分させて，その話しことばを文字に置き換えていく方法である。私が担任した子で対話的な関係の中で，子どもの話や自分や友人の名前を先生が下書きをして，それを再び子どもがなぞり書くことによって書きことば学習が進んだ子がいた。自分にとって意味ある書きことばとしての文字学習の方が，単なる名詞の単語表記よりわかりやすいといえる。

　また，子どもにみなの前で話をさせることは，書きことばの書字学習にもつながっていく。みなの前で発表することは，二次的ことばとしての書きことばの構文的なスタイルや文の組み立てなどのイメージが育っていく。そして，自分が話したことを文字に置き換える書字行為は，すでに二次的ことばとしての書きことばのスタイルができていることから，書字への抵抗も少なくなるようである。

　また，自閉症のT児は，自分の好きな先生に手紙を書き，手紙で自分の思いを伝えることができることを知り，文字・書きことばの学習を熱心にするようになった。読みことばで紹介したS児も，テレビゲームのキャラクターとの手紙のやりとりを大変喜んで行った。手紙を書くことは，書字学習の大きな動機になっていく。

　話しことばや読みことばの学習を含めた文字・書きことば学習の主な流れを表3-16で整理した。

表3-16　文字・書きことば学習の指導の流れ

・文字・書きことば文化に親しむ
　　絵本の読み聞かせ，日本昔話や人形劇等のビデオの視聴
・校内や公園での書きことばの掲示や看板を意識する
　　友達の名前，給食の献立表，看板，掲示板等を先生と読む
・先生と一緒に絵本を読む
・ひらがな練習帳で，音節を意識しながら文字を書く
　　文字を書きながら発音する。自分の名前をなぞり書きで書く
・児童が話したことを先生が下書きを行い，それを児童がなぞり書く
・短文やメモを読む。みなの前で発表する
・メモを書く，好きな人に手紙を書く，招待状を書く
・自分の心が動かされたことや物語を先生と対話したり，みなの前で発表し，その話したことを短文で書いてみる

文字学習が、どのぐらいの発達年齢の子に可能なのかは、まだよくわかっていない。国立国語教育研究所の調査では、定型発達児で、4歳後半から5歳前半で読字が可能になり、5歳頃から書字が可能になるとの報告がある。前述のS児の事例からすると、生活年齢が10歳で、仮にDQ50とすると、小学校4年生修了時では発達年齢が5歳になり、定型発達児童では読字が可能な年齢に換算される。生活経験や個人差もあり一概に数値だけではいえないが、実際にS児も小学校4年生ぐらいから、読字と書字学習に抵抗がなくなり、5・6年生でグンと伸び、文字・書きことばを使いこなせるようになっていった。読字・書字学習の一応の目安として、知的障害児において、入学時のDQが50前後の子どもは、他者関係や認知発達の育ちも考えながら、小学校卒業までに文字の読字・書字がある程度可能だと考えていいと思う。

(2) 言語指導やコミュニケーション育成のいろいろな技法
1) ことばの指導技法
①スクリプトによる指導―「スクリプト」とは何か―

　ことばの授業を進めていく上で、スクリプトの考えかたを取り入れた授業方法も、授業を組み立てやすくする有効な方法だといえる。

　スクリプトとは、1つのまとまりのある場面を設定して、そこで劇を演じるように役割やせりふを決め、その場面での行動や立ち居振る舞いやことばのやりとりから言語やコミュニケーションの学習をしていこうとする方法である。

　またスクリプトとは、「適切な生活の文脈」（長崎ら, 1998）ともいえ、活動や生活の文脈、あるいは環境を1つのまとまりとしてある程度規定することで、話し手と聞き手のお互いが言おうとしていることや、考え方や行動の意味がわかりやすくなる。そういったことを、授業の中で利用していこうということである。

　例えば、「ぼくは、うどん」と突然言われても何のことだかわからない。ことばの「発話行為があった」というだけで、子どもにも指導者にも意味は立ち上がってこない。「食堂で、食べたいものを注文する」という場面設定があって、「ぼくは、うどん」の発話が初めて意味のあることばとなる。

　子どもの活動の中で設定された場面や文脈、あるいはストーリー全体のまとまりをスクリプトと呼ぶ。また、そういった個々の場面の中に存在する要素や決められた行動パターンの構造の中で、自分の中に獲得されたものをスクリプトと呼ぶことがある（外山・無藤, 1990）。ある行為における、一連の行動の流れの中に存在している知識ともいえる。

　例えば、「給食」と聞いた時に、「給食」場面における手洗いや、エプロンを着て給食室に行く一連の行動パターンや、配膳台の並び方や配膳の様子などを想起して行動をすることができる。こういった行為や状況の枠組みもスクリプトと呼ばれる。この、行為や状況の概念化としてのスクリプトが、障害児のことばの獲得には重要になってくる。

　また、わざわざスクリプトといわなくても、日常学校教育で行われている単元設定による授業の一場面と考えることも可能だといえる。

こういった，場面を設定するなかで，子どもが場面を理解することがことばの獲得の前提となり，そしてその場面に応じた言語の習得を目指すことが，スクリプトを用いたことばの習得学習につながっていく。

ある場面を設定することで，特に自閉症児にとっては状況がわかりやすくなり，ことばや動作の使い方が理解しやすくなると考えられる。

子どもの現状把握と指導内容をわかりやすくするために，スクリプトの要素を取り入れた学習においては，子どもが今ここの状況を理解しているかという「理解要素」と，子どもが自らどのような表現をしているのかという「表出要素」に分けて考える。また，事前に評価チェック表を作り，実施されたスクリプトの評価を行い，事後の指導に役立てることで，スクリプト学習の定着を図っている。

【スクリプトを用いた事例】

学校の教育活動のあらゆる場面で，スクリプトを用いた指導が可能である。例えば，中学部1年生の自閉症児A君のことばの指導を考え，買い物学習の単元を設定する。実際の買い物で使うことばの学習にもなる。また，国語やコミュニケーションの学習とすれば，人とのやりとり，物の名前，ことばの適切な使用等が，単元の目標になる。具体的には次のような買い物学習のスクリプトが考えられる。

お母さんから晩ご飯のカレーの材料の買い物を頼まれる→買う物を決める→必要な物を紙に書いてもらう→買う物を確認する→お金をもらう→スーパーに行く→買いたい物が探してもない時はお店の人に聞く→レジに行き「お願いします」と言う→お金をわたす→おつりを受け取る→家に帰って買ってきた物を確認する→おつりを返す

といったスクリプトが考えられる。それを以下のスクリプトを使った一般的な指導計画の作成手順に当てはめて授業を構成していく。

表3-17　スクリプトを用いた指導計画の作成手順　（長崎ら，1998）

```
1　子どもの実態把握とスクリプトの選択
  1-1　子どもの実態把握
  1-2　長期・短期目標の設定
  1-3　スクリプトの選択と構成
2　指導目標と指導手続きの設定
  2-1　指導目標の設定
    ①スクリプトの要素を理解要素と表出要素に区分
    ②スクリプトに対応したチェックリストの作成
    ③対象児の発達評価から指導目標にするスクリプト内の要素の決定
  2-2　指導目標レベルと指導手続きの設定
  2-3　指導前の評価
3　指導実践
4　確認とまとめ
```

前述のスクリプトを上記の指導計画に当てはめて，授業の組み立てを考えていくことになる。例えば，A君の短期目標

> は他者とのやりとり関係を育てることである。この授業での目標を，「『お願いします』とレジの人に言えること」と設定し，活動内容としてA君にとってわかりやすいスクリプトの流れに構成していくことが求められる。
> 　また，要素を考えると，買い物学習における理解要素は，買い物学習の準備ができ，これからの活動を理解できているかが理解要素となる。表出要素は，「お願いします」と言えることが表出要素となる。
> 　スクリプト活動においては，評価としての活動のチェックリストも重要である。指導者の発話を，「子どもに対しての働きかけや状況の叙述」「自発的な行為を期待した発話」などに分けて考察する。また，その発話に対すると子どもの理解や反応を，理解，自発，応答という各レベルに分類して評価を行い，次の授業や活動に生かしていくことになる。

②インリアル・アプローチ

　インリアルとは，「INREAL : Inter Reactive Learning and Communication（相互に反応し合うことで，学習とコミュニケーションを促進する）」と当初はいわれていた。しかし現在は，軽度発達障害児を中心とした指導方法の1つとして実践研究を重ね，「INREAL: Inter Reactive Learning」に名称を改めている（竹田・里見，1994）。

　インリアル法とは，子どもとのよりよいコミュニケーションを目指す取り組みの方法である。その技法として，特定の場面をビデオで録画し，その場面の教師と子どもの会話や動作，状況を分析して，次回の授業におけることばやコミュニケーションの指導に役立てていこうとする方法である。特定の場面を設定したり，あるルーチンワークを考えていくうえでは，上記のスクリプトの考え方と組み合わせて実施することによって，インリアル・アプローチでの関わり方をよりわかりやすくしていくと考えられる。

　インリアル・アプローチは子どもに対する訓練ではなく，日常の自由な活動の中で子どものことばを育てていこうとする方法である。

　基本的な理念として，「自由な遊びや会話の場面を通じて，子どもの言語やコミュニケーション能力を引き出そう。規範のテストにとらわれず，実際のコミュニケーションの場面から子どもの能力を評価しよう。遊びやコミュニケーションを始められる子どもの力を育てよう。前述のの実現のために，セラピストの質を向上させよう」（竹田・里見，1994）ということが挙げられている。子どもの潜在能力や主体性を大切にして，指導者の言語やコミュニケーションスキルを向上させていこうとする方法である。特に，「子どもが何を伝えようとしているか」「どのように他者に伝わったか」ということばの使い方に重点をおいて考えていく。

　インリアル・アプローチの適用においては，自由遊びや会話が可能であることを考えると，発達年齢において2歳程度からを対象にすること

が有効だと言える。しかしながら，考え方や方法は，重症児も含めて，どの子どもにも応用可能なことは言うまでもない。また，竹田（1993）は，子どもとの対話関係を豊かにしていくための要素を含んだ，インリアル・アプローチの言語心理学的技法を紹介している。

表3-18　インリアル・アプローチの言語心理学的技法　(竹田, 1993)

- ミラリング…子どもの行動をそのまままねる。
- モニタリング…子どもの音声やことばをそのまままねる。
- パラレル・トーク…子どもの行動や気持ちを言語化する。
- セルフ・トーク…自分の行動や気持ちを言語化する。
- リフレクティング…子どもの発音や文法の間違いを正しく言い直して聴かせる。
- エキスパンション…ことばの意味や文法を広げて返す。
- モデリング…子どもに会話のモデルを示す。

　指導者の効果的指導とコミュニケーションの感性を高めるために，インリアルアプローチの講習会を受け，知識と方法を学ぶ必要がある。

2）拡大・代替コミュニケーション（AAC）について

　AACとは，Augmentative & Alternative Communication の頭文字をとったもので，拡大・代替（あるいは補助・代替）コミュニケーションと訳されている。

　AACとは，コミュニケーションを円滑に行うために，ことばを補ったり，ことばの代替として，視線，指差し，身振りや手話などのサインや図形や絵カードなどのシンボルや，写真，文字，コミュニケーションエイドなどさまざまな手段を使って，障害をもつ人自身のコミュニケーション活動を確かなものにしていこうとするものである。AACは，障害をもつ人自身の自己決定や社会参加の機会を増やし，生活を豊かにすることを大きな目的としている。

　そういった障害者自身の主体的な意思表示にとって，AACの考え方や具体的な活用の方法を身につけることは，現在の特別支援教育では欠かせない授業内容になっている。AACは，主に，自立活動の授業で具体的な手段や機器の使い方などを学習していくことになるが，学校教育全体の中で使われていくことでもある。特別支援学級や特別支援学校では，サインや絵カードやシンボル，そしてVOCA（Voice Output Communication Aid）を使った言語指導やコミュニケーション指導が児童にとって必要なものとして行われている。

①身振りサイン

　（ⅰ）個人的な身振りサイン：サインというと，特定の決められた動作に従って交わされる手話のようなサイン言語もあるが，特別支援学校や特別支援学級では，一般に決められたサインが使えない場合も多くある。

　基本的には，子どもの出すシグナルについて，こちらが意味づけをして，そのシグナルの時には一定の反応や行動が起こることで，そのシグナルが双方にとって意味をもつサインになっていく。

　例えば，重症児のK子は，私が近くに行くと両手を胸の前に突き出

して上体を起こそうとする。本人は起こして欲しいからしているわけではないが，私には起こして欲しいというサインに受け取れた。そこで，「Kちゃん，起きたいの」と言いながらK子を抱き上げると，K子は笑顔になって，「アー，アー」と声を出して喜ぶ。そこで，両手を胸の前に突き出した時には必ず抱き起こすことを繰り返した。何回かこのパターンが続いたのち，K子は「起こして欲しい時には両手を前に突き出す」という私とのサインを了解したようであった。K子と私にとって，お互いが通じ合える嬉しいサインの成立であった。親しい関係の中で通じ合うことがわかることは，コミュニケーション関係の基本となりその後のコミュニケーションの育成にとっても重要な意味がある。

また，学校や家庭でだけ通じる個人的な身振りサインと違って，一定の決められた身振りサインによって，より一般的に通じ合うことを広めていこうとするマカトン法のような身振りサインもある。

(ⅱ)**マカトン法**：マカトン法は，イギリスで言語発達遅滞の人のために考案された言語指導法である。日本では約330語の核語彙を，段階を追ってわかりやすい手指の動きによるサインと，サインを出しながらの同時発話による話しことばを使い，また，略図のような絵記号も使いながら障害児とのコミュニケーションを図り，障害児の認知活動や思考能力の発達を促していこうとする方法である。発語による話しことばが不十分な知的障害児や，言語発達に偏りのある子どもに有効である（図3-9参照）。

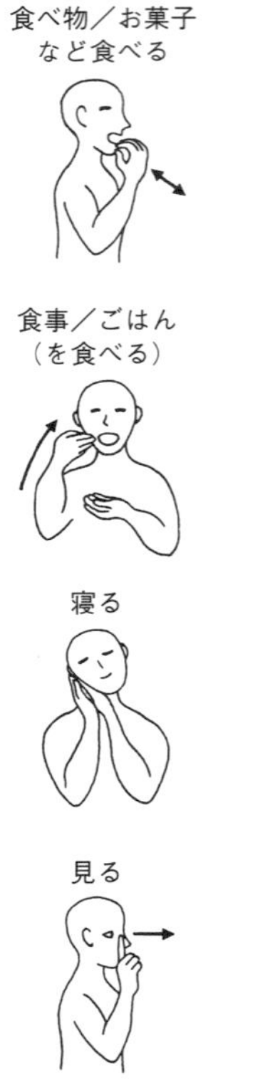

マカトン法の指導では，教室で指導プログラムにそってマカトン法のサインを教える「指導場面での指導」と，実際の日常生活の中で使われる会話の中で指導する「日常場面での指導」の両面がある。教室での指導の時間にサインが使えても，実際の場面で使えないのでは，そのサインが生きてこない。日常的に使うことが，子どものサイン言語の定着には欠かせないことなる。

特別支援学級の児童で，発声でのことばの出にくい知的障害児がいた。その子が，担任の先生からマカトン法を教えてもらい，「ごはん」「トイレ」「遊ぶ」等のマカトンサインを使って，自分の意思を表現するようになり，先生との基本的なコミュニケーションもとれるようになった。サインによって自分の思いが人に伝わることを覚え，積極的に自分の意思をマカトンサイン以外の身振りや「あーあー」という発声も交えて，トランポリンをしたいこと，先生以外の人が教室に来たことなど自分の思いや状況を身振りで伝えるようになっていった。

磯部（2003）は，療育の中でマカトンサインを取り入れた知的障害児の事例研究を行っている。それによると，A児は，生活年齢5歳11ヶ月の時に新K式発達検査で，姿勢・運動35ヶ月，認知・適応28ヶ月，言語・社会11ヶ月，全領域24ヶ月と診断された。そのA児に，6歳から9歳7ヶ月までの間に合計25回の療育を行い，その療育においてマカトンサインを指導し，25回のセッションで52個のサインをA児は習得した。トイレのサインや外に行きたいというウサギのサインを日常でも使うようになってきたと報告しており，サインをつけて話すことが，A児の言語理解を助けたと述べている。

図3-9 マカトンサインの例
（「ことばの指導ハンドブック」松田，1993）

食べ物／お菓子など食べる
食事／ごはん（を食べる）
寝る
見る

また，B児は，生活年齢5歳3ヶ月の時に，新K式検査で全領域29ヶ月の発達年齢であった。この子にも5歳7ヶ月から9歳5ヶ月までに34回療育を行い，A児同様にマカトン法を指導し，51個のサインを習得した。B児はサインの模倣に伴い，発声もまねようとすることから有意味語の習得につながったと報告している。

　A児の事例のように，発達年齢が2歳（24ヶ月）の知的障害児で，発声としての話ことばがなくても，象徴機能としてのことばが出かけている子どもにとって，マカトン法はことばの発達を促す有効な手段だといえる。

　マカトンサインの良さは，絵カードのようにカード等の物を持たずに自分の身体の一部を使って，自分の思いを場所を選ばず表現できるところにある。一方，身体に障害がある場合は，思うように手指や身体を使えないためにサインを出すことが難しくなる問題がある。

　マカトン法では，効果的な使用のために講習会を受講する必要がある。詳細については，日本マカトン協会にお尋ね下さい。

②絵（文字）カード・写真・図形・シンボル（PIC等）

（ⅰ）絵カード・写真・図形：絵カードの使用は，特に発声が難しい知的障害児や視覚優位と言われる自閉症児に有効である。近年，特別支援学級や特別支援学校の言語指導やコミュニケーション指導には欠かせないアイテムになっており，実際の生活場面でも絵カードが使われるようになってきた。

　絵カードは，学校での子どもの生活場面や流れを知っている先生が子どもと一緒に作ることが必要だと考えている。また，絵カードが対象を表すシンボルとして，話しことばに代わって三項関係を作り，象徴機能の育成にもつながっていくと考える。共通の経験の中で，事象や同じ物を子どもと先生がともに見ることから三項関係が育ち，そこにシンボルが入ってくる。そのシンボル使用の1つが絵カードによるコミュニケーションといえる。

　カードに描かれているのが絵ではなくても，その子とともにわかり合えるものであれば，写真でも印でも文字でもいいわけである（写真3-1参照）。あそびの時間を表すカードが横棒だけの子もいる（写真3-2参照）。一日のスケジュール表の休み時間のところに，ハンカチが挟んである子もいる。よだれが出るので，休み時間にハンカチを取り替えるというサインである。マラソンでグランドを周回した回数を示すのに，「1回・2回……」というカードを自分の箱に入れる子もいれば，段ボールの板の決められた場所に，洗濯ばさみを周回ごとに挟んでいく子もいる。各々の方法で，その子に合ったシンボルを先生と子どもで決めていくことが大切だと思う。

（ⅱ）視覚シンボル：絵カードが具体的な事物や事象の特徴をイラストや描画で表しているのに対し，対象をより図案化したものが，シンボルカードと呼ばれるものである。近年バリアフリー化を目指して，公共施設のあちこちで使われている非常口やエレベーターの案内表示も視覚シ

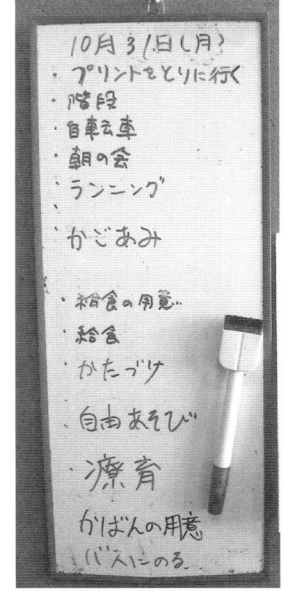

写真3-1　文字による子どものスケジュールボード

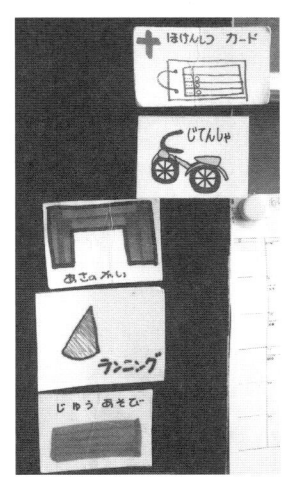

写真3-2　絵カードとシンボルカードによる一日のスケジュールボード

ンボル表示である。そういった，より図案化されたシンプルで抽象的なシンボルカードを，AACの道具として使っていこうとするものである。

対象となる子どもは，ある程度象徴機能が育ち，物や事象がそのシンボルで表されることを理解できる，あるいは理解しようとしている子どもであり，話しことばや文字によってコミュニケーションがとりにくい子どもや，人とのやりとり関係やコミュニケーション能力を伸ばしていきたいと思われる子どもである。また象徴機能やコミュニケーション能力育成の教材としての使用や，聴覚からの言語理解や指示が入りにくい子どもに，一日のスケジュールや作業手順を示す実生活においても有効である。また，シンボルで日記や手紙やお話を書くことも可能である。

視覚シンボルを使うことによって，トイレや教室移動の場所がわかりやすくなったり，スケジュールなどの指示や着がえの手順がわかりやすくなる。また，話しことばを視覚シンボルで補足することで先生や友達の話がわかりやすくなる。

視覚シンボルの初期学習では，具体物と視覚シンボルをマッチングさせながら，具体物をシンボルに置き換えていく学習をする。その後，日常場面で，自己の意思表示やスケジュール管理に使っていくことになる。

また，発語が難しくても，シンボルを獲得することで象徴機能の育成から言語的概念やコミュニケーションの育成が進み，文を作ったり，自己の意思を相手に伝えようとする行動が育っていく。視覚シンボルによって思考や表現活動が活発になることは，視覚シンボルが言語発達を促す有効な方法だといえる。

視覚シンボルにもいろいろな種類があるが，ここでは日本版PIC（Pictogram Ideogram Communication）を紹介したいと思う。

PICは，カナダのS.C.マハラージ氏によって開発された視覚シンボルで，日本版PICは1995年に藤澤らによってカナダの原著版PICシンボルを基に作られた。ピクトプリントというソフトを使うと約1600個のシンボルから必要なシンボルを印刷することができる。

また次に述べるVOCAと組み合わせての使用も可能である。例えば「はい」「いいえ」などのシンボルカードをVOCAに貼り，そのシンボルに合致した返答の時にそのシンボルのVOCAを押すことで答えや意見の自己表示をすることができる。

また，日本工業規格が高齢者や障害者のコミュニケーション支援のために，JIS規格によるシンボル（PICとは少し図案が異なる）を，300個ほど作成している。こちらは，インターネットでダウンロード（http://www.kyoyohin.org/JIS.html）して使用することができる（図3-10参照）。

図3-10　JIS規格のシンボル例

③ VOCA（Voice Output Communication Aid）による指導

VOCAは，音声を出力できるコミュニケーションの補助機械である。VOCAの機器は，1つの音声から複数の音声を録音再生できるものまで，スイッチの形状も大きなボタンものからパネル式までさまざまである（写真3-3上参照）。また，文字を打ち込んで機械で音声を再生するもの

もあり（写真3-3下参照），多くの種類が市販され，子どもの実態や使用目的によって使い分けることが可能である。インターネット（例えば，「こころWeb（http://www.kokoroweb.org/）」）でも数多く紹介されている。

VOCAの使用は，「その人が自分で決める」「自己の意思を表明する」という自己決定権の育成に深く結びついている。発声の難しい子どもが，言語的な関わりやコミュニケーション活動の場面において，発声やコミュニケーションの手段を補おうとするものである。

自動販売機がしゃべる時代である。VOCAの使用範囲は，アイデア次第でいくらでも広がり，そこにおもしろさもある。スクリプト学習と組み合わせ，どのような状況や場面で子どもがVOCAを使っていくのかを考えていくことが指導者に求められる。VOCAの使用は，自立活動のみならず，学校生活のさまざまな場面で使われていくことになる。

VOCAの導入では，VOCAを使う子だけでなく，受け手となる子どもたちも機器に慣れてもらうために，はじめはクラス全体でVOCAを使ったゲームなどを行い，楽しく使うことも1つの方法である。例えば複数の音声が録音できるスイッチがパネル式のVOCAを使い，「手を挙げて」「笑って」などの簡単な動作をVOCAに録音して，パネルスイッチには動作の絵カードやシンボルを貼っておく。交代で自分の好みの動作のボタンを押して，みなで動作ゲームを楽しむことなどをしているところもある。

また，朝の会では，司会のことばや「おはようございます」という音声をVOCAに入れて，日直に当たった子どもがボタンを押すことで，司会を進めていくことができる。朝の当番で，職員室に「日誌を取りに来ました」と使うことでVOCAの役割を感じさせることもできる。学芸会では，その子どものせりふを入れて劇を上演することもできる。

またVOCAは，子どもの自主的な自己表現のために使うものである。先生の側が考えた，「すみません」「お願いします」といったことばばかりでは，子どもはVOCAの使用を敬遠してしまう。逆に，先生が感情を込めて「よかった！」と録音すると，その声が聞きたくて，喜んでスイッチ押す子どももいる。子どもが自分からVOCAを使って他者とのコミュニケーションを図ろうとすることが当面の目標になる。子どもが自分で使い出すことを支援することが大切である。

また，VOCAではないが，子どもの学習活動の支援技術（AT：Assistive Technology）として小さい動作でスイッチを押すことが可能な，ボタンの部分が大きい電源の入力スイッチがある。肢体不自由の子どもに有効な機械で，例えばスイッチの先に扇風機やおもちゃを接続して，本人が押すとファンが回ったり，動くという単純なシステムである。スイッチの先にテープレコーダーを接続して音声が出るようにすれば，VOCAの役割を果たす。ただし，電源のON・OFFだけで作動する機器でないと接続しても作動しない。右と左に2つスイッチがあり，例えばチャイムとブザーの選択ができる機械もある。

写真3-3　VOCAの写真
上：視覚シンボルと組み合わせて使えるVOCA（製品名テック・トーク；アクセスインターナショナル，AMD（USA製）
下：トーキングエイド（namco社製）

3）おわりに

　楽しい授業を目指しながらも，楽しさの中で子どもの中に何が育ち，何を伝えようとしているのかを考える実践が大切だと思う。子どもたちが，自分の思いを自分のことばで語って欲しいと願っている。

　いろいろな指導技法があっても，子どもは信頼できる，暖かく受け入れてくれる人に向かってことばを発していく。先生と子どもの豊かな関係の中で，子どもたちのことばやコミュニケーションが伸び伸びと大きく広がっていくと考えている。

2．算　数

（1）視知覚能力促進法　フロスティッグ法

　アメリカの心理学者マリアンヌ・フロスティッグ（Marianne Frostig）によって作成された知覚力促進のためのプログラムである。

　フロスティッグは感覚-運動機能，言語，聴覚・視覚・運動-触覚，思考・学習・記憶の能力などいろいろな能力の発達は相互に関連しており，それゆえ，知覚訓練を子どもの全体的な発達を考慮に入れた，均整のとれたプログラムの中に統合することによってのみ，その効果が期待できると述べている。

　フロスティッグは，視知覚について「視覚的刺激を認知して弁別し，それらの刺激を以前の経験と連合させて解釈する能力」であるとし，「視知覚学習ブック」プログラムでは，フロスティッグが子どもの学習能力に最も関係が深いとする次の5つの視知覚技能を扱っている。

　①**視覚と運動の協応**：視覚と運動の協応とは，視覚を身体や身体の部分の運動と協応させる能力である。手を伸ばしてボールをつかむことは，目が手を導くからであり，それによって連係動作がスムーズに行われるのである。また，はさみを使って紙を切るなどの微細運動協応活動もそうである。

　②**図形と素地**：我々はたくさん入ってくる刺激から，注意を向けている限られたことだけを選択し，注意の中心に置くことができる。これらの選択された刺激は知覚の場における図形となり，その他の大部分の刺激はぼんやりと知覚される素地をなすのである。子どもが筆箱の中から赤鉛筆を取り出そうとする時，赤鉛筆は図になり，その他のペンや鉛筆などは地となる。

　③**知覚の恒常性**：立方体は，網膜上に映る像が見る角度によって異なることはあっても，立方体であることに変わりはない。このような角度や提示の仕方，あるいは見かけの大きさ，色彩や肌触りによらずある形に属すると認めることができる力を知覚の恒常性という。

　④**空間における位置**：人は事物との関係を，自分自身を世界の中心に置き，事物を自分の上，下，右，左，前，後に位置するものとして知覚する。このような事物の観察者と事物との空間的な関係を空間における位置という。また，身体像，身体概念や身体図式に関する課題は，どれも空間における位置や次に示す空間関係の知覚の発達に役立つので，省略せず取り組むことが必要である。

　⑤**空間関係**：人が自分と2個以上の事物にすべてほぼ同じ注意を払

い，自分と事物との位置関係，あるいは事物相互の位置関係を知覚する能力のことである。これらの知覚はペグ差しをしようとする子どもが，ペグ，差し込み穴，自分との位置関係を知覚するという場合も，平面上に提示されたこれらの関係を知覚する場合も同様である。

【養護学校（特別支援学校）小学部における「ことば・かず」の授業実践】

　W養護学校（特別支援学校）（知的障害）小学部では，算数的・国語的な内容を中心として，障害によって生じるつまずきや困難を軽減しようとする自立活動にも視点を置き，個別の課題に取り組む「ことば・かず」の授業を設定している。ここでは，数唱の定着とともに視覚と運動の協応を高めることをねらいとした指導実践を紹介する。

　数に興味を持ち始め数唱を学習してきた児童が，楽しみながら取り組めるよう活動を工夫したものである。児童は1〜10の数字が書いてあるボードを片手で持ち，もう片方の手でピンを1から10まで順に留めていく（図3-11）。ピンは2種類用意する。導入時には，ピンの留めバネの軟らかいものを使い，次にバネの硬いピンを使う。

図3-11　「かず」の指導教材表

【養護学校（特別支援学校）高等部における「言語経済生活」の授業実践】

　W養護学校（特別支援学校）（知的障害）高等部では，数学的・国語的な内容を中心として，障害によって生じるつまずきや困難を軽減しようとする自立活動にも視点を置き，個別の課題に取り組む「言語経済生活」の授業を設定している。ここでは，金種の理解を促すとともに図形と素地の知覚の働きを高めることをねらいとした指導実践を紹介する。

　小箱の中に4種類の硬貨（10円，50円，100円，500円）を混ぜて，適当な枚数入れて

図3-12　金種の理解教材　小箱と小袋

おく（図3-12）。まず，第1段階では，小箱から同じ種類の硬貨をすべて取り出し，1つの袋に入れる。第2段階では，値札カードが記された透明なビニールの小袋に小箱から硬貨を選んで入れていく。この時には指定した1種類の硬貨を選ぶように指示する。例えば，「袋に書かれた分だけ，100円硬貨を入れましょう」と指示し，小箱から値札の分だけ100円硬貨を選ぶようにする。第3段階では，同じ値札で異なる金種を使えるようにする。例えば，200円の値札の袋を使い，1回目は100円硬貨を使うように指示し，次は50円硬貨を使うように指示する（図3-13）。

図3-13　金種の理解教材　2種類の硬貨を入れる

（2）自己教示訓練

自己教示とは，実施すべき行動を自分に言い聞かせることであり，声に出して自分に働きかける場合もあれば，声に出さない場合もある。自己教示は，実際のモデルまたはイメージ上のモデルの行動を媒介にして，認知水準，行動水準での変容を図るモデリングと，言語を媒介にして，行動の変容を図る外言的リハーサル及び内言的リハーサルからなる（高良・今塩屋, 2003）。自己教示訓練の具体的な進め方は，表3-19の通りである。自己教示の訓練手続きから，具体的には，①問題の把握と目標設定，②情報の検索，③方略の使用，④自己評価，⑤自己強化，⑥失敗した時の対処方法，などを理解させる必要がある。

表3-19　自己教示訓練の手続き例 (高良・今塩屋 (2003) を参考に作成)

1.	認知的模倣	指導者は，声を出して自己教示しながら課題を遂行する。対象児は，指導者の行動を観察する。
2.	外的誘導	指導者は，声を出して自己教示しながら課題を遂行する。対象児は，指導者の指導を受けながら，同じ課題を遂行する。
3.	外言的リハーサル	対象児は，声をだして自己教示しながら課題を遂行する。
4.	フェイドアウト	対象児は，つぶやきながら課題を遂行し，徐々に声を出すのを減らしていく。
5.	内言的リハーサル	対象児は声には出さず，心の中でつぶやきながら課題をする。

自己教示訓練は，発達障害児を対象としてこれまでに学習場面などで活用され，その効果が示されている。知的障害児を対象としては，記憶課題（Borkowski & Vanhagen, 1984），メタ認知スキル（佐藤, 1987），物語理解（田中, 1992）などで自己教示訓練について一定の効果が示されている。また，自己教示訓練は実行機能の障害，なかでもプランニングの障害には効果的であるとされており（Meichenbaum, 1977），実行機能に障害のあるADHD児の学習場面や社会的問題解決場面における

指導技法としても適用されることがある。

　自己教示訓練は，精神年齢が少なくとも4歳程度は必要になると思われる。これまでの研究では，軽度の知的障害児を対象としていることが多い。いずれにせよ，訓練の実施に当たっては対象児の精神年齢を考慮する必要がある。

　他者からの支援によって行動を調整するのではなく，自分一人で行動を調整できるようになることは，発達障害のある子どもにとって，とても大切である。自己調整のうまくできない子どもにとって，自己教示の方法を教えることで，学習能力の改善などにつながる場合もある。子どもの実態を踏まえたうえで，必要に応じて自己教示訓練を実施していくことが望まれる。

具 体 例

　一斉指導の場合には，同程度の精神年齢になるよう統制してから指導を行うことが望まれる。一斉指導においても，自己教示訓練の段階を参考にしながら，子どもの実態に合わせた指導を実施する必要がある。

【養護学校（特別支援学校）中学部編：電話番号を覚えよう！】
（言語教示の具体例）
①**問題の把握と目標設定**：「ここで，私は何をすればよいのか。これから，自分の電話番号を覚えないといけない」
②**課題に必要なスキルをもっているか否かについての質問**：「どのようにしたら，それができるかな？」
③**リハーサル方略を使うという回答**：「まずは，電話番号の数字が書かれた紙（数字1つにつき1枚対応）を全部見る。紙を全部裏にふせて，順番に覚えていこう。最初の数字を覚えよう。それが思い出せなかったらひっくり返して，その数字を見よう。そして，絵を見なくても順番に言えるまで全部覚えていこう」
④**方略使用についての自己教示**：「まず，電話番号の数字を全部見て，声に出して言ってみよう。0，6，0……。全部ふせて最初の数字を思い出してみよう。最初の数字は何だったかな？　0だった。正しいかな。そうだ。最初の数字は0だった。さあ，見なくても全部言えるかな？　0，6……。」
⑤**自己強化**：「よくできてたね！」

※ Borkowski and Vanhagen（1984）を参考に作成。

【小学校特殊学級（特別支援学級）編：算数の指導場面での自己教示訓練】
　軽度の知的障害児に対する指導を実施する場合には，言語を媒介として，学習場面などで外言的リハーサルから内言的

リハーサルを意識して指導することが大切になろう。

　算数の繰り上がりのある筆算において，正答率の低い子どもに対して実施する場合，しっかり最初に目標を意識させ，そのための方略を忘れないような工夫が求められる場合もある。

図3-14　自己教示訓練の例

(3) モンテッソーリ法

　モンテッソーリ法は，イタリアの医師であるモンテッソーリ(Montessori, M.（1870～1952）)がイタールやセガンの障害児教育に学び，確立した方法と理論として知られている。モンテッソーリ法は，新教育に位置づけられる個別性，自発性が重視される教育方法である。それは，「準備された環境」，すなわち，感覚教材・教具，それらを含めた環境設定により，認知的動機づけを強化し，方向づけ，達成感が得られるように配慮や工夫されている。

　モンテッソーリ教育の特色は，①個々の障害児に応じての情緒的な安定や諸機能をコントロールしての内面的な枠組みをもった行動の秩序化が得られる環境設定と指導法の重視，②自発性，自立性を高める認知的動機づけ，③障害児が自ら興味を発見し，それに持続的に集中し，成功

体験が得られるための感覚教材・教具の構造化や工夫，④簡潔性，単純性，客観性からなる教示方法，などである。

感覚教材・教具を通しての感覚へのアプローチは，障害児の算数の概念形成の指導等に効果的であり，その基本的特色は次の通りである。

①基本的に具体から抽象へのプロセスから成り立つ。

②感覚教具は，視覚教具，触覚教具，聴覚教具などからなる。

③感覚教具による学習を通して，感受性や弁別的な能力を高めるだけでなく，無理なく抽象的概念形成が培われる。その教材は，対合，順序づけ，類別の原理からなり，概念形成の基礎になる同一性，対比性，類似性が獲得されるように構造化されている。

④感覚教具による学習を通して，概念獲得に必要な視覚など個々の感覚の機能，いわゆる単一感覚の確実性を高めるとともに，発達に応じた柔軟で複合的な感覚の機能を高める。

⑤感覚教材は，基本的に正誤を自ら気づくように工夫されるなど自動的なフィードバックの機能をもつ。

感覚教具として，円柱さし，色つき円柱，ピンクタワー，茶色の階段，長い棒，色板，幾何パズル，幾何立体，構成三角形，触覚板，重量板，などがあり，さらに，数の教具として，計算棒，数字棒，などがある。

なお，モンテッソーリ教具は市販されているが，障害児教育現場では障害児に応じてサイズなどを調整し類似したものを作成し行われることも少なくない。

これまでの先行研究等から，本技法は特に幼児や知的障害児に適応されている。

【養護学校（特別支援学校）小学部での算数での実践―円柱さし―】

中度の知的障害のダウン症の小学1年の子どもに対してはほぼモンテッソーリの感覚教具に類似した手作りの「円柱さし」を使って行った。整理整頓されたモンテッソーリの教材教具からなる教室環境とは程遠い普通の教室での試みであるが，指導者として，

①子どもと教具の間を取り持つ

②子どもの感情を害することなく，子どもを理解し，可能な限り要求に応じる

③目的を明確にし，子どもの理解の上に立って方向性を示すようにする

④言葉は必要最小限にする

などを心がけつつ行った。

目標は，①大きさの弁別　②1対1の対応の概念の形成である。

当初は，身近なところで指導者が行ったり，他の子どもが行ったりしても，ほとんど関心がなさそうな様子であった。しばらくして，遊んでいる子どもの様子をうかがって，やさしく椅子に座るように誘い，そこで，指導者は子どもの利き手の側で

ある右側に座り，直径のみが異なる棒さしを目前に持って行き，円柱を取り出し，順不順に置いた。まず静かに，指導者が円柱の持ち方に注意しつつ，楽しそうにするのを見せ，その後，また順不順に棒さしを置いた。すぐに子どもは，自ら行うようになった。当初は自ら穴に差し込んでも思うようにできないようであったが，繰り返し行うことでスムーズに行えるようになった。活動後は，いつも自ら棚にしまうようにした。目標に付随して，徐々に，①集中して取り組む姿勢や学習の構え，②指先の巧緻性，③整理整頓の習慣，が培われた。

【養護学校（特別支援学校）小学部での算数の時間での実践
―つむぎ棒箱―】

小学2年生で中度の知的障害のダウン症や自閉症の子どもたちに対して，数字と量の関係，ゼロの理解を目的として，つむぎ棒箱を活用して行わせた。つむぎ棒箱は，右図の通りであるが，市販のものでなく手作りで行った。

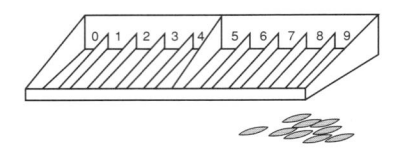

つむぎ棒は木でなく紙をつむぎ棒状に丸めて作成したり，代わりにどんぐりなどを使った。このセットを数多く作成し，子どもたちが，自ら納得するまでできるようにして取り組ませた。

手続きであるが，

①まず，子どもと一緒に指導者が床の上に座り，子どもの前につむぎ箱と45本のつむぎ棒を置く。

②次に，書いている数字を指導者が読み，つむぎ棒を数えながら箱に入れる。

③子どもが，次々に仕切りの中に入れるようにする。

子どもがふざけてでたらめに入れるのではないかと思われたが，そのような様子は見られなかった。ふざけたりしないように，自由で温かいなかに，順序性を尊重した雰囲気作りが大切であるようである。子どもたちの気持ちが集中している場合，自ら間違って入れてしまった時には最後に数が合わないことで気づくことが多かった。気づかない時には指導者が教えて訂正し入れ直した。数字と量を合わせて入れることに，興味をもち，夢中で行う子どもの姿が見られた。つむぎ棒箱セットを1つでなく，数多く準備していたことが，とても効果的であったが，子どもに応じて，つむぎ棒でなくどんぐりなど他のものを活用して行わせることも，効果的であった。

(4) 知覚-運動訓練

　障害児教育の研究者の中でケファート（Kephart, N. C.）やフロスティッグ（Frostig, M.）などは，子どもは基本的に運動を通して，知覚が発達し，さらに概念が発達すると考え，運動発達が知覚や概念の発達に欠かせられないとした。ケファートらは，知覚-運動学派と呼ばれ，知覚を培うため積極的に運動を取り入れた知覚-運動訓練を行うことの大切さを主張した。フロスティッグの方法は，ムーブメント教育として，単に運動発達のための教育方法というだけでなく，数学などの基礎的な学習の方法としても多くの障害児教育の場において取り入れられている。ここにおいては，ケファートの教育の考え方と方法を記す。ケファートはモンテッソーリ，ピアジェ（Piaget, J.）やゲシュタルト心理学などから影響を受けたといわれる。ケファートの発達段階説は，粗大運動→運動-知覚→知覚-運動→知覚→知覚-概念→概念であり，その方法は，知覚-運動訓練，知覚-運動協応訓練，眼球運動の訓練，黒板を使用した訓練，形態知覚訓練からなる。知覚-運動訓練は，身体内の右側や左側の方向のとらえであるラテラリティと外部空間としての右，左，上，下などの方向性の発達的な理論からなる。ラテラリティと方向性を確実なものにすることが，知的学習の基礎の基礎であるとする。知覚-運動協応訓練は，子どもが手を動かして動くものとしての手に注目するようになるなどの運動-知覚の段階から，目によりとらえたものを手で確認するなどの知覚-運動段階の訓練であり，粗大運動活動，微細運動活動，視覚化，聴覚-運動協応などのプログラムがある。

　眼球運動の訓練では，静的な対象に注目する注視と動的な対象を視野の中心において継続的に追跡する追視の訓練プログラムからなる。黒板を使用した訓練は，目と手の協応の発達を主なねらいとする。主に手を使った粗描やフィンガーペインティングや目のコントロールが要求される点と点を結ぶゲームなどや連続的な目のコントロールが必要とされる描画や模写などが含まれる。粗描活動では黒板にチョークを使って自由に描かせ，大きさなども制限しない。点と点を結ぶゲームでは，子どもが身体の正中線を交差して線を引こうとする時に難しいことから，徐々に交差するようにする。その他，具体的な活動とそれらの体系的な理論を行っている。形態知覚訓練は，乳幼児の初めての知覚形態である漠然とした曖昧な集合体としての球状様形態，輪郭線や突起などの信号的性質，さらに色や形など形態を構成している部分を，まったく新しく全体としてとらえた構成的形態へという子どもの形態知覚の発達理論に基づいている。積み木を子どもに与えて，色や形，大きさや数などの弁別の手がかりとして指示通りに積み木を手わたす活動や具体物から絵カードのマッチング活動を行ったり，数字などの弁別活動を行ったりする活動などがある。さらに構成的形態訓練があり，それでは形態の操作，要素の操作，単位の操作などを行う簡単なパズルやペグボードなどの活動がある。

　これまでの先行研究等から，本技法は特に学習障害児や知的障害児に適応されている。

【養護学校（特別支援学校）中学部　生活単元学習での実践
　―ブラインドバッグ―】
　ケファートの知覚－運動協応訓練の中にブラインドバッグがある。ブラインドバッグは，紙袋などの中に身近なものを入れて袋の中のものを手で触り，外においてあるものや絵カードなどのなかから，同じものを選ばせたり，描かせたりする活動である。これは触－運動情報と視覚情報を関係づける活動のなかで触－運動情報を視覚化する活動として行われる。子どもたちの実態に応じて内容を変えることで普段の教室の子どもたちの当てっこゲームとして，とても楽しみつつ行える活動である。
　主に中度知的障害の子どもたちからなる養護学校中学部の合宿の事前学習や合宿中にブラインドバッグのゲームを取り入れて行った。ブラインドバッグとして使用した袋は，当初は袋でなくダンボール箱で作成し行った。箱の中に，合宿の持ち物である衣類，歯ブラシ，傘，石鹸，サンダルなどを入れて行ったり，積み木など普段使っている遊び道具を入れたりして行った。タオルなどは，子どもたちにとって簡単そうでわからないようであった。子どもによってはまったく触ることなく手のみを入れて，当てずっぽうに外にあるものを指差したりすることが見られた。そこで，箱の横にふたつきのもう1つの穴を開け，そこから必要に応じて，子どもが手で箱の中のものをしっかり触っているかどうかを確認したり，触ったものをうっかり箱の外に出したりしないように，子どもの状況に応じて一緒に手を入れたりして行った。まずやり方の手本を教師が行い，その後子どもに行わせた。子どもが正解するとすぐに賞賛した。間違ってもすぐに正解を見せるようにした。まだはっきりと区別することができない子どもに対しては，箱の中に入れるのをその場で見せ，触らせ，しっかりとそのものを持たせて，周りの品物のなかから同じものを選ばせるようにした。
　徐々に，どの生徒も正答率が高くなり，益々興味をもって取り組むようになった。そのうちに簡単な紙袋を使って子ども自身が袋の中にものを入れ，友達や教師に答えさせたりする場面も見られるようになった。

【養護学校（特別支援学校）中学部・高等部の美術での実践
　―方向づけゲーム―】
　方向づけゲームは，両手にチョークなどを持たせ，両手で黒板などに円を描かせる活動である。ケファートは，この活動の順序性を定めている。それは，左手では時計回り，一方

右手では時計の逆回りで円を描く→左手(時計の逆回り) 右手(時計回り)→両手(時計回り)→両手(時計の逆回り) の順である。これは主に目と手の協応をねらい，そのなかで手の活動に対しての連続的な目のコントロールの力を高めるための活動である。

　方向づけゲームを知的養護学校の中学部や高等部の美術の時間に行った。本来，方向づけゲームは，黒板を使用した学習の1つとして位置づけられているが，画用紙や模造紙を使い，生徒の実態に応じて，クレヨンやフェルトペン等を使わせ行った。また円のみでなく渦巻き状に描かせたり，その他，さまざまな形を描かせたりした。左手では時計回り，右手では時計の逆回り，すなわち内側に向けて円を描く活動においては，生徒が利き手のみで描こうとしたり，一方は渦巻状に描いて，もう一方は乱雑ななぐり書きになったりすることがあった。また，非常に小さく描く生徒もいた。しかし，授業の度に繰り返し描かせるうちにほとんどの生徒が，線がしっかりしてきて，形が整ったものを描くようになった。また概してどの生徒も描くことに対して意欲的に取り組むようになった。

(5) 認知的方略

　認知的方略とは，子ども自身が課題解決に向けて，適切に処理し，解決を可能にする手続きであり，課題に応じて効率よく行う手立てであるが，数学などの学習における認知的方略の支援として，認知心理学の研究の成果等から，多くのスキルが提案され実践場面で試みられている。個々の子どもに応じて，課題解決の方略が多様であることや1人の子どもにおいても課題に応じて適応的選択をすることが報告されるなど，子どもはある課題に取り組む時，それまでの生活史や個人の関係的事柄から培ってきた多様な手続き的知識等をもって行うといわれている。指導者は，子どもが間違った時など，その背後にある個人の認知的方略に着目しての支援が必要である。さらに障害児は，障害があるがゆえに，それまでの学習経験や生活史の蓄積のなかから課題解決に必要な建設的な手立てが培われていなかったり，適切に機能してなかったりして，それぞれの課題解決に困難をきたすことが少なくない。それらのことを念頭において，子どもの誤りの分析を行い，具体的な手立てとしての認知的方略の支援を行う必要がある。ゲアリ（Geary, D. D.）は学習障害の類型化の研究者として知られているが，算数障害の類型に応じた指導を勧めている。そこでは，意味的記憶の欠陥，手続き上の欠陥，視空間に関する欠陥，算数的問題解決の欠陥を挙げ，例えば，手続き上の欠陥の子どもに対しては，ものを数えることを教えられる以前に，子どもは計数概念を理解する必要があるなどと記している。概して，算数のつまずきとして，大きさや形の弁別，1対1対応，計数，それに位どりなどのつまずき，また数量に関することばの遅れ，数と測定の学習，時間や空間の概念の形成，貨幣の価値の理解と操作，文章題の困難等が考えられる。

足し算の時，タイルを並べて端から数えて答えを導こうとする子どもに対しては，子どもの実体に応じて，小さい数を加数とし，大きい数字の次から小さい数を加えるようにして数える（MINモデルと呼ばれる）などの方略を教えたり，数字を分解して計算を単純化することを教えたり，半具体物の数のまとまりと対応して教えたりする。自閉症の子どもの場合には，文章問題が解けないことが少なくない。文章問題は，文章の読み取り，すなわち課題を表象し，統合して一貫した問いとしてとらえることができて，初めて課題を解くということになるが，子どもに応じて文章問題を図で表すなど，文章の情報を図として視覚化することで課題に取り組ませることができる。また，計算の獲得はそれぞれのアルゴリズムの定着が必要であるが，ブロックという半具体物を用いて両者を結びつける「対応付け教授法」が注目されている。

　これまでの先行研究等から，本技法は特に学習障害児や知的障害児に適応されている。

【養護学校（特別支援学校）中学部の数学での実践―図による視覚化―】

つぎの　といに　こたえなさい。
○　1000円　もって，くすりやさんに　くすりを　かいに　行きました。そこで　600円の　かぜぐすりを　かって　かえりました。かえりには　おかねを　いくら　持って　いたでしょうか。

　お金の計算は生徒にとって必要性が高く具体的な経験が可能なことから知的障害児などの数学教育で積極的に取り入れられる内容である。

　IQ50前後の生徒たちに対しての養護学校中学部の数学のグループ学習において，上記の内容のプリントを与え，お金の計算を行わせた。文章は上記のように，漢字交じりの分かち書きとした。当初，生徒たちが知っている漢字交じりの文章で，分かち書きでないものにしていたが，このように分かち書きで表記した方が文章そのものの理解ができるようであった。しかし，生徒たちの中の自閉症の生徒3人は，即1000＋600＝1600とし，答えとして1600円と書いた。前回の授業で，いくつかの品物と値段を購入した場合，その合計はいくらかという問題を行ったことが，大きく影響していることが推測された。生徒たちは文章の読み取りに幾分苦手意識はあるが，これまでのプリント学習から判断して，この程度の文章の読み取りができないという訳ではないと思われた。そこで，①文章の一部しか読まなかった，②それぞれの部分的な意味はわかるが全体として意味を読み取ることができない，③計算ができない，④買い物の文章問題は数字の足し算と決めている，⑤その時の情緒的な不安等から間違う，⑥長期記憶とし

て定着してないためできない、⑦生活の中の方略とうまく密着しないため興味がわかない、等が考えられたが、一緒に文章を読み、さらに黒板に課題に沿った図を描くことで文章問題を解くことができた。

　結果的に、それらのことから、文章の読み取りのみではまだ十分にスキーマを構成できず、図に描くことで理解できたようであった。生徒たちは④の「買い物の文章問題は数字の足し算と決めて行う」という方略を用いたと推測された。

【養護学校（特別支援学校）中学部の数学での実践—生徒の思考（こだわり）を読み取る—】

○たろうくんの　あるひの　にっていは　したの　ずのとおりです。おきてから　いえを　でるまで　どれだけの　じかんが　かかりましたか。

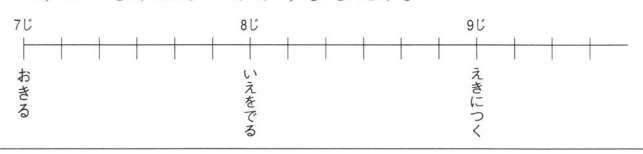

7じ　おきる　　　8じ　いえをでる　　　9じ　えきにつく

　上記の課題を養護学校（特別支援学校）中学部の生徒に行わせた。IQ50程度の生徒である。その生徒は普段の生活において、まったく問題なく時計の時刻を読み取ることができ、分単位で時間も答えることができる生徒である。しかし、上記の課題においては、当初まったくわからないようであった。具体的でしかも手がかりとなる図を取り入れてあるということで、生徒はたやすくできるはずであった。そこで生徒に尋ねると、朝7時に起きることもおかしいし、8時に家を出るのも変だというのである。さらに聞くと生徒自身の名前を使って課題を作成したことができないことの原因の1つであった。問題の日程は生徒の日常生活のリズムから考えると明らかにずれていたようである。そのことが原因で課題に取り組めないようであった。それに今まではアナログの時計を手がかりにしていたのに時間的な流れを直線図で示してあることもスムーズに読み取ることができなかった原因のようであった。個々の生徒自身の思考上の方略を読み取ることの重要性を知らされた。

(6) メタ認知的方略

　メタ認知とは自らの認識活動の知識や制御のことで、その方略は教育場面のみでなく、医療関係等でも積極的に取り入れられている。自らの内的な状況を理解して活動を行うことは、自らが抱えている課題を解決

するための具体的な手立てやありようを提供し，そして積極的で計画的な姿勢をもたらす。障害をもつ子どもたちのための教育的支援のためにも取り入れる必要がある。メタ認知的方略は，セルフコントロールやセルフモニタリング等からなる。

　セルフコントロールとは，自分で意識や行動を管理し制御することである。私たちはその時々の状況や環境との関わりのなかで生を営んでいるが，その時それらとの関わりがスムーズな時と自分の思考の過程や行動あるいは反応が適切でなく，結果的に問題をもたらす時がある。前者の状況を意図的に維持しようと努力し行うことや，後者の状況を何らかの方略を用いることで，自ら好ましい方向に変化させようと行動をコントロールすることをセルフコントロールという。子どもたちが，自ら学習などを行い，課題を解決できるように支援するために，自己記録，自己管理，自己評価というようなセルフコントロールの方法が使われる。自分で意識や行動を管理し制御することにより意識や行動の変化からプラスの効果が見られ，その結果，性格傾向や学習に対する意識などが変わり，さらに一層の学習等にプラスの効果をもたらすと考えられる。

　セルフモニタリングは自己監視法と呼ばれるものであり，セルフコントロールの中で中心的なものである。学習障害児や知的障害児の場合，他者より「できない」「わからない」というようなマイナスの学習体験の積み重ねにより，概して，それぞれの学習に必要とされる学習の取り組みの構えが脆弱であったり，熟練に必要な学習の量が著しく少なかったりする。そのような自己の行動や態度などを観察し，記録したりすることで，自らの行動や態度等を客観的に気づき，具体的に評価し修正するという手続きをセルフモニタリングという。

　具体的な支援の方略として，
　・支援的な対話の方略
　・メタ記憶（学習方略や思考の意識傾向）の支援の方略
　・セルフナビゲーション（自らが舵取りをしながら学習すること）の支援の方略
　・自己目標設定（自らの具体的な目標設定）の支援の方略
　・自己評価の支援の方略
などがある。

　これまでの先行研究等から，本技法は特に学習障害児や知的障害児に適応されている。

【養護学校（特別支援学校）中学部の数学・国語での実践―支援的な対話―】
　対象の生徒は養護学校（特別支援学校）中学部に在籍する学習障害の生徒である。K－ABCの検査では著しく同時処理優位の生徒である。当初は指導を行っても，指導の途中に居眠りしたり，いらいらしたりするなどまったく授業を受けたくないやりたくない様子であった。本人に合わせて教材をレベル調整して提供しても，学習する構えそのものが見られな

かった。しかし，教師が徐々にさまざまな方略を用いることで学習に参加するようになった。その方略の1つとして授業後の対話があった。その授業後に，生徒にさりげなく語りかけるようにして取り組みに対しての意識の様子や生徒自らが感じた学習内容のレベルの程度などを聞いたり，ちょっとしたことでもさりげなく賞賛したりする時間をもつようにした。少し難しいかどうか，わかったかどうかを尋ね，その様子で次回はもう少し簡単なものをしようとか，あるいは少し内容の異なるものをしようとかを話すようにした。そのことから徐々に学習の構えは改善されてきた。また授業のみでは学習する時間として不足のため，家庭学習が必要であり，宿題を出すようにした。授業の終了後に家庭での活動についても話し合うようにした。その時家での活動を話してもらい，そこで，家に着いたらかばんを置いて，何よりもすぐに宿題をするということを伝えるように努めた。ただし宿題をしなかったことを決して責めたりしないようにした。理由を聞き，「それでできなかったのだね」とうなずくようにした。そうすることから，徐々に宿題を毎日するようになった。結果的に宿題の量も本人の希望を優先して行い，徐々に多くの課題量を希望し行うようになった。生徒の授業の構え，学習内容の理解が著しく向上した。

【養護学校（特別支援学校）中学部の数学での実践―自己目標設定，自己評価―】

知的養護学校（特別支援学校）中学部の生徒の繰り上がりの計算の授業の時である。対象児はIQ50前後の生徒で，自閉症児を3名含む6名からなる集団である。授業のはじめに下記のような表を生徒に渡し，記録させ授業を行うようにした。その結果，授業そのものに対する構えや取り組みの様子が向上してきた。この表には，どの生徒に対しても常に掲げ

表3-20

めあて	とくにがんばるところ	じぶんのひょうか	せんせいのひょうか
さいごまでよくきいてする			
ほかのひとのもんだいをみないでする			
かってにせきをたったりしない			
しずかにしなさいといわれたとき，おしゃべりをしない			
くりあがりのけいさんはわかるまでする			
（ここには生徒自らが目標を書く）			

> てある目当てもあるが，その時々に応じて個々の生徒の目当てを自ら記したり，がんばるところに二重丸を生徒自らに書かせたりして取り組ませた。そして授業後には自ら評価させ，教師の評価も書き入れるようにした。その結果，大分，授業の取り組みの様子や理解の状況が向上した。

3. 体育関係

(1) ムーブメント教育

　ムーブメント教育は，1950年頃からヨーロッパ，さらにはアメリカで活発に研究され，1970年に入るとフロスティグ（Frostig, M.）らによって理論的・実践的指導法等が確立された。わが国では，小林（1978年）らが70年後半にこの教育を紹介し，その後小林は，ドイツのキパード（Kipahard, E.）やスイスのナビール（Navil, S.）のサイコモーターセラピー（psychomotor therapy）等にも触れる機会を得て，わが国の障害児教育の事情に即応させる形で理論・実践を展開してきた。ムーブメント教育は，Education through movement「体の動きによる教育」を意味し，身体の感覚-運動スキル（sensory-motor）の発達助長することによって身体意識（body awareness）を形成し，人としての諸行動の確立を目指すというものである。つまり，感覚・知覚・運動という身体的側面の機能を促すことを通して，情緒・社会性・認知・言語を含めた心理諸機能を高めていこうとするもので，人の行動の基盤である「からだ」（身体運動機能）「あたま」（認知，知的機能）「こころ」（情緒，社会性）をバランスよく発達させることをねらいとしている。

　これらの取り組みを開始する前には，子どもの実態を把握するために，ムーブメント教育・療法プログラムアセスメント（MEPA-R，MEPA II）やムーブメントスキルテストバッテリー（MSTB），身体協応性テスト（BCT）などを用いて評価し，必要とされる身体運動プログラムを作成して実施する。現在では，感覚-運動を育てるムーブメント，身体意識を育てるムーブメント，創造性を育てるムーブメント，ことばを育てるムーブメント，文字・数を育てるムーブメント，音楽によるムーブメント，水中でのムーブメントが実践されている。これらは，重度・重複障害児の感覚・運動機能を引き出す指導，自閉症児への身体意識やことばを育てる指導，知的障害児の運動機能，文字・数を育てる指導などに広く試みられ，成果が得られている。ムーブメント教育の特色は，さまざまな遊具（トランポリン，パラシュート，ローリングカー等）をはじめいろいろな道具（ロープ，フープ，風船，お手玉等）を使用することである。これらを用いることにより，子どもは動くことへの理解が助長され，動くことの楽しさを味わい，子どもの動きは一層活発になるという効果が得られる。横浜国立大学附属特別支援学校では，さまざまな道具（箱，パイプ，タイヤ，キャスターボード，プレート板，ウレタンスティック，帆布等）を使ったムーブメントが開発され実践されている。

【知的障害養護学校（特別支援学校）小学部21名】
(1) 身体意識を育てるムーブメント（大型パイプムーブメント）
① パイプ転がし（操作性，方向性，時間意識を高める）：前，後ろ，横，ゆっくり，早くの指示でパイプを転がす。（写真3-4）

② 転がしキャッチ（方向性，距離感，他者意識）：2人組で向かい合い，相手にパイプを転がし，とる。

③ トンネル，トンネル（身体意識，他者意識）：パイプの中に潜る。みんなのパイプをつなげてトンネルを作りくぐる。（写真3-5）

④ パイプ乗り（バランス，他者意識）：パイプの上に立ち前後に移動する。友達と向かい合ってパイプにまたがり，左右にパイプを揺らす。（写真3-6）

写真3-4

写真3-5

写真3-6

(2) 形や色の認知を育てるムーブメント（形板ムーブメント）（写真3-7）
① 赤い丸に座ろう（色や形等の属性の理解，身体意識）：みんなで形板の周りを走って，指示された形板に座る。（写真3-8）
・赤い三角の形板に座る。
・青い小さい丸の形板に右手を乗せる（応用）。

② 三角の板（青い板）を探してわたろう（色や形等の属性の理解）：指示された色や形を探して渡っていく。（写真3-9）

③ 形集め（色や形等の属性の理解）：散らばった形板を色や形や大きさで集める。

④ 青い屋根のお家を作ろう（形の構成，属性の理解）：見本の図形を見て，形を構成する

⑤ みんなで作ろう大きな三角（形の構成，図形の概念）：三角4つ，三角9つ使ってみんなで大きな三角を作る。

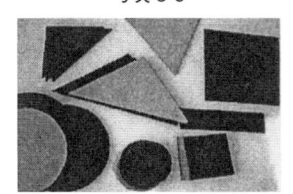

写真3-7

写真3-8

写真3-9

(2) 動作法

動作法は，もともと肢体不自由児，特に脳性まひ児の動作を改善するために考えられたもので，動作訓練と呼ばれていた。これが最近では，他の障害児にも適用するようになり，動作法と呼ばれるようになった。動作課題を通して，動作を改善するとともに，心理面やコミュニケーシ

ョン面などの課題も改善されることがわかってきている。このことにより肢体不自由児だけでなく，自閉・多動児，重度知的障害児，また，統合失調症の患者などにも適用されるようになってきた。

　動作法では，名前の通り，動作を課題として取り組むことになる。ここでいう「動作」とは，人がある動きを行おうと「意図」する，その動きを達成させようと「努力」する，それによって「身体運動」が起こる，という一連の流れを指している。肢体不自由児は「努力」の仕方が不適切であったり，わからなかったりするために，動作に不自由が起こると考えられていることから，「努力」の仕方を学習することが肢体不自由の動作法であるといえる。動作法では，動作に対する子ども自身の主体的な努力，つまり能動的に自分の身体に働きかけているという内面的な部分を大切にしている。例えば肢体不自由児に対する課題で，足首などのゆるめを行う場合，先生が一生懸命力を入れてゆるめるのではなく，子どもが適切な努力の仕方を学習していくのである。ゆるめだけではなく，力の入れ方，動かし方等も同様である。

　では，この動作法が，自閉・多動児にどのような効果をもたらすのだろうか。自閉・多動児はコミュニケーションをとることが苦手である，感情の表出が乏しい，こだわりが強い，などといった特徴がある。身体の方を見てみると，肩まわりや腰まわりに強い緊張が見られることが多い。動作法は，身体を通してやりとりが行われるため，ことばでのコミュニケーションが苦手な子どもたちでも取り組みやすい。じっくりと身体の接触を図り，指示された部分を一緒に動かすことで，相手の存在を徐々に意識するようになってくる。そして少しずつ先生のことばかけや合図に合わせた動きができるようになってくる。また，動作課題に取り組む過程で，余計な緊張がほぐれると同時に，身体部位への意識が行き届くようになり，ボディイメージが高まることが考えられる。

　動作法に取り組む場合，臥位や座位での課題からが入りやすいのだが，自閉・多動児に動作法を行う場合，動作課題に入る以前に，その姿勢をとることに抵抗を示すことが多い。まずはじめは，先生が示す課題を受容する段階になる。子どもが姿勢をとることができるようになったら，次は先生に身をまかせることが課題となる。身をまかせられない状態では，前に述べたような身体を通してのやりとりが難しくなるからである。これまでの先行研究から，自閉・多動児に対しては，腕上げ動作，躯幹のひねり，座位での背そらし，膝立ちや立位での重心移動などの課題が特に適用されている。

腕上げ動作：まずは子どもを仰向けに寝かせ，先生は子どもの肘と手首を持つ。ゆっくりと動かしながら肩まわりの緊張をゆるめると同時に，先生の援助を受け入れて，一緒に動作を行うことをねらっている。動かし方は子どもの体側の少し内側を通ってゆっくりと腕を上げるようにし，床に着くまで行う。途中で動きが止まったり，力を入れたりしてきたら，動きを止めて力が抜けるのを待つ。徐々にスピードを変えたり，持つ場所を減らしたりしながら，課題を難しくしていく。

図3-15　腕上げ動作

背そらし：あぐら座位で背中をそらせ、緊張をゆるめると同時に、子どもが先生に身をまかせ、指示したように身体を動かすことをねらっている。先生は子どもの大腿部に足を乗せ、ゆるめたい箇所に膝を当て、脇を挟みこむようにする。この時、子どもの骨盤がきちんと起きていることが大切である。首が後ろに倒れないように支えながら、ゆっくりと後ろにそらせる。最初は起きようと力を入れることが多いが、ここで足のブロックを外したり、逆に無理矢理引っ張ったりはせずに、子どもが力を抜くのを待ち、もう一度意図する方向へ動かすようにする。これを繰り返すことで、徐々に子どもは先生の動きについてくるようになる。

図3-16　背そらし

このような課題にスムーズに取り組めるようになったら、膝立ちや立位といった姿勢での課題に移っていく。

4．行動分析関係

（1）課題分析と行動連鎖化

これまでの先行研究から、本技法は知的障害・自閉症児者をはじめ、さまざまな障害児者に適用されている。

1）課題分析

課題分析とは、いくつかの行動が連鎖している複雑な行動を、より小さな行動の単位に分けていく作業を意味する。それによって、何を教えようとしているのか、が明確になる。例えば、「スプーンを操作して、食べ物を食べる」という標的行動を課題分析した場合、「①スプーンを持つ→②スプーンで食べ物をすくう→③スプーンを口元まで運ぶ→④食べ物を口に取り込む」というように分けることができる。ここでは4つの行動に分けているが、子どもに応じて分ける行動の数は異なってくる。また、身辺自立に関する行動だけではなく、他のさまざまな行動に関しても適用できる。例えば、「買い物をする」という標的行動を課題分析した場合、「①品物を選ぶ→②品物を持ってレジに行く→③レジに並ぶ→④品物を台の上に置く→⑤会計を待つ→⑥財布から必要なお金を出す→⑦店員にわたす→⑧おつり・レシートを受け取る→⑨おつり・レシートを財布に入れる→⑩品物を受け取る」というように分けることができる。この10個の行動が連鎖して「買い物をする」という活動が構成されているのである。そのため、標的行動を獲得するためには、1つ1つの行動ができなければならない。しかし、子どもによっては品物を選ぶことや財布から必要なお金を出すことができない場合がある。そのつまずいた部分に対しては、さらに細かな行動の単位に分け、1つずつ行動を教えていく（本人の技能を高める）アプローチと、そのつまずいた部分を解決するための環境的支援（例；プリペイドカードを使用する）によるアプローチとがある。

2）行動連鎖化

課題分析をした1つ1つの行動を順序通りにつないでいく（連鎖させ

る）ことが次の作業になる。つないでいくための方法には，「順向型」「背向型」「全課題提示法」という3通りある。採用する方法の決め方は，標的行動によって行動を形成する効率性が異なるため，事例ごとに検討する必要がある。順向型は，連鎖の最初の行動を形成し，順に後ろに向かって連鎖を形成していく方法である。背向型は，連鎖の最終の行動を形成し，徐々に最初の行動に向けて連鎖を形成していく方法である。例えば，先に挙げた「スプーンを操作して，食べ物を食べる」行動に適している。全課題提示法は，1つの行動ができたら，その都度強化し，同時に最初から最後までの全行動を形成していく方法である。例えば，先に挙げた「買い物をする」行動には適している。また，行動連鎖化を応用した技法として行動連鎖中断法がある。これは，確立した行動連鎖の一部分を中断することにより，その中断した状況に新しい行動，例えば社会的コミュニケーション行動を組み込む方法である。

【養護学校（特別支援学校）小学部での日常生活（着替え）の指導】
対象児：小3女児，自閉症
標的行動：1人で自発的に着替えることができる。
アセスメント：1つの工程が終わるたびに，動きが止まること（着替えが止まること）が多かった。特に，上着，ズボンを脱いだ時点で頻繁に動きが止まっていた。また，本児は服の前後を弁別するために服の裾につけた黄色い印を見ていないことが多かった。ことばによる指示や身体介助があれば，本児は着替えることができたが，指示等の指導者からの関わりが少なくなると，寝転ぶことが多かった。そのため，指導者の声かけや介助が全般的に過剰になっていた。
指導：着替えるために必要な声かけや介助を整理した。上着，ズボンを脱いでいる間に，着る服を広げておいた。上下を脱いだ直後に，服の裾につけた黄色い印を指差しながら，「次は黄色」と教示し，本児に「黄色」と模倣させた。その際，寝転びを防ぐために，指導者は寝転ぶ時に通るルートをガードするポジションに立った。上着，ズボンを着終わった直後に，「次はパッタンパッタン」と教示し，本児に「パッタンパッタン」と模倣させた。
結果：図3-17に着替えの各行動項目の結果を示した。

図3-17　着替えの各行動項目の正誤

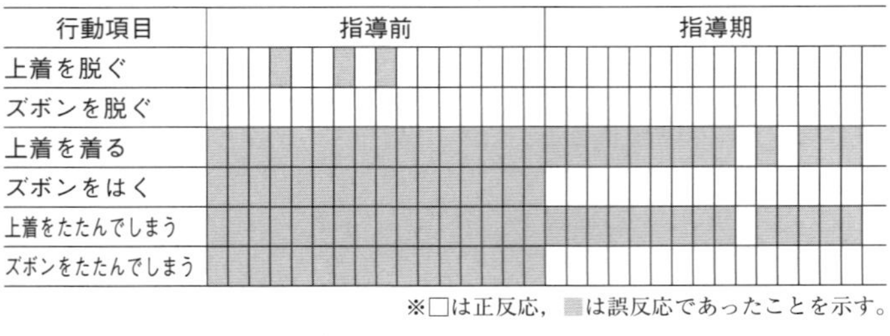

行動項目	指導前	指導期
上着を脱ぐ		
ズボンを脱ぐ		
上着を着る		
ズボンをはく		
上着をたたんでしまう		
ズボンをたたんでしまう		

※□は正反応，■は誤反応であったことを示す。

今後の課題：今後，指導者の声かけがない，上着等を事前に広げておく介助がなくても，着替えができることが望まれる。

【養護学校（特別支援学校）小学部での日常生活（歯磨き）の指導】
対象児：小3男児，自閉症
標的行動：1人で歯磨きをすることができる。
アセスメント：本児は丁寧に歯を磨くことができないため，磨けていない箇所があった。また，本児は手を持って一緒に磨くことに対して，抵抗して嫌がることが多かった。
指導：下の歯，上の歯，前歯，奥歯の順に磨き，1つの箇所で10数える間は磨くようにした。指導者が10数えるのを本児は模倣した。順番を間違えた場合，鏡に映った指導者の歯を指差して訂正した。
結果：本児は順番を覚え，順番通りに磨くようになった。そして10数える指導者の声かけを徐々に少なくしていくことで，本児は1人で数を数えながら磨けるようになった。

(2) プロンプト・フェイディング

これまでの先行研究から，本技法は知的障害・自閉症児者をはじめ，さまざまな障害児者に適用され，ほとんどの指導で最も使用される技法といえるであろう。

1) プロンプト

プロンプトとは先行事象による所定の反応が生じるのを促進するために付加される刺激のことであり，うまく反応が生じない場合に付加される。プロンプトは言語的，視覚的，あるいは身体的に与えられる。教示は，言語プロンプトの方法としてよく用いられている。視覚的プロンプトもいろいろな指導で用いられている。自閉症の子どもに対して，写真カードでスケジュールを示すことは，多くの学校で行われているだろう。その結果，支援者の過剰な声かけは減ることになる。また，適切な行動を実際にやって見せてモデルを示すモデリングや，注目するべき事物を指差しすることも効果的なプロンプトである。身体的プロンプトは，手を使って誘導できる移動や日常生活動作などの運動動作を教えるのに用いられる。身体的プロンプトを用いる際は，子どもにとって嫌悪的なものとなりやすいので，子どもの実態に応じた誘導（触り方や力の入れ具合）を心がけねばならないだろう。

プロンプトを使用する際の配慮点として，以下の4点が挙げられる。①プロンプトが用いられている時にも，プロンプトなしでできたかのように強化する，②標的行動を自発させるために，できる限り程度の弱いプロンプトを用いる，③プロンプトに依存することを避けるために，で

きるだけ早く取り除けるようにする，④顔色や声の調子など，意識していない指導者の反応がプロンプトになっていることがある，等である。

2) フェイディング

急にプロンプトを取り除くと，標的行動が時々しか生起せず強化できなくなる。一方，遅すぎればプロンプトに依存してしまうことがある。プロンプトを徐々に取り除いていくことをフェイディングという。フェイディングの方法として，「援助を徐々に減らす」と「援助を徐々に増やす」という2つがある。援助を減らしていく方法では，あるプロンプトを与え，子どもが事前に決めていた基準までできた場合，計画的に減らしていく。例えば，身体的プロンプトから言語的プロンプトへと，プロンプトの種類を変化させていく場合がある。指差しと声かけから声かけのみというように，組み合わされたプロンプトを1つずつ減らす場合もある。また，例えば，身体的プロンプトで手首から，次には腕，肘，肩へと移動させるように，同じ種類のプロンプトであっても，その形を変化させていく場合もある。援助を増やしていく方法では，あるプロンプトを与えても標的行動が生起しない場合，生起するまで徐々に援助の程度の大きいプロンプトを計画的に付け加えていくものである。

フェイディングではないが，時間遅延法はよく併用される。プロンプトをすぐに与えずに少し待つ方法であり，プロンプトを与える前に子どもが標的行動を自発させることをねらっている。自分でできる回数が多くなれば，結果的にプロンプトが必要なくなっていく。

【養護学校(特別支援学校)小学部での疑問詞質問言語行動の指導】
対象児：小3男児，自閉症。日常の簡単な指示を理解し，一語文で話す。
標的行動：給食前に食缶の前に来て，「給食，何？」と聞くことができる。
アセスメント：給食の食缶を載せたワゴンが教室に来ると，ワゴンに走り寄り，食缶を自ら開けて今日のメニューを確認していた。
指導手続き：本児が食缶の前に来た時，指導者は食缶を開けることを制止した。制止直後に，「給食，何？」と言い，本児に模倣させた。本児が模倣した後，指導者が食缶を開けて中身を見せるようにした。安定して模倣することが見られるようになったら，食缶を開けることを制止後，5秒間待ち，反応が自発されない場合に「(給食の) きゅう」と言った。
結果：模倣することはすぐにでき，1週間模倣することが見られた。そこで，制止した後，指導者は待つこと(時間遅延)にした。3日間は待つだけでは標的行動が生起しなかったが，4日目からは待つことで，5秒以内に標的行動が生起した。1ヶ月後には，食缶の側に来た本児の顔を見るだけで，標的行動が生起するようになった。

【養護学校（特別支援学校）小学部での自転車に乗る指導】
対象児：小3男児，自閉症
標的行動：自転車に1人で乗ることができる。
アセスメント：自転車にまたぐことはできたが，足を地面から離すことはできなかった。
指導手続き：

　Step 1：指導者は本児の側面に位置し，片ハンドルを本児と一緒に握り，片方でサドルを持つ。本児は足をペダルに乗せる。

　Step 2：指導者は本児の側面に位置し，片ハンドルを本児と一緒に握り，片方でサドルを持つ。本児はペダルを漕いで直進する。動き出したら，指導者は併走する。

　Step 3：指導者は本児の側面に位置し，片ハンドルを本児と一緒に握り，片方でサドルを持つ。本児はペダルを漕いでグラウンドを周回する。動き出したら，指導者は併走する。

　Step 4：指導者は本児の側面に位置し，片ハンドルを本児と一緒に握る。本児はペダルを漕いでグラウンドを周回する。動き出したら，指導者は併走する。

　Step 5：指導者は本児の側面に位置し，片ハンドルを握っている本児の手の上に掌を合わせる。本児はペダルを漕いでグラウンドを周回する。動き出したら，指導者は併走する。

　Step 6：指導者は本児の側面に位置し，片ハンドルを握っている本児の手の上に掌を合わせ，走り出したら手を離す。本児はペダルを漕いでグラウンドを周回する。動き出したら，指導者は併走する。

結果：Step 5では指導者の手が離れた瞬間に，本児は足を着くことが多かった。そのため，手を離す時間を10秒から徐々に長くしていった。その結果，指導者がいなくても，本児は1人で自転車に乗ることができるようになった。

（3）トークンエコノミー法

　トークンエコノミー法とは，子どもが適切な望ましい行動をした時に，強化価値を有するトークンを与えることで，その行動を強化・増大させるための方法である。これまでの研究から，本技法は精神障害・知的障害児者に適用されてきたが，最近では多くの特殊学級（特別支援学級）や通常学級などの軽度発達障害児に対する有効な指導法として適用されている。トークンとは，お金のようにいろいろな一次性強化子（水，お菓子などの食べ物や視覚，聴覚などの感覚刺激）や二次性強化子（服，テレビなどの物的強化子，遊び活動，そして賞賛などの社会的強化子）と交換することができる代用貨幣のことを意味する。よくトークンとして活用されるシールやコインは，それ自体は最初から行動を強化する刺激として機能していない。そこで，トークンが強化子として機能するた

めには，子どもが望ましい行動をした時にシールやコインを強化子と同時に提示（対提示）することが必要である。さらに，これらのシールやコインを一定量集めた時に強化子（バックアップ強化子）と交換できるシステムのことをトークンエコノミー法と呼んでいる。具体的には，点数カードやトークン箱などを用いて子どもが手に入れたトークンを視覚的にわかりやすくしたり，記録したりするなどの工夫をすることがよいだろう。標的とする望ましい行動をした直後にトークンを与え強化し，同時に賞賛することも必要である。そして事前に約束していたある一定量のトークンが貯まれば，強化子と交換できるようになる。また，子どもの実態に応じて契約書を利用することもある。契約とは強化の随伴性を文書に記述することである。基本的な内容としては「もし○○ならば，○○する」という形で，契約書には強化の随伴性（行動，条件，強化子）を必ず記述しておかなければならない。このようにして，教師と子どもの間で曖昧な強化システムにならないよう，契約内容のルールに従って行動すれば，トークンが与えられることを明記する方法である。また，契約書の使用にかかわらず，トークンエコノミー法を開始する時にはいくつかの点について子どもに知らせておく必要がある。①強化の随伴関係，②どんな強化子があるのか，③トークンをいくつ手に入れれば交換できるのか，④いつトークンと強化子の交換ができるのか，ということを明確にするべきである。以上のような点に配慮することにより，トークンエコノミー法を有効的に活用することができる。トークンエコノミー法にレスポンスコストという手続きが組み込まれることもある。レスポンスコストとは，強化子を取り除いて行動を減少させようとするものであり，手続きとしては，望ましくない行動が起きたら，一定量の強化子を取り除く。実際には，算数の計算などであらかじめ10枚のトークンを渡しておいて，間違えるたびにトークンを1枚取り去るのであれば，レスポンスコストの手続きになる。また適切な行動にはトークンを与え，不適切な行動には取り去る方法もある。契約書を利用する場合は，レスポンスコストの弱化の随伴性も記述する必要がある。これら2つの技法を利用する際の配慮する点についての詳細は参考文献に譲る。

【中学校特殊学級（特別支援学級）での問題行動を減少させるための指導】
対象児：中1男児（特殊学級在籍），広汎性発達障害児
標的行動：①（授業中）椅子に座ることができる，②しゃべる時は手を挙げる，③適切なことばを使うことができる。
アセスメント：授業中は離席することが多く，また教室から出て行ってしまうことや学校の外へ無断で出て行くこともあった。また授業の内容によっては椅子に座って参加することもあったが，自分の好きな話をしたり，隣の同級生に話しかけたりして邪魔をすることがあった。さらに卑猥な言葉（以下，汚言とする）を言うこともあった。
指導手続き：本児の問題行動を減少させるための指導計画を

作成した。基本的な指導の考え方としては、各問題行動の代わりとなる適切な望ましい行動を強化し、問題行動を減少させることとした。目標は達成しやすいように1つずつとし、最初の標的行動は「椅子に座ることができる」とした。本児の実態を考慮し、強化随伴性が記述された契約書を作成し、教師と本児がお互いに署名した。また、本児が見やすい教室の壁面に「子どもが椅子に座っている」というシンボル（絵）を貼った。指導開始前では、15分以上は座り続けることができなかった。そのため、1時限（50分）を4つ（12.5分）に分けて、最初は10分間椅子に座り続けることができれば、シールを与えた。それから2～3分の休憩を加えた。バックアップ強化子には、学校で行うことができる活動や、家庭と連携しテレビゲームの時間延長などにした。また、本児が飽きないように強化子のレパートリーも豊富に用意した。

図　契約書とポイントカード

結果：離席頻度は減少し、10分間はまったく離席しないようになった。さらに、着席時間を増やすために、これらを記述した契約書を新たに作成した。また、同様の手続きで2つ目の標的行動を加えた。おしゃべり行動も減少し、授業の内容に関係のある時に挙手をするようになり、適切に発表することができるようになった。汚言に対しては、休み時間などに友達を励ましたり、応援したりするなどの適切なことばが出るような機会を設定した。このように適切なことばが表出されるようになったが、汚言も同時に減少することはほとんどなかった。それに従い、レスポンスコストの手続きを併用するようにした結果、汚言も減少していった。

（4）機会利用型指導法

　発達障害児にはコミュニケーション・スキルとして自発的に要求言語行動を生起することに困難を示すことが少なくない。これまで自閉症児を中心とした発達障害児に対する要求言語行動を形成するための指導法に関する多くの研究が行われてきた。そのなかで日常場面における機能的な言語としてのコミュニケーション手段を形成するための指導法として機会利用型指導法がある。この指導法は、子ども自身の日常環境のな

かで生起する言語の教示機会を利用して，機能的で自発的な言語使用を促進させ，維持させるための指導方法である。例えば，機会利用型指導法における機会設定では，学校や家庭など子どもが自由に遊んでいる場面において，よく遊んでいる玩具や好んでいる食べ物などを利用し，子どもには見えているけれども，手の届かないところに置くというようなものがある。つまり，子どもが言語反応を自発しやすいように，物理的に制限を加えるなどの日常の環境条件を整え，子どもが自発的に要求行動を生起させた機会を指導の機会ととらえて，その機会に子どもの言語反応を増やしていくために指導しようとするものである。標準的な具体的指導手続きは以下のようになっている。

①子どもがよく遊んでいる玩具を手の届かないところに置いて物理的に制限する。そして子どもから要求行動（「ちょうだい！」，指差し，接近行動など）が自発されるまで待つ。

②標的とする適切な要求行動が生起しない場合に，教師は子どもが適切な要求行動を行うように，「何が欲しいの？」などと尋ねることで，子どもの標的行動を促す。

③それでも，適切な要求行動が自発的に生起されない場合は，子どもの要求行動が自発されやすくするために，言語的・身体的プロンプトを与え，要求行動の出現頻度を高めていく。そして，これらのプロンプトは，子どもの標的行動の生起に応じて徐々にフェイディングしていく。

④適切な要求行動が自発的に生起された場合は，その行動に随伴して子どもが要求したモノを与えたり，要求した活動に従事する機会を与えたりすることで強化する。また，要求行動には音声言語だけでなく非音声言語行動（例えば，クレーン行動，指差し，サインなど）も含まれる。そこで標的とする要求行動は子どもの言語発達レベルなどの実態，及び子どもの環境（地域の言語共同体によるコミュニケーション手段）に合わせることも必要である。その他に，機会利用型指導法に他の技法「マンド・モデル法（Mand-Model）」や「時間遅延法（Time Delay）」を組み合わせて指導することもある。それには，子どもの実態や環境に合わせて応用していくことが求められる。詳細は参考文献に譲る。

【養護学校（特別支援学校）小学部での要求サイン（トイレ）の指導】
対象児：小4男児，自閉症
標的行動：（尿意を感じたら）自分からトイレサインを指導者に示して，1人でトイレに行くことができる。
アセスメント：トイレに行くと排泄するためのスキルは獲得していたが，尿意を感じてもトイレに行かず，場所に関係なく失敗することが多かった。同じクラスの他の児童と同様に，授業の間や自由時間を利用して定時排泄するように促し，便器の前に立つとその場で必ず排泄することができた。また，股間を少し押さえるという行動が生起することもあり，その後に失敗することもあった。マカトン法（第3章第4節1参照）におけるトイレサインは自立活動の個別指導で学習して

おり，教師が「トイレ」と声かけをしてもサインを示すことはできなかったが，本児の目の前でサインを示すと，それを見て同じように模倣することができた。家庭でも同様にトイレの失敗がよく見られた。

指導手続き：これまでと同様に，授業間や自由時間を利用して定時排泄するようにした。また，股間を押さえたらすぐにトイレの前へ行くようにした。実際に行った指導の手続きを表3-21に示した。

表3-21　実際の具体的指導例

場所：トイレの前
①児童：トイレの前に集合する。
②児童：排泄しようと，トイレに入ろうとする。
③教師：児童がトイレに入るのを制止し，約5秒間児童を見て待つ。
④教師：「何がしたいの？」
⑤児童：トイレのサインをする。
⑥児童：トイレに入ることができる。

指導中に，時間遅延後にサインを示さなかった場合などの無反応や誤反応の場合には，身体誘導などの各プロンプト（言語・身体等）を行って提示するようにした。そしてトイレサインの要求行動が自発的に生起するようになってから，徐々にプロンプトをフェイディングするようにした。

結果：自発的にサインを示してトイレに行くようになり，まったくトイレの失敗をすることがなくなった。家庭場面でも同様にサインを示したり，自発的にトイレに行ったりし，1人で用を済ませることができるになった。本事例での指導方法が有効だった要因は，できるだけ日常の環境条件に近い状態での指導を行ったことであろう。さらに，標的行動とした要求サインが生起することによって言語賞賛での強化とともにトイレに入るという活動自体が強化子となり，サインが形成されていったことである。またトイレに行くことによって嫌悪的なトイレの失敗も軽減されたことが指導の効果に影響した。そして，今回の指導では「マンド・モデル法」と「時間遅延法」を組み合わせた方法を利用したが，教師が意図的に児童をトイレの前に集まらせずに，本児だけを定時排泄時にトイレの前に近づけさせて指導する「機会利用型指導法」も行った。

今後の課題：トイレに行く時は，必ずサインを他者に示すことが多くなった。この行動があまり"こだわり"にならなくするために，サインをしなくてもトイレに行く機会を設定することも必要になった。

(5) 先行子操作

先行事象とは，当該の行動の生起前にあるさまざまな条件（刺激・事象・状況）で，その行動の生起に効果をもつ条件である。1990年代より，行動問題を理解し，改善を図る際に，先行事象が果たす役割に注目する技法として，知的障害・自閉症児者を始め，さまざまな障害児者に適用されてきた。技法というより，アプローチの1つと考えられる。

1) 2つのアプローチ

先行子操作のアプローチには，微視的アプローチと巨視的アプローチの2つがある。微視的アプローチでは，課題の指示や強化子などの種々の先行事象の1つ1つが行動にどのような影響を及ぼすかに焦点が当てられる。その結果，個々の先行事象を操作することで，行動問題を予防・低減したり，適切な行動を増加させたりする。一方，巨視的アプローチでは，生活環境や友人関係などの社会的関係，教育・就労・余暇の場における要因に焦点が当てられる。その結果，援助の対象となる人だけではなく，関係者及びその場のシステムをも操作することで，彼らが充実した生活を送る，つまり生活の質（QOL）を高めることになる。

2) 微視的アプローチとは

行動問題のきっかけとなる先行事象を明確にするために，アセスメントが行われる。アセスメントの方法として2つの方法が挙げられる。①教師や親などの対象となる人にかかわる関係者から，行動問題の生起に関わる情報を聞き取る，②直接観察を行い，聞き取った情報から推測されたきっかけとなる先行事象が当該の行動問題の生起にどのように影響を及ぼすかを確認する。

きっかけとなる先行事象が明確になれば，どのような結果事象により行動問題が維持されているかを分析することができる。つまり，行動問題が果たす役割・目的に関する情報を得ることができる。それに基づき，介入方略の計画立案がなされる。

3) 微視的アプローチの実際

アセスメントによって明確になった，行動問題のきっかけとなる先行事象を提示しないで，少しずつきっかけとなる先行事象を導入していく方法がある。例えば，難しい課題が提示されることで行動問題が生起することがある。その場合，難しい課題をやさしい課題と混ぜながら提示し，課題を遂行し誉められる機会が多くなることで行動問題が減少する。それに伴い，徐々に難しい課題の割合を増やしていく。次に，きっかけとなる先行事象を修正する方法がある。例えば，指導者が課題の提示をせずに，課題を選択させる，等が挙げられよう。最後に，適切な行動のきっかけとなる先行事象を多く導入し，適切な行動が増えることで，結果的に行動問題を軽減させる方法がある。教育的な関わりとは，適切な行動の多くのきっかけを作り出すことであろう。

【養護学校（特別支援学校）小学部での下校指導】
対象児：小3女児，自閉症
標的行動：保護者が来校時に，泣かずに対面することができる。
アセスメント：2年生時の授業参観等，保護者が来校する際に，保護者の姿を見ると毎回本児は泣いていた。写真等を示して，保護者が来校することを事前に伝えても，結果は同様であった。3年生の運動会の際に，写真を示してスケジュールに組み込むことで事前に予告したが，やはり保護者を見ると泣いていた。泣いた後，「大丈夫だよ」などの声かけや「○ちゃん，あれで遊ぼうか」など，本児の興味がある活動に誘いかけをしていた。しかし，本児はさらに泣き続けていた。事前に保護者が来ることを伝えられてはいたが，突然本児の前に母親が現われることが，本児の不安を誘発していると考えられた。
指導手続き：保護者が来校した際，別室で待機してもらう。本児に学校に保護者がいることを伝え，待機部屋に保護者を迎えにいくように指示する。
結果：9月23日には，母親以外に父親と姉が一緒に来校し，本児は母親を見た途端に泣いた。その時は，クラス児童の保護者の姿を見た後に本児は母親を迎えに行った。11月3日には，クラス児童の保護者の姿を見る前に本児は母親を迎えに行った。

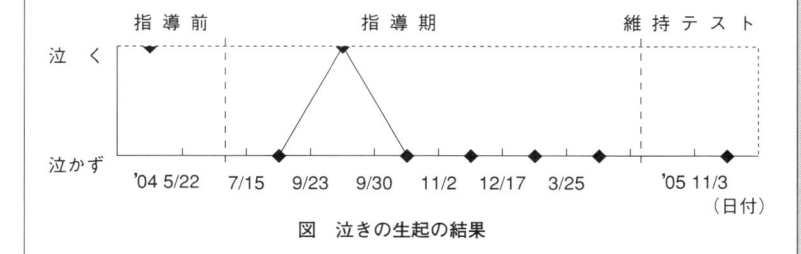

図　泣きの生起の結果

今後の課題：迎えに行くタイミング（来校している他の保護者を見る前），母親だけでなく他の家族も来校した際の手続きを検討していく。

【養護学校（特別支援学校）小学部での順番を待つ指導】
対象児：小3男児，自閉症
標的行動：給食時にトレイを取る順番を待つことができる。
アセスメント：本児は自分の名前が呼ばれるまで待つことができず，離席して取りに行こうとしたり，制止されることで教員を叩いたりしていた。教員が順番を指示することに対し

て本児は抵抗を示していると考えられた。
指導手続き：30秒後にキッチンタイマーをセットし，キッチンタイマーが鳴った後，本児の名前を呼んだ。タイマーが鳴る前にお盆を取るなどの行動は制止をした。
結果：キッチンタイマーが鳴る前にお盆を取りに行く行動は徐々に減少した。それに伴い，制止することが少なくなり，それに伴う他害も減少した。また，本児は1分間待つことができるようになった。

(6) 刺激等価性

行動分析学における実験手続きの1つに，「見本あわせ（matching to sample）」がある。「見本あわせ」とは，刺激と刺激との対応関係の学習になる。つまり，見本刺激に対して，見本刺激と「同一」もしくは「類似する」「対応する」比較刺激に対する反応が強化される。例えば，図3-18の「かえる」の例で考えてみよう。「かえるの絵」を見せて，「かえる」と言うことができる，または『かえる』という書き文字を選ぶことができる。「かえる（音声）」や『かえる（書き文字）』によって「かえるの絵」を選ぶことができる。「かえる（音声）」により，『かえる（書き文字）』を選ぶことができる。このように刺激と刺激，刺激と反応におけるさまざまな対応関係について学習を求められ，この関係の成立を評価することが表出と理解のアセスメントにもなる。

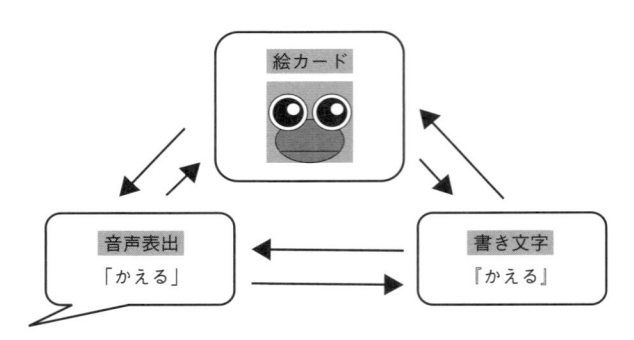

図3-18　「見本あわせ」の学習例

この見本あわせにおいて，刺激等価性（stimulus equivalence）について考えてみよう。刺激等価性とは，Sidman（1971）の実験パラダイムから始まっているとされている。望月（1998）が解説しているSidmanの実験パラダイムを以下のようにまとめてみた（図3-19参照）。対象児は，他者が発した音声「かえる」を聞いて，かえるの絵を選ぶことができる（A→Bが成立），かえるの絵を見て「かえる」と言うことができる（B→Dが成立）。しかし，単語「かえる」は読むことができない（C→Dは不成立），かえるの絵と単語「かえる」の関係もわからない（B→C，C→Bは不成立）という状態であった。その対象児に，音声「かえる」を見本刺激として，それに対応する書かれた単語「かえる」を，いくつかの単語（選択刺激）の中から選択する「条件性弁別学

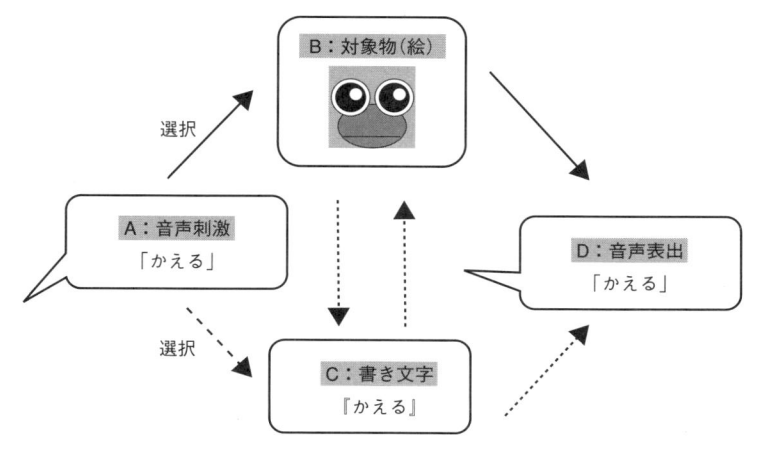

図3-19 Sidman（1971）による刺激等価性の刺激項と反応項の関係
（望月，1998を基に作成した図である）

──▶：は，すでにできていた反応
‐‐‐▶：は，訓練してできた反応
……▶：は，誘導された反応

習」の訓練（A→C）を行った。その結果，ACの関係が成立すると，直接には訓練していなかったかえるの絵と書き文字の間の関係（B→C，C→B）が成立，文字「かえる」に対する読み反応である「かえる」（C→D）は，自然に誘導される（テストしたらできていた）ことがわかった。この直接訓練されなくても出現した選択反応や命名反応は，ABCという3つの刺激が互いに「等価」なものであることを示した。

この刺激等価性の理論から，教育的支援の実際への知見として，①先にも示したように，どの刺激と刺激の関係を理解し，どのような表出が可能（得意）であるかというアセスメントになること　②さらに，どの関係が成立しており，まだ成立していない関係はどこか，という課題が見えてくること　③効率のよい指導にすることができる。すなわち，1つ1つの関係をすべて教える必要はなく，指導プロセスにおいて，他との関係を評価することにより，チェックすることができる。

【小学校特殊学級（特別支援学級）での国語の指導】
対象児：小1男児，軽度知的障害男児。会話程度の言語表出あり。日常生活に使用される簡単な指示理解は可能であった。ひらがな50音1つ1つは読むことができていたが，書くことはまだできなかった。
標的行動：給食によく出る食べ物や日常で使用する道具の名前，10種類の名詞（例：「はぶらし」「えんぴつ」「ごはん」「ぱん」「さらだ」など）について，それに対応する名称を言えること，ひらがな文字を選べること，を目標とした。
アセスメント：食べ物の名前を自分から言うことができたが，具体物や絵カードなどを示した上で，その名前を尋ねると，答えることができないので，ものの名前をわかっている

のかどうかがはっきりしなかった。

指導手続き：以下のような指導のステップを設定した。課題刺激は，パソコン上に提示された。基本的に，10種類の名詞が2回選択できるように，20（10種類×2）回の試行とした。正答した場合は，画面に○と「正解！」という音声が提示された。間違った時には，画面に×と「残念！もう1回！」という音声が提示され，再度，課題に挑戦し，正答が得られるまで継続された。

　STEP 1：同一見本あわせ（見本刺激「ごはんの絵」に対して，選択刺激「ごはんの絵」を選ぶことができる）。

　STEP 2：見本刺激「ごはんの絵」から，選択刺激「ひらがなカード」の4肢から正しい選択刺激1つ（「ごはん」）を選ぶことができる。

　STEP 3：見本刺激「ごはん」という音声が提示されたら，4つの選択刺激から「ごはんの絵」を選ぶことができる。

　STEP 4：見本刺激「ごはん」という音声が提示されたら，4つの選択肢「ひらがなカード」から正しい選択刺激一つ（「ごはん」）を選ぶことができるかどうかを確認する。

結果：STEP1～3までの指導により，STEP 4では，10種類中6種類の関係が成立していた。成立していなかった「音声―ひらがな」関係については直接指導すると，数回の試行で獲得することができた。数字においても同様の手続きにより，「3（数字）」―「○○○（ドット）」の関係，「3（『さん』音声）」―「3（数字）」の関係，「○○○（ドット）」―「3（『さん』音声）」の関係の成立を指導することが考えられた。

5．その他

(1) TEACCH

　TEACCHとは，Treatment and Education of Autistic and related Communication handicapped CHildren の下線部を綴った略語で，「自閉症とその関連する領域にあるコミュニケーションに障害をもつ子どもたちの治療と教育」と日本語では直訳される。1963年以来，米国ノースカロライナ大学TEACCH部が，開発，発展させてきた自閉症支援のためのプログラムである。といってもそれは，単に療育の一技法にとどまらず，自閉症者とその家族への援助プログラムや自閉症の研究，自閉症に関わるスタッフの教育など，州全体を対象とした包括的な援助体系の全体を指すのである。

　TEACCHプログラムの基本理念は
　①自閉症の特性を，理論よりも実際の子どもの行動観察から理解する。
　②親と専門家の協力で，一貫性のある支援を実現する。
　③新しいスキル形成と環境調整で，子どもの適応力を向上させる。
　④個別の教育プログラムを作成するために，正確に評価する。

⑤自閉症者の認知特性に沿った，構造化された教育を行う。
⑥現在の自閉症の科学的理解と指導法に基づき，認知理論と行動理論を重視する。
⑦現在もつスキルを強調するとともに，弱点（障害としての限界）を認め尊重する。
⑧自閉症者の示す多様な問題に対応できるジェネラリストとしての専門家を目指す。
⑨地域生活を基盤にした，包括的で継続的な支援を行う。
とされている。

近年日本でも，多くの学校や施設で構造化の手法が取り入れられるようになってきたが，ややもすると，TEACCHの基本理念を理解せぬまま，形だけの構造化になっているケースも少なくない。つまり，構造化の目的，構造化のための評価が曖昧で，表面的な模倣に陥っている場合である。

そもそも，構造化するとは，自閉症の認知特性に配慮し，彼らにわかりやすく環境を調整することで，いわば，自閉症児のためのメガネを用意するようなものである。メガネを作るには，精密な検眼が必要で，それによってメガネの形状も，レンズやフレームのカーブなど一人一人違ってくる。そうして初めて，よく見えるメガネができるのだ。

同様に構造化も，その自閉症児が何をどれくらいわかっているか，どんな情報処理の特性があるか，感覚等，行動特性はどうかなど，検眼ならぬ評価をすることがまず大切だ。それ無くしては，彼らの苦手な部分を補えるメガネの役割を果たす構造化はできないのである。

何を構造化するかは，状況理解に必要な情報（いつ，どこで，何を，どれくらい，どのように，終わったら次に何をするのか）を伝えることが大事な要素となる。それは，物理的構造化・スケジュール・ワークシステム・視覚的構造化などの手法を使うが，その形は一人一人の理解レベルに合わせたオーダーメイドであることはいうまでもない。

【養護学校（特別支援学校）小学部4年生での取り組み】

めあて：人に関わる力を伸ばそう

コミュニケーションには，自分が置かれている状況や，そこで何をするべきか「理解できること」と，自分の考えや気持ちを人に「表現できること」の2つの力が必要である。この双方の力を伸ばし，楽しく人と関われるよう目指し，構造化のアイデアを使って取り組んだ事例である。

1）理解する力を伸ばすために

クラス5人の児童のうち3名が自閉症。一人一人の理解レベルに合わせたスケジュールを用意し，今何があるか，次に何が待っているか，いつ終わるかをわかりやすく伝えている。

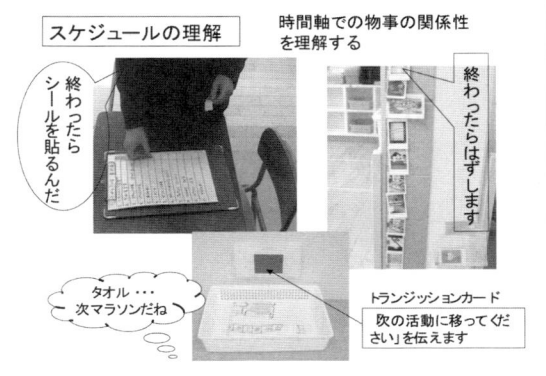

写真3-10

A君は朝の着替えが始まる頃から泣き出すことが多く見られた。そこでスケジュールからマラソンをはずしてみたが、一向に様子は改善しない。ある日ぐずぐずと泣き出すA君にマラソンはしませんと書いたカードを見せ、教師に手渡すことを教えた。翌日からマラソンをするかしないか選択させることにした。始めはマラソンしませんばかりを選んでいたA君だったが、大好きなパソコンをごほうびにすると、少しずつだが頑張ってやってみようという前向きな気持ちが生まれた。NOを表出できるという安心感が意欲につながったのだ。

また切り上げが難しいパソコンだったが、約束を視覚的に伝えることでその意味がわかり、上手な付き合い方を学習する機会となった。

2）表現する力を伸ばすために

発語のあるなしに関わらず、今ある力で無理なく人に伝えられるよう、多様な場面で視覚的なアイデアを使って支援した。とにかく子どもが自分から伝え、伝わった喜びを味わうのを優先することで、コミュニケーションの意欲が伸び、人との関わりを楽しみ、いきいきとした生活を送れるようになった。

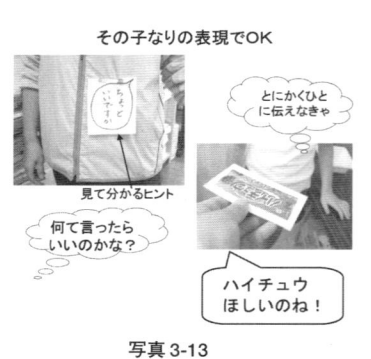

写真 3-11　自分で決められるってうれしいな。

写真 3-12

写真 3-13　その子なりの表現でOK

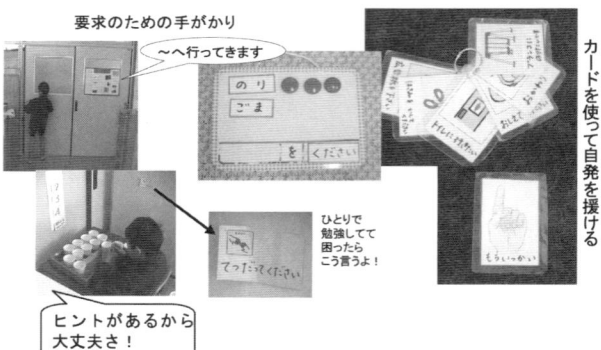

写真 3-14　要求のための手がかり／カードを使って自発を援ける

（2）PCを用いた支援

学校に足を運んだ人であれば、一度はパソコンゲームなどに熱中している児童・生徒の姿を見たことがあるだろう。児童・生徒にとって魅力的なパソコンは、余暇の手段としてだけではなく、特別支援教育にも有効な教育的手段となる。最近は教育用のパソコン用ソフト（以下ソフトと記述）もいろいろと市販されており、それを使うことによって一定の教育効果を上げることができる。しかし、今目の前にいる児童・生徒のためだけに教師自身がソフトを作り授業等で活用することは、より個に

応じた有効な支援となる。ここでは、自作ソフトを中心とした支援方法について考えてみたい。

ソフト作りは、ソフトの内容・構成・使用場面等について事前に考えることから始まる（ソフトの内容は図3-20を参照のこと）。リアリティをソフトの素材に求めるためには、教師がいろいろな場所へ足を運ぶ方がよいだろう。最近は、デジタルカメラや携帯電話を使えば写真だけでなく動画も簡単に撮れるようになってきた。それらを使って、児童・生徒の身近にある具体的な素材を集めるのである。例えば、電車通学を考えている児童のためには、本人が利用する駅の看板やトイレのマークなどを撮るのである。この際、気をつけることは、それぞれの場における児童・生徒の目線の高さに合わせた映像を撮ることである。

次に、ソフト作りの構成を考える作業がある。下の図に示したように、ソフトの構成としては、単に次々と流れていくパターンや、場面の選択によって次の画面が変わっていくものがある。これは学習のねらいによっても違うのだが、順番に覚えていくことが必要であれば順次場面が変わっていくものがよいだろうし、学習者に考えて欲しい場合はところどころに選択場面を入れることが大切である。

内容とソフトの構成が決まったところで、いよいよソフト作りとなる。筆者の場合はHTMLやパワーポイントで作っているが、初めての方はパワーポイントの方が作りやすいと思う。パワーポイントでのソフトの作り方は（http://www.ymw.co.jp/kadai/kadaivod.htm「パワーポイントで教材を作ろう」）で公開している。

最近、個に応じた支援の必要性が改めていわれるようになっている。特定の児童・生徒個人のための自作ソフトを活用することも、教育的な支援方法の1つとして、考えてみてはいかがだろうか。

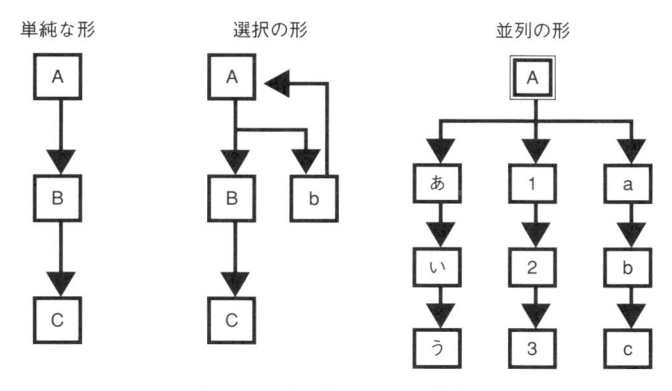

図3-20　いろいろなソフトの構成

個別の共動支援計画
香川大学教育学部附属養護学校で作成し運用している個別の指導計画のことである。「共動」という言葉には、「児童・生徒一人一人の目標達成に向けて、必要な指導・支援について共通に理解し、それぞれの取り組みが相互にプラスに働くよう評価・調整しながら適切に行動すること」という意味が込められている。

【養護学校（特別支援学校）小学部での自立活動での実践】
　Aくんは知的障害養護学校（特別支援学校）の小学部6年生である。中学部進学をひかえ、電車による自立通学の練習をしたいという本人と保護者の希望が出された。そこで、個別の共動支援計画を立て実践を行っていくなかで、自作ソフ

ト「JRの達人」を用いた支援をすることにした。これは，例えば不注意で定期券を紛失したといった電車の中で起こるかもしれないハプニングとその対処方法をまとめたソフトである。このソフトには，電車の中でうるさい人がいた時にどう振る舞うのかという，自閉症の人が苦手ないわゆる暗黙の了解についても含めることとした。

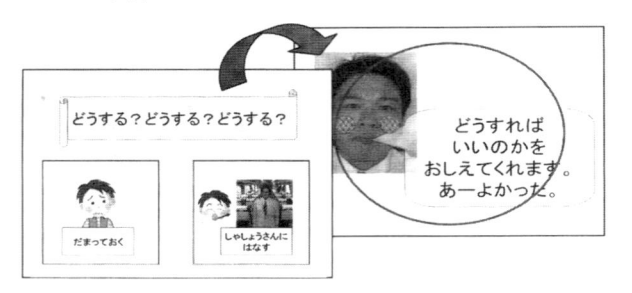

図3-21 JRの達人の場面例

このソフトを休み時間などを通じて活用していくことにより，電車での自立通学に自信をもち，電車で自立通学ができるようになった。このソフトはMES自作教材集CD-ROM 2003という自作教材を集めたCDの中に収録されている。

表3-22 JRの達人で設定した問題例

問題	正答	誤答
定期券を紛失する	車掌に伝える	黙っておく
うるさい人がいる	移動する	注意する

【養護学校(特別支援学校)小学部での国語・算数の授業での実践】
　小学部5・6年生の国語・算数の集団学習において，自作ソフト「○○せんせいの誕生日」を用いた実践を行った。まず，児童の興味関心を基に，誕生パーティに友達が来るというストーリーを創作した。その後，アセスメントの結果などを考慮しながら，各児童の学習のねらいに応じた質問を設定するようにした。具体例は，「ケーキ」と「ケース」といった単語の見分け，1からの順序数，複雑な形の見分けなどである。さらに，ソフトに出てくる単語と同じ単語カードを手元に用意し，テレビ画面に直接貼りつけるように促すことなどをすることで，双方向のやりとりを頻繁に行うようにした。その結果，1ヶ月後には全員が学習課題を達成することができた。
　上記の実践はパワーポイントを使った自作ソフトで行った。作成上の工夫点としては①自分や先生など身近な人の写真や声などが随所に登場すること　②ストーリーに繰り返しを取り入れること　③アニメーション効果を使って注目度を上げること　④テレビ画面に児童が直接カードを貼りつける

など双方向的な学習を展開できるように設定したことが挙げられる。

　ここで紹介したのは2事例だけであるが，学校生活全般にわたって自作ソフトは活用できるものであるから，いろいろと足を運んで素材を集めてソフトを作成し，活用していただきたいと考えている。

参考文献

アルバート, P. A., & トルートマン, A. C.(著)　佐久間徹・谷　晋二・大野裕史(訳)　2004　はじめての応用行動分析(日本語版第2版)　二瓶社

安藤　忠(編)　大貝　茂他　1998　子どものためのAAC入門　協同医書出版

有馬正高(監修)　熊谷公明・栗田　広(編著)　2000　発達障害の臨床　日本文化科学社

ボール, T. S.(著)　金子孫一他(監訳)　佐藤公治(訳)　1977　イタール　セガン　ケファート　精神薄弱児教育の開拓

ベントン, A. L.(著)　高橋剛夫(訳)　1963　ベントン視覚記銘検査　三京房

Borkowski, J. G., & Varnhagen, C. K.　1984　Transfer of learning strategies: Contrast of self-instructional and traditional training formats with EMR children. *American Journal of Mental Deficiency*, **88**, 369-379.

ダイヤー, K., & ルイス, S. C.　2004　リサーチから現場へ①　実際に使えるコミュニケーション・スキルの指導　学苑社

フロスティッグ, M. 他(著)　日本心理適性研究所(訳)　1977　フロスティッグ視知覚能力促進法—視知覚学習ブック使用法付—　日本文化科学社

フロスティッグ, M. 他(著)　日本心理適性研究所(訳)　1977　フロスティッグ視知覚学習ブック　日本文化科学社

フロスティッグ, M.(著)　肥田野直・茂木茂八・小林芳文(訳)　1978　ムーブメント教育—理論と実践—　日本文化科学社

フロスティッグ, M.(著)　伊藤隆二・茂木茂八・稲浪正充(訳)　1981　人間尊重の教育　日本文化科学社

フロスティッグ, M., &マズロー, P.(著)　茂木茂八・安ờ利光(訳)　1977　教室における学習障害児の指導　日本文化科学社

藤村　出・服巻智子・諏訪利明・内山登紀夫・安倍陽子・鈴木伸五　1999　自閉症のひとたちへの援助システム—TEACCHを日本でいかす—　朝日新聞厚生文化事業団

藤澤和子(編)　2001　日本版PIC活用編　ブレーン出版

ヘルブルッゲ, T.(著)　西本順次郎他(訳)　1979　モンテッソーリ治療教育法　明治図書

飯鉢和子・鈴木陽子・茂木茂八　1977　日本版フロスティッグ視知覚発達検査　日本文化科学社

井田範美(編著)　1982　モンテッソーリ障害児教育　あすなろ書房

磯部美也子　2003　身振りサインの指導(マカトン法)を試みた自閉症児の事例　山上雅子・浜田寿美男(編)　ひととひとをつなぐもの　ミネルヴァ書房

伊藤隆二(編著)　1989　養護訓練法ハンドブック　福村出版

岩本隆茂・大野　裕・坂野雄二　1997　認知行動療法の理論と実際　培風館

岩立志津夫・小椋たみ子(編)　2005　よくわかる言語発達　ミネルヴァ書房

カウフマン, A. S., & カウフマン, N. L.(著)　松原達哉・藤田和弘・前川久男・石隈利紀(共訳編著)　1993　K-ABC　心理・教育アセスメントバッテリー　解釈マニュアル　丸善メイツ

カーク, S. A., マッカーシー, J. J., & カーク, W. D.(著)　旭出学園教育研究所・上野一彦・越智啓子・服部美佳子(日本版著)　ITPA 言語学習能力診断検査手引 1993年改訂版(1973年初版)　日本文化科学社

小林重雄(監修)　山本淳一・加藤哲文(編著)　1997　応用行動分析学入門—障害児者のコミュニケーション行動の実現を目指す—　学苑社

小林重雄・杉山雅彦・山根律子　1978　自閉症児の指導過程に関する研究(1)-T-CLACの標準化　筑波大学　心身障害学研究, **2**, 99-107.

小林芳文　1984　第4章 身体運動の指導と評価　宮本茂雄・林邦雄(編著)　発達と指導I 身体・運動　学苑社

小林芳文(編著)　1989　小林―フロスティグ，ムーブメントスキルテストバッテリー(MSTB)　日本文化科学社
小林芳文(編著)　2005　MEPA-R：ムーブメント教育・療法プログラムアセスメント　日本文化科学社
小林芳文・国際ムーブメント教育・療法学術研究センター　2005　MEPA-R ムーブメント教育・療法プログラムアセスメント　手引　日本文化科学社
小林芳文・浜田史朗・荒井正人(編著)　1988　ムーブメント教育実践プログラム「水泳ムーブメント」　コレール社
小林芳文・松瀬三千代(編著)　1988　ムーブメント教育実践プログラム「音楽ムーブメント」　コレール社
小林芳文・永松裕希他(編著)　1988　ムーブメント教育実践プログラム「創造性を育てるムーブメント」　コレール社
小林芳文・高橋茂夫・木村幸恵(編著)　1988　ムーブメント教育実践プログラム「ことばを育てるムーブメント」　コレール社
小林芳文・寺山千代子他(編著)　1988　ムーブメント教育実践プログラム「文字・数を育てるムーブメント」　コレール社
小林芳文・當島茂登他(編著)　1988　ムーブメント教育実践プログラム「身体意識ムーブメント」　コレール社
小林芳文・上原則子他(編著)　1988　ムーブメント教育実践プログラム「感覚運動ムーブメント」　コレール社
小林芳文・上原則子他(編著)　1992　重度重複障害児の感覚運動指導 3 巻　コレール社
こころリソースブック編集会　2004　福祉情報技術(e-AT)製品ガイド　こころリソースブック出版会
ルイセリー, J. K., & キャメロン, M. J.　園山繁樹・野口幸弘・山根正夫・平澤紀子・北原　佶(訳)　2001　挑戦的行動の先行子操作―問題行動への新しい援助アプローチ―　二瓶社
丸野俊一(責任編集)　1991　新・児童心理学講座 5 巻 概念と知識の発達　金子書房
松原達也(編著)　2002　第 4 版　心理テスト法入門 基礎的知識と技法習得のために　日本文化科学社
松田祥子　1993　マカトン法　ことばの指導ハンドブック　日本文化科学社
Meichenbaum, D.　1977　*Cognitive behavior modification: An integrative approach*. New York: Plenum Press.（根建金男(監訳)　1992　認知行動療法：心理療法の新しい展開　同朋舎出版）
メジボフ, G.(著)　佐々木正美・内山登紀夫・村松陽子(監修)　2001　自閉症の人たちを支援するということ―TEACCH プログラム新世紀へ―　朝日新聞厚生文化事業団
宮本茂雄(編著)　1982　講座 障害児の発達と教育 第 4 巻 発達と指導 II 感覚・知覚　学苑社
望月　昭　1998-1999　講座「コミュニケーション指導・再考(10 回連載)」　月間実践障害児教育
モンテッソーリ, M.(著)　吉本二郎他(訳)　1970　モンテッソーリの教育 0 歳〜 6 歳まで　あすなろ書房
モンテッソーリ, M.(著)　吉本二郎他(訳)　1975　モンテッソーリの教育 6 歳〜 12 歳まで　あすなろ書房
村井潤一　1993　言語発達の基本問題　ことばの指導ハンドブック　日本文化科学社
長崎　勤他　1998　スクリプトによるコミュニケーション指導　川島書店
中井富貴子・宇野宏幸　2005　教師用の子ども行動チェックリスト作成に関する調査研究―注意欠陥多動性障害と広汎性発達障害に焦点をあてて―　特殊教育学研究, **43**(3), 183-192.
成瀬悟策　1995　臨床動作学基礎　学苑社
日本発達心理学会(企画)　柏木恵子・藤田　保(監修)　2001　認知的発達とその支援　ミネルヴァ書房
西本順次郎　1976　モンテッソーリ治療教育入門　福村出版
西村健一　2005　集団学習におけるテレビ紙芝居の活用―新しい知識の習得のために―　日本特殊教育学会第 43 回大会発表論文集, 543.
西村健一　2005　みんなで使う PowerPoint 活用のアイディア―どこに映す？ テレビ紙芝居ってなに？―　大杉成喜(編著)　特別支援教育のための「ちょいテク」支援グッズ 36　明治図書　pp.36-37.
西村健一・紅野真弓・荒井桂子　2004　知的障害養護学校の集団学習におけるテレビ紙芝居の活用　教育システム情報学会論文集, 483-484.
仁科由美・長谷川英子(編著)　2002　横浜国大附養式 ムーブメントハンドブック 2001　横浜国立大学教育人間科学部附属養護学校
大井　学・大井佳子　2004　子どもと話す　ナカニシヤ出版
大伴　潔・林安紀子・橋本創一・池田一成・菅野　敦　2005　言語・コミュニケーション発達スケール LC スケール[解説]　山海堂
岡本夏木　1982　子どもとことば　岩波書店
岡本夏木　1991　児童心理　岩波書店
大野清志・村田　茂(編)　2005　動作法ハンドブック 基礎編　慶應義塾大学出版会　pp.42-43, 78-79.
榊原　清・平沼　良・西谷三四郎・杉田　裕・中野善達・応用教育研究所知能検査研究部　1980　教研式ピクチ

ャア・ブロック検査　図書文化社
坂本龍生・田川元康・竹田契一・松本治雄（編著）　1985　障害児理解の方法　臨床観察と検査法　学苑社
坂野雄二　1995　認知行動療法　日本評論社
佐々木正美（編）　2002　自閉症のTEACCH実践　岩崎学術出版
佐々木正美（監修）　2004　自閉症児のための絵で見る構造化　学研
佐藤容子　1987　精神遅滞児におけるメタ認知スキルの転移　特殊教育学研究, **25**(1), 1-8.
ショプラー, E.（著）　佐々木正美（監修）　1990　自閉症の療育者　TEACCHプログラムの教育研修　財団法人神奈川県児童医療福祉財団
Sidman, M.　1971　Reading and auditory-visual equivalence. *Journal of Speech and Reading Research*, **14**, 5-13.
鈴木治太郎　1956　鈴木・ビネー式知能検査法　東洋図書
田口恒夫・小川口宏　1987　新訂版 ことばのテスト絵本　日本文化科学社
高良秀昭・今塩屋隼男　2003　知的障害者のメタ認知に及ぼす自己教示の効果　特殊教育学研究, **41**(1), 25-35.
竹田契一　1993　インリアル・アプローチ　ことばの指導ハンドブック　日本文化科学社
竹田契一・里見恵子（編）　1994　インリアル・アプローチ　日本文化科学社
田中耕治（編著）　2002　新しい教育評価の理論と方法Ⅱ 教科・総合学習編　日本標準
田中教育研究所（編）　杉原一昭・杉原 隆（監修）　中村淳子・大川一郎・野原理恵・芹澤奈菜美（編著）　田中ビネー知能検査Ⅴ 理論マニュアル　田研出版
田中真理　1992　精神遅滞児の物語理解における自己教示訓練の効果―「文脈予測方略」の使用について―　特殊教育学研究, **30**(2), 55-63.
辰野千壽　1997　学習方略の心理学 賢い学習者の育て方　図書文化
「特別支援教育におけるコミュニケーション支援」編集委員会（編著）　2005　「特別支援教育におけるコミュニケーション支援」　ジアース教育新社
遠矢浩一　1999　第一章 動作法の基礎知識　九州大学発達臨床心理センター（編）　基礎から学ぶ動作訓練　ナカニシヤ出版　pp.9-18.
津田 望　1998　新ことばのない子のことばの指導　学習研究社
上野一彦・篁 倫子・海津亜希子　2005　LDI LD判断のための調査票 手引　日本文化科学社
氏森英亜　2002　自閉症児の臨床と教育　田研出版
占部道子　1999　第三章 様々な障害への動作法の応用　九州大学発達臨床心理センター（編）　基礎から学ぶ動作訓練　ナカニシヤ出版　pp.111-120.
渡辺 実　1997　障害児学級に通うある子どもの文字・書きことばの習得から考える　人との関係に問題を持つ子どもたち第12回　発達, **69**. ミネルヴァ書房
ウェクスラー, D.（著）　日本版WISC-Ⅲ刊行委員会（訳編著）　1998　日本版 WISC-Ⅲ知能検査法 理論編　日本文化科学社
湯川良三（責任編集）　1993　新・児童心理学講座4巻 知的機能の発達　金子書房

第4章 通常学級に在籍する軽度発達障害のある子どもに対する指導方法
―授業のユニバーサルデザイン―

第1節 理論編

1. はじめに

　特別支援教育においては，LD，ADHD，高機能自閉症等の子どもに対しても適切に対応することが求められている。通常学級に在籍する子どもたちのうち，LD，ADHD，高機能自閉症等の子どもはおよそ6.3％と推定されており，40名学級では2～3名程度在籍するという計算になる。これらの子どもに対する個別的な支援の手だても重要であるが，もう1つ忘れてはならないのは，LD，ADHD，高機能自閉症等の子どもをはじめ，多様な子どものニーズに応じた授業を展開すること，言い換えれば授業のユニバーサルデザインを実現することである。

　そこで，本節では授業のユニバーサルデザインについて検討する。そのために，そもそもは物理的環境デザインの分野から生まれたユニバーサルデザインという概念を整理し，授業に生かすことのできる視点を探る。そのうえで，授業のユニバーサルデザインの具体例についてまとめることとする。

2. ユニバーサルデザインから学ぶ

（1）ユニバーサルデザインとは

　ユニバーサルデザインはアメリカ合衆国ノースカロライナ州立大学ユニバーサルデザインセンターの所長であるロン・メイス（Ronald Mace）が提唱したもので，「すべての年齢や能力の人々に対し，可能な限り最大限に使いやすい製品や環境のデザイン」と定義されている。製品，建物，空間デザインの分野において，1990年代から使われ始めたことばであり，バリアフリーに代わる概念として登場してきた。

　では，ユニバーサルデザインの具体例はどのようなものなのだろうか。階段，エスカレータ，エレベータが選択できる形で併置されている例を挙げる論者（園田，1998）もいる一方で，うまくデザインされているものほど目立たない形で多様な人々のニーズに応じるよう設計されているため，具体例を挙げにくいとする論者もいる（川内，2001）。

　ここで，ユニバーサルデザインの特徴について，バリアフリーと対比させながら述べておきたい。バリアフリーとは，高齢者や障害のある人が社会参加したり製品を使用する時，その参加や使用を妨げるものをバリアと呼び，バリアをなくすこと（バリアフリー）で社会に関わりやすい環境を整えようという考え方である（川内，2001）。つまり，バリア

フリーの根本には，高齢者や障害のある人を主たる対象として，一般の人々に向けたデザインとは別に，これらの人々に特別に配慮されたデザインを提供しようとする考えがあった。これに対し，ユニバーサルデザインは，高齢者，障害のある人をはじめ多様な人々がいることを前提に，できる限りすべての人々が利用しやすい製品や環境をデザインしようとするものである。

　ユニバーサルデザインを達成する手法を園田（1998）は3点から整理している。第1の方法は，さまざまな人・ニーズに対して，それぞれに対応できる個別のデザイン，つまり選択肢を用意していくことである。この方法は，洋服のサイズを豊富に展開すること等，主として個人的に使用する物に適している。第2の方法は，さまざまな人・ニーズに対して何らかのベースをまず用意し，そのうえで，個別のニーズに対していくつかの追加の選択肢を用意することである。自動車で基本的な仕様に対して，カーステレオ，カーナビゲーション等を加えることがその例として挙げられる。第3は，さまざまな人・ニーズを包含する汎用性の高いデザインを提供することである。例えば，公共建築物等にはこの方法が求められる。しかし，すべての人・ニーズに対応するデザインを用意するという，第3の方法は現実には困難であることが指摘されている。

　これら3点の手法を手がかりにして授業のユニバーサルデザインについて考えるとき，いずれの手法が適しているのかを単純に決めることは難しい。しかし，40名の子どもに対する一斉授業の場を想定すると，現実的には第1の方法は困難であるといえよう。

（2）ユニバーサルデザインと授業

　では，ユニバーサルデザインの考え方の特徴はどのようなものであり，その特徴は授業のユニバーサルデザインにどのような示唆を与えてくれるのだろうか。

　第1は，さまざまなニーズをもつ人々がいることを前提に，多様な人々やニーズに対応した製品・建物等を作ることを，デザイナー，あるいは社会の課題として受け止めている点である。学級には，興味関心，学力などが異なる多様な子どもたちがいる。なかには，形よく文字を書くことが極端に苦手な子ども，注意を持続することが難しい子ども，友達とコミュニケーションをとることが苦手な子どももいる。授業においては，このような多様な子どものニーズに応じるために，どのような配慮や工夫が必要なのかを教師の側で引き取って考えてみる必要があるといえよう。

　第2は，うまくデザインされたユニバーサルデザインほど，多様な人々・ニーズへの対応が目立たない形で組み込まれているという意見である。授業においても，これまでの授業の進め方に，障害のある子どものニーズに対応した工夫や配慮を組み込むことが求められる。その際，障害のある子どものニーズに対応した工夫や配慮は，できるだけ目立たない形で授業に溶け込んでいることが望まれる。

　第3は，より公共性の高い製品の建築物ほど，汎用性の高いベースを用意したうえで，そのベースで対応しきれない，個々のニーズに対して

選択肢を用意しようとしている点である。授業においても，これまでの授業の進め方についていくことができない子どもに対して，すぐに特別な配慮を提供するのではなく，これまでの授業の進め方を見直し，より多くの子どもにとってわかりやすいものとするよう工夫したうえで，それでもなおニーズに応えられない場合に，個別のニーズに応じた配慮や支援を行うことが求められる。

3．授業のユニバーサルデザイン

以上に述べた事柄は，LD，ADHD，高機能自閉症等の子どもへの配慮を授業に組み込む際の留意点ともいうべきものであろう。将来インテグレーションやインクルージョンがさらに進展し，現在よりも多様な障害のある子どもが同じ学級で学ぶようになること，また学級により子どもの実態はさまざまであること等を考えると，どのような支援や配慮がその学級のユニバーサルデザインであるかということは異なり，授業のユニバーサルデザインには，決まった形ややり方があるわけではない。そこで，ここでは授業のユニバーサルデザインの原則的な手立てについて簡単に述べることとする。

(1) 見通しをもって授業に取り組むための手立て
1) 授業の流れを決まった形にする

いつも決まった授業の流れにすることにより，見通しをもちやすくなり，授業への集中を高めることができる。国語の授業を例に挙げると，「①漢字ドリル　②教科書　③練習問題　④グループでの音読」といったように，授業をいくつかの短い学習内容から構成する。授業の流れを組み立てる際のポイントとしては，①1つ1つの課題は子どもの集中が続く時間を目安にする　②見る，聞く，話す，書く，操作するといった変化のある活動にする　といった点が挙げられる。

2) 本時の学習の予定を示す（図4-1）

週の予定，1日の予定はもちろん，本時の学習の予定がわかっていると，授業に取り組みやすくなる。「学習の予定」を確認するためのボードを用意しておき，どのような活動をどのような順番で行うのかといったことを，授業のはじめに子どもとともに確認するようにする。また，授業の途中でも「学習の予定」を指し示しながら，今はどの活動をしているのか，次はどの活動をするのかを確認しながら進める。

```
国語の勉強
1  漢字ドリル
2  教科書
3  グループでの音読
4  練習問題
```
図4-1　本時の学習予定

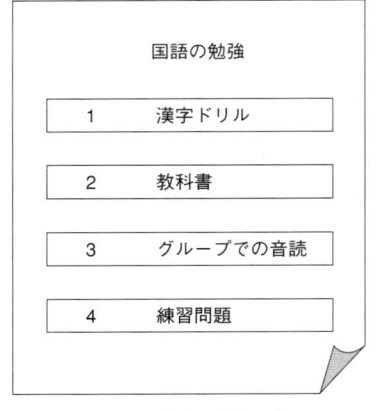

(2) 教師の話を子どもに伝えるための手立て
1) ことばをわかりやすくする

まず，子どもたちに話を聞く雰囲気ができていることを確認してから，話し始めることが大切である。ざわついた教室の中では，教師の話に注意を向けて話を聞き取ることは難しい。

話をする際には，「ゆっくり」「短いことばで」「具体的に」話すことが大切である。「ちゃんとする」「まじめにがんばる」といった抽象的

なことばではなく,「プリントの計算問題を5問解く」「20分まで本読みをする」といったように,子どもが何をすればいいのかがわかるように指示を与える。

2) 絵・写真・文字を用いる

国語の文章読解など,少し長く込み入った内容になると,話の内容を聞き取ったり理解することが難しくなる子どもがいる。その際に手助けになるのが,絵や写真,文字といった話を視覚化する手立てである。話の内容に即した絵や写真を用意することにより,子どもの印象に残り,理解の手助けになる。また,図工などで作業を伴う場合には,絵や文字によって作業手順を示した手順表を作成することも有効である。

さらに,話のポイントとなることばについては,黒板に書いたり,ことばとことばとの関連を図で示すといった工夫も求められる。板書する際には,一度にたくさんの量を書くと,どこに注目すればよいのかわからなくなってしまう。文字の大きさが適切か,板書の量が多くなりすぎていないかといったことに留意しながら,重要な箇所には下線を引いたり色チョークを用いたりして,注目すべきところが一目でわかるようにする工夫が大切である。

(3) 課題の遂行を助けるための手立て

この授業では子どもにどのような力を獲得させたいのかというねらいを明確にし,ねらいに到達するための手立てを講じるとともに,ねらい以外の部分については,できるだけ負担を少なくする工夫も求められよう。

例えば,算数の授業で,黒板に書かれた計算問題をノートに書き写して解答するという作業は多くの授業において見られる光景である。しかし,自分が黒板のどの部分を書き写しているのかがすぐにわからなくなってしまう子どもには,「黒板の内容をノートに書き写す」という作業につまずいてしまい,「計算問題を解く」までたどり着かない。このような場合には,あらかじめ計算問題を記入したワークシートを配布することにより,書く作業の負担を軽減することが考えられる。ワークシートを用意する際には,子どもの実態に応じて,穴あき式のプリントにしたり,マス目の大きいものを利用する,罫線を引いた用紙を利用するなどの工夫が求められる。

第2節 実 践 編

1. 学習環境を整える

特別な支援を必要とする子どもの場合,座席は最も重要なポイントの1つである。外に気が向かず,黒板に注目しやすい席がよいといわれる。特にADHD児は,周囲の音や目から入る情報に左右されやすいので,教師が声をかけたり,ノートを確認したり,サポートしやすい場所にすることが大切である。

しかし,アスペルガー障害の児童にとっては,その席がよいとは限ら

写真 4-1 使いやすく整頓されたロッカー

写真 4-2 ファイルはグループごとに

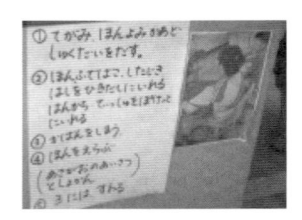

写真 4-3 朝の活動の流れをその子が目にしやすい教卓の前に

写真 4-4 毎日提出するモノはだいたい決まっている，1つずつかごを用意

ない。指示は聞いておらず周囲の動きを見て行動する子も多い。したがって，モデルとなる子が隣にいることで安心して行動できる。また，光や風の影響も受けやすいので，その子が好む席に固定し，周囲の子のみ席を替わるような工夫も必要である。

教室が移動すると自分の居場所がわからなくなる子もいるので，床にテープを貼るなどの配慮が必要である。体育館や校庭など広い場所での活動では，フープを置きその中に座るなどさせるとよい。

また，決まったモノは決まったところに決まった置き方で置き，使い方もみんなが同じにする。その子だけでなく，みんなが同じルールを守ることで徹底しやすい。

2．生活の流れを明確にする

予定を目に見える形で示すことが大切である。1ヶ月のスケジュールを教室に掲示しておく，あるいは1週間の学習の流れを前もって伝えておくことで毎日の見通しをもって行動できる。今何をしていてこれから何をするかわかると1日の生活も安心して送ることができる。そのために，今日1日の学習の予定を掲示しておくとよい。できれば，具体的に何をするか「国語—新出漢字」「算数—新しい単元」など学習内容を明記，予告する。これだけで混乱なく動くことができる。学習を楽しみにしている子は何をするか早く知りたい，そうでない子は不安なので，こちらも早く知りたい。要するにどの子も早く知りたいのである。ADHDやアスペルガーの子は特にそうである。内容がわかるだけで不安が少しは取り除ける。彼らが不安定な時は，何をしてよいのかわからず見通しが立たない時が多いからである。また，黒板に書いた日程は終わったら消していくとよい。そうすれば「あと，3時間だな，がんばろう」等，あとどれだけ頑張ればよいかという見通しがつく。

1日の学校生活をスムーズに過ごすために，朝登校後からきちんとした流れをつかませたい。教師が来るまでに子どもが自分で提出できるように，活動の流れを明記したり，提出物を出す場所をわかりやすく示しておくとよい。そうすればできたことをほめ，できていない部分を「あら，まだ3番ができてないんじゃない？」のように番号で示すだけで朝から繰り返し注意する必要がないからである。

ADHDの子は忘れ物が多い。忘れ物は朝のうちに言いに来る習慣をどの子にもつけていく。そうすれば授業が始まるまでに対策を立てることができるからである。絵の具や習字道具，国語事典などは常備しておき，学習に頑張ると約束したうえでそれを使わせる。

週に1回しかない科目，習字や図工，道徳などは授業が終われば集めておくとよい。そうすれば忘れ物もなくなり，机の中も整頓しやすくなる。

また，整理整頓が苦手な子も多い。机の中に入れることができなくて，はみ出して机の下に散乱したまま授業を受けている子がいるが，このような状態でも平気である。整理するように指示を出しても机の中をごそごそしているだけでできない，むしろ目に入った鉛筆を転がして遊びだしてしまう。彼にとってこの状態が不便ではないからである。口うるさ

く注意するより，授業を3分前に終わって，一緒に次の授業の準備をする方が効果的である。終わった科目は，ランドセルの中に入れてしまう。袋に入れて横にかけることができるモノ（のり，はさみ，セロテープ）は，机の横にかけておくと，机の中が広くなって整理しやすくなる。最初はそばについて一緒にしてやるが，徐々に1人でそれができるように口頭の指示でできるように見守っていく。また，何度終わったプリント，ノートなど家に置いてきなさいと言っても，また持ってくる。そして，それらがまた机の中でごちゃごちゃになってしまう。ただカバンの中に入れただけではまた翌日持ってきてしまうので，特別に封筒などに入れ保護者宛にして持たすとよい。

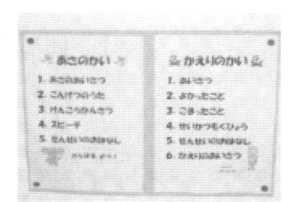

写真4-5 朝の会，帰りの会の流れ

　毎日する活動は，誰が見てもすぐわかるようにしておく。例えば，朝の会。毎日することだが，この流れをなかなかつかめない子がいる。活動の手順表を作り見やすいところに掲示しておけば，安心して日直をすることができる。給食，掃除なども同様である。「毎日しているのに」と思うのだがそれが他の子以上に定着しにくい。

写真4-6 右から順にやる算数プリント

　学習活動もできれば構造化したい。国語の学習の流れは「音読→漢字→問題→ドリル」とだいたい決めておけば，活動に見通しがつきやすい。算数のプリントも今日はこれだけするとあらかじめ提示しておくとよい。

3. 集団の中で，ことばの指示や理解がなかなかできない子への対応

　1番は，話に集中しやすい環境を作ることである。教室が騒がしい状態の時には，教師は話し始めず，指示は静かな状況で話すようにする。ADHDの子は，音の選択ができずすべての聴覚的情報を一気に受け取ってしまう子が多いからである。子どもたちへの指示は具体的なことばで短くはっきりとすることが大切である。的確に言わずに長く話しているとADHDの子は，ことば尻や自分の興味のあることばだけに反応してくることがある。また，あまり長く話しているといらいらし始めて教室にいられなくなったり，まわりにちょっかいを出し始める。空想に入る子もいる。そういう子は，姿勢が悪くなることが話の聞けないサインなので，そばに行ってそっと指導するとよい。教師は何かのついでのようにさりげなくそばに行き，教科書を立てる，背中をさわる，椅子を引かせるなどする。触れることで集中が戻ってくるので，注意することはない。

　教師は，ADHDの児童の反応がすべての子どもの反応の鏡だと思う必要がある。つまり，ADHDの子が体を動かし始めたり，ことばかけに強い反応を示すような場面は，教師がだらだらと意味のないことを話している時間である。子どもがそういう反応を始めたら，聞き取りにくい話をしていると自分を振り返り，活動を切り替えたり，話し方を変えていく。教師自身が，その活動のねらいをしっかり定め，子どもたちに過度な負担をかけないようにしたい。また，そうした反応は何をしてよいのか不安なため起こることも考えられるので，指示をわかりやすく板書しておくことで安心して取り組めることも多い。45分間すべてを集

中させることは難しいので，集中させる時間を活動の最後にもっていく。活動が他の子と一緒に終わるようにしなければ，意欲は激減し不適応な対応を起こすからである。他の子どもたちと一緒に活動が終わったことをほめ，さっと休憩させた方がよい。

　アスペルガー障害の子は，自分以外の人への関心が低いので，全体的な指示を聞いていないことが多い。まず，人に関心を向けさせることから指導する必要がある。教師に注意が向きやすいように必ず正面から呼びかける。ことばかけに子どもが反応したり，注意の集中がみられたらその場ですぐほめるなどしていくことが大切である。耳から聞くだけでは集中できない場合は，絵や写真，プリント，板書，カードなど視覚的情報を用いて集中を助けるとより効果的であると思われる。アスペルガーの子は，多くのことばを知っており一見理解が高いように思われるが，ことばは知っていても実際にないことはイメージできないことも多いので，視覚的に示すことによってことばと実際にすることが結びつき，安心して行動することができる。

　こうした児童に対しては，正面から子どもの目の高さで名前を呼びかけ，徐々に呼びかける距離を遠くしていく，顔を見るだけでなく，肩に手を置いたりして注意を引きつけてから話しかける，興味・関心のあるものを話題にし，集中していることをほめるなど，ふだんから注意を促す練習をしていくとよい。また，同じ教師が同じ方法で指導することで指導することが望ましい。しかし，担任だけが関わっていると担任の言うことしか聞けなくなるので，教務や教頭，あるいは障害児学級の担任など限定された人がふだんから関わりをもち，担任と同様の指導ができるのが望ましい。

4. なかなか書けない，書くのに時間がかかる子への対応

　なかなか書けない要因は何かをまず探らなければならない。

　「く」と「へ」，「し」と「つ」など間違えて書いたり，鏡文字になる子や書き順がでたらめな子は，視覚の認知能力に問題が，1文字見ては1文字書くような子は，形の記憶や視覚的短期記憶に問題があると考えられる。

　このような子には聞くとわかる子も多いので，書くことばを横で言ってやるだけですらすら書き始める子もいる。最初は教師がそばについて読んでやり，徐々に自分で声に出して読みながら書かせるようにするとよい。また，板書したことを小さな紙に書くなど手本を机上に置いてやると楽に書くことができる。漢字を覚えるのにも困難が予想されるので，無理してたくさん書かせ漢字学習に意欲をなくさせるよりも，文字の正誤の弁別から始め，まず読めるように間違いに気づくように指導してやるとよいと思う。

　なぞり書きができない，枠の中に文字が書けない，文字の端が止められず流れたような字になり形が整わない子は，目と手の協応がうまくいかないことや手先の不器用さが考えられる。そういう子は，文字がなかなか覚えられず，文字を書くことにかなりの抵抗がある。やる気はないわけではないのにできないことにいらいらしているので，横にずっとい

るのを嫌う子が多い。わからずに悩んでいるなと思ったら，赤鉛筆で薄く書いてやるだけでいい。余計な説明をしない方がさっと取りかかることが多い。

　ADHDの子に多いのだが，何度言っても雑に書き丁寧な仕上げができない子がいる。例えば，漢字書取り1ページという課題で，他の子のように1ページできたらチェックではただでさえ丁寧に書けないうえに集中が続くわけもない。1行ごと，場合によっては1字ごとに○をつけ評価してやることで意欲が継続し，丁寧に書くことができる。

5. 友達と遊びたいのにうまく仲間に入れない子への対応

　じゃんけんで負けたことが認められず怒ってしまう，自分の思い通りにならないと悪口を言う，でも，友達と遊びたい。そして，毎日毎日トラブルがという子は多い。最初は，教師が一緒に遊びに行き，遊びの様子を観察する。そして，何がこの子にとってトラブルの原因になっているかを把握することが大切である。その後，担任ができるだけ一緒に入りながら，友達と一緒の活動する時間を作っていくと徐々に仲間に入り方がわかってくる。またそうすることで周りの児童が，その子にどう対応していけばトラブルを未然に防ぐことができるかを学ぶことができる。

　しかしながら，トラブルは教師がいないときに限って起こるものである。トラブルの最中に「やめなさい」と大きな声できつく注意しても，カッとなったその子には通じない。むしろ火に油になるかその場ではしぶしぶ引いたとしても，まったく納得していないので次の休憩時間にまた同じようなトラブルが起こってしまう。大きな声を聞くことで，子どもは警戒モードに入るのである。そうすれば話を聞けなくなる。できればその場を離れさせ，空き教室など落ち着く場所につれていく方がよい。落ち着かせている間に，他の子にトラブルのあらましを聞き，からかうようなことばかけをしたことは厳しく注意する。別室で教師と2人になり落ち着いた状況で，本人の言い分を聞く。ひたすら聞く。「それは大変だったね」と共感する。それをしながら，ところどころ尋ねる。自分の都合のよいように言い訳してくるであろうが，納得してみせる。現行犯で見ていないことは追及しても無駄なので，おおかたの状況がわかるまで，「それで」と話を引き出す。ほぼ話が終わった頃に「嫌なことを言われてすごく腹が立ったね」とその子の怒りを受け止めてやる。先生はその子の味方であることを示してやる。一通り話を聞いてもらえば，腹立ちの感情を治めることができる。その後，「暴力だけはだめだよ」「今度腹が立ったらけんかしないで先生に言いに来て」「先生が注意してあげるから」と諭す。

　まずは，子どもの味方になることである。つまり，子どもの側に立っていつも考えるという視点をもっているかどうか，振り返ってみることである。相手が困っている，困っているのに困らせるようなことを言ったりしている。そういう状況において，人間関係は当然険悪なものになっていく。子どもの側に立ってみれば，自分が困っている時に助けてくれなくて，むしろせめるような形で「これもやりなさい」「あれもやり

なさい」と言う。その大人に対して味方とは思えない。敵だと思うであろう。ところが，相手が味方である，いつも自分の立場に立って，手助けしてくれると思えば，その人に対して心を開いてくるのである。そうした信頼関係を教師と児童が築けば，次に多少無理なこと，彼にとってハードルが高いと思われるようなことを言っても「しょうがないな，今回は聞いてやるか」と意外にすんなり納得することもある。常に子どもの側に立って味方になってあげよう，という姿勢が教師に求められているのである。

6．意欲に欠ける（ように見える）子どもたちへの対応

　授業中，よそ見をしていたり姿勢をくずしたりして集中しない子がいる。できていない時に注意しても効果は薄い。できた時に，さりげなくほめるよう心がける。Aさんだけほめると「あの子ばかり」と思われるので，他の子もほめ，2番目か3番目に名前を呼ぶようにするとよい。

　授業中にやらなければいけない問題を跳ばしたり，出さなかったりすることもある。1つ1つ詰めていくとよけいやる気をなくす子がいるので，知っていても知らないふりをしてやることもある。「全部はできていないが3番はやっているな」と本人が確実にできているとわかっている時，「全員チェックするから持ってきなさい」と言う。そうすれば自分はできているので一番にはりきって持ってくる。その時がチャンスである。「ちゃんとできているね，すごいな」「あれ，2番は？」「あっ，やってなかった」「今やっちゃえば」「うん」というようにさせることができる。

　宿題など家庭学習がきちんとできない子も多い。宿題の未提出の確認をしたら「後でやって出しなさい」では効果がない。「今やりなさい」とその場で指示する。「やらずに済んだ」というマイナスの学習をさせないことも必要である。短時間でもその場で対処し，しなければならないことをやりきらせることが大切である。

　他の教室を使った後の片づけなどもいいかげんにしていることが多い。教室に戻ってきてから「ちゃんと片づけた？」と聞いても，「片づけた」と言う可能性がある。その子だけでなく，班の子全員をつれていき，「もう一度みんなで見てみよう」と一緒にチェックする。「あそこが片づいてなかったね」とその場で指摘することによって，「あ，そうだった」と気づかせやりきらせることができる。

　多くの教員は，『漢字を覚える』という学習をする際，「10回書いて覚えよう」と指示する。しかし，書字が困難な子には回数の多さが負担になる。ある子どもは必要なだけ繰り返し書くという回数に頼る学習方法をとるが，ある子どもはじっくり1回書くという方法をとる。同じ課題を達成する方法は1つではない。これは，教師の側には児童の実態に合わせた多様な指導方法が求められ，子どもの側には自分にあった学習方法を選ぶことができる。教師は「子どもにやる気がない」ではなく，「本人の努力でカバーできないものがある」という視点に立つ必要がある。「いつもみんなと一緒に」「いつも同じやりかたで」「同じように」学習していく時代は終わった。子どもたちの認知の実態を理解し，「ど

うしたら学習しづらさを軽減でき，その子に力をつけていくことができるか」「どうしたら学校生活をいきいきと明るく過ごすことができるのか」を問い続け，教師としての力量を高めていく必要がある。

7. 周囲の子どもへの対応

　支援が特別な人だけに特別にするものではないことをしっかり伝えていく必要がある。物が見えにくい人が眼鏡をかけたり，耳の聞こえにくい人が補聴器をつけたりするのと同じように，漢字の覚えにくい人はこの方法で，算数の苦手な人はこの方法で，みんなと同じようにではなくその人がその人なりに頑張ってできるようになる手助けは大切なことである。また，使う物を整頓したり，学習の流れを提示したりすることは，どの子にとってもわかりやすくよいことであることも伝えたい。

　場面ごとに「こんな時はこんなふうに」としているという対応はふだんから投げかけておきたい。例えば，国語などで話し合いながら読みを深める時，B君は話し合いに参加できない。離席こそないものの体を大きく揺らし始める。ここで大きな声で注意しても無駄なことを担任は知っている。そこで，B君には漢字プリントをするように指示した。他の生徒はなぜBくんは叱られないのかと疑問に思うだろうし，「なぜBちゃんは今違うプリントをしているの？」と聞いてくる子もいる。そういう時は「B君は今話し合いには集中できないみたいだけど，国語は頑張りたいから代わりにプリントをするんだよ」と伝える。そうすることでそれがB君なりの頑張り方であることがわかり，「B君は，今日は話し合いの時意見を言ったね」など認める声かけも増えてくるはずである。

　また，「こんなふうに感じるんだって」「こんなことは嫌なんだよ。でも口ではうまく説明できないから怒っちゃったんだね」など，本人の感じ方やつらさを代弁していくことも必要である。ちょっとしたことが気に入らずパニックになりやすいC君のために，教室の隅にクールダウン用のスペース（ビニールテープで四角く囲んだだけ）がある。C君が興奮すると「ここで休憩していいよ」としばらく座らせておくと，いつの間にかみんなと同じ活動に戻ってくる。こういう時も「C君は気分を立て直して戻ってくるよ」と肯定的な予測を伝えておけば，「ほんとうだ，C君すごいね」という反応が返ってくるようになる。そのような見方のできた子はほめ，協力し合える学級であることを子どもたちとともに認め合うことで周囲の子どもが「こんな時はこうしたらどうかな」と発見をしてくれるようになり，多様な個性を認め合える集団が形成される。

8. 校内の支援システムの確立と関連機関との連携

　1年生女児，入学当時から落ち着かず，周囲の子にちょっかいを出すことが担任としては気になっていたEちゃん。保育園からの引き継ぎでは，母親と祖父母との関係が悪く情緒が不安定なことから来ている行動ではないかということであった。入学直後ということもあったが，Eちゃんに引きずられるように学級全体がなかなか落ち着かなかった。

　4月のある日，担任が出張のため特別支援教育主任が補強に入った。

朝からEちゃんは落ち着かず，いっこうにカバンが片づけられない。見ていると，花の水遣りを始めた子がいれば「私がやる」とじょうろを取り上げ（Eちゃんは花係りだった），虫を捕まえて来た子がいれば我先にのぞき込む。すべての行動が衝動的であり，友達の声や物音に反応している。その教師の頭に「もしやADHDでは？」という思いが浮かんだ。すぐさま管理職，担任と相談，外部の専門機関へ相談することとなった。家庭でもかなりの問題行動があり，母親も困り果てていたのが幸いだった。夏休み前にADHDであると診断を受けた。そこで，2学期から校内支援体制を組むべく校内委員会で夏休みに話し合いが行われた。朝，給食，掃除など1年生にとって生活の基盤となる時間には，少人数加配や養護教諭が入り，国語，算数の学習時間はできるかぎり教務が，体育には教頭が入ることになった。T・Tで指導することにより，学級全体も落ち着き，リタリン®の服用によりEちゃんも落ち着いてきた。

　担任1人の目であったなら，「困った子」として扱われていた子ではないかと思う。特別教育主任の専門的な目とそれを理解して校内支援体制を作っていこうとした校内委員会により成功した例である。

　また，こうした事例に出会った時にすぐさま相談できる専門機関があったことも早期対応ができた一因であった。

　「もう少し様子を見て」「家庭と話し合って」などといった曖昧な対策ではなく，その子にとってその学級にとって適切な支援を考え，校内で分担し合うことが，本人を支援するだけでなく，担任をもサポートすることになる。特別支援を担任1人に負担をかけることなく，困ったことがあったら相談し合える，相談だけでなく具体的対策が実行できる校内支援システムを構築していく必要がある。

参考文献

独立行政法人国立特殊教育総合研究所　2005　LD・ADHD・高機能自閉症の子どもの指導ガイド　東洋館出版社

川内美彦　2001　ユニバーサル・デザイン　ユニバーサル・デザイン―バリアフリーへの問いかけ　学芸出版社　pp.8, 52.

尾崎洋一郎他　2000　心を育てる学級経営　9月号　明治書店

尾崎洋一郎他　2000　学習障害(LD)及びその周辺の子どもたち　同成社

佐藤暁　2004　発達障害のある子の困り感に寄り添う支援　学習研究社

佐藤慎二・太田俊己　2004　授業で進める特別支援教育―どの子も主体的に取り組むユニバーサルデザインの授業を―　発達の遅れと教育, **562**, 6-8.

園田真理子　1998　ユニバーサルデザインの可能性　古瀬敏（編）　ユニバーサルデザインとはなにか―バリアフリーを越えて　都市文化社　pp.17-53.

高橋あつ子（編著）　2004　LD, ADHDなどの子どもへの場面別サポートガイド―通常の学級の先生のための特別支援教育　ほんの森出版

第Ⅱ部
校内・地域連携システムの構築

♣第1章　盲・聾・養護学校（特別支援学校）の
センター的機能の構築に向けて

第1節　理論編

1. はじめに

　急速な勢いで特別支援教育が推進されている。特殊教育から特別支援教育への転換が図られるなかで，盲・聾・養護学校（特別支援学校）は在籍する児童生徒の指導に加え，小・中学校等の教員への支援，地域の保護者への療育相談といった地域の特別支援教育のセンター的機能を発揮することが求められている。

　本節では，盲・聾・養護学校（特別支援学校）のセンター的機能の構築に向けた現状と課題を整理する。具体的には，まず学習指導要領及び特別支援教育に関する一連の報告を検討することにより，盲・聾・養護学校（特別支援学校）に期待されているセンター的機能の輪郭を浮き彫りにする。次に，センター的機能として発揮することが望まれる支援の内容と実施状況について述べる。最後に，センター的機能の構築に向けた条件整備について，①校内の組織体制の整備，②行政，教育センター，教育現場が連動した取り組み，について述べることとする。なお，センター的機能の実践例については，次節を参考にしていただきたい。

2. センター的機能に関する記述の変遷

　まず，盲・聾・養護学校（特別支援学校）に期待されているセンター的機能とはどのようなものかについて，学習指導要領及び特別支援教育に関する一連の報告を資料として検討していく。なお，検討に当たっては，その後の報告において多く引用されている1996年3月に告示された「盲学校，聾学校及び養護学校学習指導要領」からたどり始めることとする。

(1)「盲学校，聾学校及び養護学校学習指導要領」（1996年）

　現行の「盲学校，聾学校及び養護学校学習指導要領」には，盲・聾・養護学校は「地域の実態や家庭の要請等により，障害のある幼児児童生徒又はその保護者に対して教育相談を行うなど，各学校の教師の専門性や施設・設備を活かした地域における特殊教育に関する相談のセンターとしての役割を果たすよう努めること」（傍点引用者）と規定されている。

　滝坂（2002）によれば，「教育課程の基準」を示す学習指導要領に，在籍しない幼児児童生徒あるいは人々への対応に関する内容が盛り込ま

れることはきわめて異例なことであり，従来には例のないことであったという。ただ，学習指導要領に記述されたという意味は大きく，少なからぬ盲・聾・養護学校（特別支援学校）において在籍しない幼児児童生徒あるいは人々に対するサービスへと目を向けさせる契機となった。

この後に取り上げる3つの報告のいずれにおいても，学習指導要領における上述の記載が引用され，この役割を拡充していくことが求められている。つまり，この「地域における特殊教育に関する相談のセンター」としての役割が，今日のセンター的機能の基盤となっているといえよう。

(2)「21世紀の特殊教育の在り方について（最終報告）」（2001年）

その後，「21世紀の特殊教育の在り方について」において，「小・中学校等の通常の学級に在籍する学習障害児や注意欠陥多動性障害（ADHD）児，高機能自閉症児等特別な教育的支援を必要とする児童生徒等に対しても積極的に対応していく必要がある」と謳われた。

これに伴い，盲・聾・養護学校（特別支援学校）は，学習指導要領において規定された①地域の特殊教育の教育相談センターとしての役割に加え，②小・中学校等への支援センターとしての役割を果たすことが明記された。そして，②の具体例として，教材・教具や情報機器等の貸し出し，小・中学校等の教員への情報提供，小・中学校等の教員への研修が挙げられた。

(3)「今後の特別支援教育の在り方について（最終報告）」（2003年）

「今後の特別支援教育の在り方について」においては，LD，ADHD，高機能自閉症等の児童生徒も含め，一人一人の教育的ニーズに対応するための特別支援教育体制の枠組みが示された。それは，センター的機能に関する部分のみを取り上げれば，小・中学校等において専門性に根ざした質の高い教育を行うために，盲・聾・養護学校（特別支援学校）が小・中学校等に対して支援を実施するというものであった。ここで，盲・聾・養護学校（特別支援学校）は「地域の特別支援教育のセンター的機能を有する学校へ」と転換することがより強く求められることとなったのである。

センター的機能の内容は，「21世紀の特殊教育の在り方について」において記述された①地域の特殊教育の教育相談センターとしての役割②小・中学校等への支援センターとしての役割を柱とするものであった。それぞれについてやや具体的な内容が記され，①については，「例えば専門の部署の設置等による相談支援体制の充実，地域の研修会等の企画や支援を通じた指導上の知識や技能の小・中学校への普及等の取組を積極的に行うことについて具体的な検討を行うことが必要」，②については，「地域の小・中学校等に在籍する児童生徒やその保護者からの相談，個々の児童生徒に対する計画的な指導のための教員からの個別の専門的・技術的な相談に応じる」とされた。

さらに，「校長のリーダーシップの下に，各学校に求められる役割に応じて具体的な目的や目標を明確にして，組織や運営の在り方を再構築

し，その成果を定期的に評価するなど一層効果的な学校経営（マネジメント）が求められる」とされ，センター的機能を実施するに当たり，学校経営や校内組織を見直す必要についても述べられた。

(4)「特別支援教育を推進するための制度の在り方について（答申）」（2005年）

「特別支援教育を推進するための制度の在り方について」においては，盲・聾・養護学校（特別支援学校）の役割について，「21世紀の特殊教育の在り方について」を踏襲した記述がなされた。また，センター的機能の具体的内容について詳述され，そのための体制整備についても言及された。

センター的機能の具体的内容については，「センター的機能についても，すべての特別支援学校（仮称）が制度的に一律の機能を担うこととするのは現実的ではなく，各学校の実情に応じて弾力的に対応できるようにすることが適当である」としながらも，センター的機能の具体的な内容が，6項目にわたって例示されている。それは，①小・中学校等の教員への支援機能，②特別支援教育等に関する相談・情報提供機能，③障害のある幼児児童生徒への指導・支援機能，④医療，福祉，労働などの関係機関等との連絡・調整機能，⑤小・中学校等の教員に対する研修協力機能，⑥地域の障害のある幼児児童生徒への施設設備等の提供機能である。

センター的機能が有効に発揮されるための体制整備として，①特別支援学校（仮称）間での適切な連携，②多くの特別支援学校（仮称）の管理運営を担う都道府県教育委員会と，小・中学校の管理運営を担う市町村教育委員会との連携，③広域的な地域支援のための有機的なネットワーク形成，④高い専門性を有する教員の養成・配置，⑤効果的な学校経営と校内の組織体制の明確化，が示された。センター的機能が盲・聾・養護学校（特別支援学校）独自の取り組みとして展開されるのではなく，地域の教育行政，関係機関との連携の下で展開されることが構想されているのである。

(5)「改正学校教育法」（2006年）

学校教育法が2006年6月に改正され，2007年4月1日に施行されることとなった。この改正により，盲・聾・養護学校（特別支援学校）が障害の種別にとらわれない特別支援学校として一本化されることとなった。また，特別支援学校の役割に関して，在籍する児童・生徒への教育に加えて，「幼稚園，小学校，中学校，高等学校又は中等教育学校の要請に応じて，（中略）児童，生徒又は幼児の教育に関し必要な援助を行うよう努めるものとする」と明記され，学校教育法の上でもセンター的機能を発揮することが示された。

3. センター的機能の内容と実施状況

盲・聾・養護学校のセンター的機能とは具体的にはどのようなものがあるのだろうか。すでに述べたように，「特別支援教育を推進するため

の制度の在り方について」では，センター的機能の内容が6点にわたって示された。この他の分類としては，滝坂（2002）による7分類，及川（2002）による4分類等がある（表1-1）。もっとも，各学校は必ずしも上述したような区分に従って支援を提供しているわけではなく，学校の実情に即したセンター的機能を提供している。

次に，盲・聾・養護学校（特別支援学校）においてセンター的機能がどの程度実施されているのかを見てみよう。「特殊教育諸学校の地域におけるセンター的機能に関する開発的研究」研究グループ（2003）は，滝坂による7分類に従って，2001年度に盲・聾・養護学校の取り組みを調査している（772回答，回収率77.6％，表1-2）。そこでは，①盲学

表1-1　滝坂及び及川によるセンター的機能の内容分類

滝坂による7分類
1. **教育相談機能**：①就学相談　②障害のある子どもの教育や養育に関する相談　③不登校や集団不適応などの教育相談（一般の教育相談）　④卒後の進路・就学に関する相談　⑤その他の相談を行うこと。
2. **指導機能**：要請に応じて学校等を訪問し，直接に児童生徒の指導を行うこと。
3. **研修機能**：各学校が外部者を対象に研修や講習会を企画・実施して行うこと。
4. **情報提供機能**：障害のある子どもの教育に関する各種の情報を一般市民や機関に提供すること。
5. **コンサルテーション機能**：他機関（幼稚園，小・中学校や福祉機関等）及びその教職員に対し，その機関での指導等に関する相談や支援を行うこと。
6. **実践研究機能**：障害のある子どもの教育に関する実践研究を地域の他機関（幼稚園，小・中学校や福祉機関等）と連携・協力して企画・実施すること。
7. **施設・設備開放**：施設・設備を自校の教育活動とは別の目的で学校外の人々・機関に供すること。

及川による4分類
1. **研究研修**：地域の幼・小・中・高等学校の教員に対する障害児教育に関する知識や経験の伝授，就労先での理解・啓発への協力。地域の住民に対する障害児者理解の促進，ボランティア活動に関する情報の提供。
2. **資源活用**：学校の施設の開放，地域の幼・小・中・高等学校の教員への教材・教具の貸し出し。
3. **教育活動**：学校間交流，居住地交流，及び文化祭等を通した地域との交流等の実施。幼・小・中・高等学校に巡回しチームでの子ども支援。
4. **教育相談**：就学前の幼児の相談から就学相談，学齢期の相談，卒業後の相談の実施。相談の形態は，電話相談，来校相談，幼・小・中・高等学校に出向いての学校コンサルテーション。

(滝坂信一　2002　盲・聾・養護学校の「センター化」その背景と課題―日本型「万人のための教育」，「万人のための学校」の模索―　SNEジャーナル，**8**(1), 57-81. 及び　及川利紀　2002　これからの盲・聾・養護学校に求められる役割としての「地域支援センター」機能―支援ネットワークシステム構築のための新たな核の一つとして―　SNEジャーナル，**8**(1), 22-33. をもとに筆者作成。)

表1-2　センター機能に関する取り組みの学校種別ごとの割合（％）

		知的障害養護学校			盲学校	聾学校
		知的単置	知肢併置	高等養護		
教育相談	転入学	89.7	92.6	82.6	91.9	89.2
	地域就学	47.6	74.1	8.7	53.2	41.9
	教育・養育	53.7	63.0	21.7	79.0	75.7
指導		33.1	29.6	17.4	59.3	44.6
研修		55.3	66.7	52.2	83.1	55.4
情報提供		51.1	55.6	47.8	66.1	67.6
コンサルテーション		46.6	55.6	21.7	71.2	68.9
実践研究		20.6	18.5	26.1	20.3	20.3
施設・設備の開放		72.0	70.4	73.9	79.7	62.2

出典：「特殊教育諸学校の地域におけるセンター的機能に関する開発的研究」研究グループ　2003　「特殊教育諸学校の地域におけるセンター的機能に関する開発的研究」より―知的障害養護学校における全国調査の結果概要―　発達の遅れと教育, **546**, 29.

表1-3 「LD児等」に対して提供されたセンター的機能 (n = 317)

相談の内容	教育相談機能	指導機能	コンサルテーション機能	研修機能	実践研究機能	情報提供機能	施設・設備機能	合計
相談 有	124 (39.1%)	23 (7.3%)	36 (11.4%)	53 (16.7%)	8 (2.5%)	38 (12.0%)	8 (2.5%)	165 (52.1%)
1, 2	76 [61.3%]	11 [47.8%]	16 [44.4%]	38 [71.7%]	6 [75.0%]	28 [73.7%]	4 [50.0%]	81 [49.1%]
3, 4	20 [16.1%]	6 [26.1%]	12 [33.3%]	6 [11.3%]	1 [12.5%]	4 [10.5%]	2 [25.0%]	37 [22.4%]
5, 6	7 [5.6%]	4 [17.4%]	1 [2.8%]	3 [5.7%]	0 [0.0%]	1 [2.6%]	0 [0.0%]	10 [6.1%]
7～9	3 [2.4%]	0 [0.0%]	0 [0.0%]	2 [3.8%]	1 [12.5%]	1 [2.6%]	0 [0.0%]	5 [3.0%]
10～15	7 [5.6%]	2 [8.7%]	3 [8.3%]	1 [1.9%]	0 [0.0%]	0 [0.0%]	1 [12.5%]	9 [5.5%]
16～30	4 [3.2%]	0 [0.0%]	1 [2.8%]	0 [0.0%]	0 [0.0%]	0 [0.0%]	0 [0.0%]	7 [4.2%]
31～50	1 [0.8%]	0 [0.0%]	0 [0.0%]	0 [0.0%]	0 [0.0%]	0 [0.0%]	0 [0.0%]	4 [2.4%]
51～100	3 [2.4%]	0 [0.0%]	0 [0.0%]	0 [0.0%]	0 [0.0%]	0 [0.0%]	0 [0.0%]	5 [3.0%]
101～200	1 [0.8%]	0 [0.0%]	0 [0.0%]	0 [0.0%]	0 [0.0%]	0 [0.0%]	0 [0.0%]	1 [0.6%]
201～300	0 [0.0%]	0 [0.0%]	0 [0.0%]	0 [0.0%]	0 [0.0%]	0 [0.0%]	0 [0.0%]	0 [0.0%]
300以上	1 [0.8%]	0 [0.0%]	0 [0.0%]	0 [0.0%]	0 [0.0%]	0 [0.0%]	0 [0.0%]	1 [0.6%]
実数不明	1 [0.8%]	0 [0.0%]	3 [8.3%]	2 [3.8%]	0 [0.0%]	4 [10.5%]	1 [12.5%]	5 [3.0%]
最大値	547	15	24	12	7	7	10	551
平均値 (M)	11.18	3.57	4.00	2.28	2.13	1.79	3.14	5.79
標準偏差 (SD)	51.52	3.65	5.04	2.25	2.23	1.47	3.13	33.45

出典：吉利宗久・太田正己・小谷裕美 2005 全国知的障害養護学校における「センター的機能」の実施状況と課題―「LD児等」に対する支援を中心に― 発達障害研究, 26(4), 285.

校は,「実践研究機能」を除きすべての機能で実施している割合が高い，②自校に対する転入学に関する「教育相談機能」がいずれの学校も80％を超えている，③自校以外の場において障害のある子どもに対する相談や指導を行う機会，及びコンサルテーション機能のいずれも，養護学校より盲・聾学校の方が高い割合で実施していること等が明らかになった。

さらに，吉利・太田・小谷（2005）は，全国の知的障害養護学校に対し，「LD，ADHD，高機能自閉症児（LD児等）」に対して提供したセンター的機能を調査している（320回答，回収率56.9％，表1-3）。①「LD児等」に対して何らかの支援を提供した学校は，52.1％であること，②「教育相談機能」を中心に支援を実施しており，その他の機能は軒並み20％以下であること等が示された。

各学校におけるセンター的機能の実践の積み重ねのなかから，センター的機能をよりよく発揮するための理論を構築することが求められている。

4. センター的機能の構築に向けた条件整備

盲・聾・養護学校（特別支援学校）においてセンター的機能を実施するためには，どのような条件整備が必要なのだろうか。ここでは，①校内の組織体制の整備，②行政，教育センター，教育現場が連動した取り組み，について述べることとする。

(1) 校内の組織体制の整備

センター的機能を実施するために，盲・聾・養護学校（特別支援学校）はどのような組織体制を整備することが求められているのだろうか。

1) 学校経営方針と学校評価への明記

まずは，学校がセンター的機能に取り組むことを，学校経営方針に示すことであろう。学校経営方針にセンター的機能に関する事柄を盛り込

むことにより，センター的機能に向けた人的・物的・財政的諸条件が整備されることが促される。さらにその学校経営方針と対応する形で，学校評価へセンター的機能に関する項目を盛り込むことが求められる。学校経営方針にセンター的機能の推進を掲げ，1年間の取り組みを学校評価において評価するというサイクルは，センター的機能を充実させていくための要件となろう。

2）校務分掌上の位置づけ

センター的機能に対応した校務分掌を組織することも重要である。校務分掌組織の主な形態としては，①独立校務分掌型：センター的機能を実施する校務分掌を独立して組織する形態，②センター組織型：校務分掌組織を基盤に，さらに対外的なサービスを意識して特別支援教育を推進する「地域支援センター」等を組織し，センター的機能を実施する形態，③非独立校務分掌型：校務分掌にセンター的機能を主に担当する組織を位置づけず，「自立活動部」「教育相談部」等にセンター的機能を付加する形態，等がある。

3）担当者の配置

各学校において，センター的機能を担う担当者が配置され，さらにその担当者がセンター的機能に関する業務を中心的に行う専任者であることは，センター的機能を充実させていくうえで重要な要因となる。専任者を配置せず学級担任等と兼務するのであれば，担当者の負担は大きく，十分なセンター的機能の実施も困難になることが予想される。多くの盲・聾・養護学校がこれまで果たしてこなかったセンター的機能を実施するためには，教員の加配が是非とも求められる。

（2）行政，教育センター，教育現場が連動した取り組み—神奈川県の事例—

地方分権の推進に伴い，特別支援教育においても自治体の役割が大きくなりつつある。各自治体が地域の特別支援教育をどのように構想し，その構想のもとにどのような施策を講じていくのかが問われているのである。ここでは，大きな注目を集めている神奈川県の取り組みを紹介する。

神奈川県では，2002（平成14）年3月に「これからの支援教育の在り方（報告）」を提言した。神奈川県の「支援教育」は，「すべての子どもたち」を対象とするものであり，従来の障害児教育や国の進める特別支援教育とは一線を画するものである。ただ，そこには優先的に働きかけを行うことが必要な子どもたちがおり，その子どもたちとして，障害児，学習障害児，注意欠陥多動性障害児，高機能自閉症児，軽度の病弱児，心因性の背景をもつ不登校児，集団への不適応児，対人関係のとりにくい子どもたちが挙げられている。「教育的ニーズ」の把握の仕方も特徴的であり，「子どもたち一人一人のもつ独自の課題が，その子どもの『教育的ニーズ』」であるという。

支援教育を推進するに当たって，盲・聾・養護学校（特別支援学校）

は「地域障害児教育支援センターとしての役割」を果たすことが提言されている。基本的な機能として，①保護者への教育相談，②共同研究や個別教育計画作成のアドバイス等を行う地域の小・中・高等学校等の教員との連携，③学校等への教材教具の貸し出し，④障害児教育や障害児福祉に関する情報の提供が例示されている。そして，このような機能を発揮するに当たって，盲・聾・養護学校が整備すべき組織体制として，①学校長が地域支援に対する考え方や方針を明確にすること，②校務分掌に支援機能の内容と担当者を位置づけること，③専門性のある教員（スクールサイコロジスト養成講座修了者等）を担当者として位置づけること，④地域支援の担当者が兼任の場合は学校全体で支援機能を考え，担当者を支えるバックアップ体制を整えること，が挙げられている。

　ここで忘れてはならないことは，「支援教育」構想はそれまでに神奈川県において教育行政，教育センター，学校現場が培ってきた土台の上に成り立っているということである。中田（2004）の報告では，このことが如実に描かれているように思われる。

　まず，行政により統合教育を推進するという基本的な方向性が提示され，その方向性における養護学校（特別支援学校）の役割が示される。1984年に公表された「総合福祉政策の推進のために」において，将来的に統合教育を推進していくという方向性が打ち出されている。この提言を受け，県教育委員会は，障害児教育の方向を「共に学び共に育つ教育」とした。その後，県教育委員会は，「養護学校の再編整備について」（1993年）を発表し，今後養護学校は地域障害児教育支援センターとしての役割を果たすことを提言した。

　この方針に沿う形で，県立第二教育センター（2002年に県立教育センターと統合され，神奈川県総合教育センターに改変。以下，教育センターとする。）は主に2つの事柄に取り組んでいく。1つは研修会の開催による人材育成である。盲・聾・養護学校（特別支援学校）に対しては，1993年から「個別教育指導教員養成講座」（1995年より「スクールサイコロジスト養成講座」に名称変更）を開始している。現在，各盲・聾・養護学校（特別支援学校）に「スクールサイコロジスト養成講座」の修了者が数名いる状態である。これらの者が校内の児童生徒への教育活動に中心的な役割を果たすとともに，地域への教育相談活動にも関わっている。

　もう1つは，実践研究である。特にインクルージョン理念の具体化を目指した研究は1995年から継続されている。研究報告書のタイトルのみを挙げれば，「インクルージョンを目指した学校教育の改革」（1997年），「学校教育改革のための試み」（1999年），「インクルージョンの展開に向けた地域教育資源ネットワークシステムのあり方研究報告」（2002年）である。実践研究に参加することにより研究成果が得られ，実践的な成果も得られる。この研究成果は研修に還元され，実践的な成果は地域の資源として生かされていくことになる。

5. おわりに

　今，盲・聾・養護学校（特別支援学校）には大きな変革が求められている。いずれにしても，改革のキーワードとなるのは地域であり，地域の特別支援教育をどのように構想し現実のものとしていくのかを，行政，教育現場，保護者，医療・福祉・労働等関係諸機関が一体となって作り上げることが求められている。

第2節　知的障害養護学校（特別支援学校）におけるセンター的機能の実践

1. はじめに

　この項では，養護学校（特別支援学校）のセンター的機能の実践例として，八幡養護学校の取り組みを紹介する。本校は，政令指定都市である北九州市の西部地域に位置する知的障害養護学校である。北九州市では，総合療育センター等の障害児医療機関の充実に加え，就学前の障害児通園施設が6ヶ所，養護学校が8校あり，発達障害者支援センター，障害者地域生活支援センター等の福祉機関も多く，福祉・医療・教育の連携を密にしている都市である。

　本校は児童生徒126名が在籍し，全員通学生である。中・高等部の生徒の約半数は小・中学校を卒業して入学してきている。本校周辺には，知的障害児の通園施設，養護（特殊）学級設置の小・中学校があり，地域住民の障害児に対する理解は高い。本校は学級担任の他に，進路指導主事1名，自立活動部教員4名，特別支援教育コーディネーター（以下コーディネーターと記す）2名を専任で配置している。学級担任とこれらの教員の連携した取り組みにより，児童生徒一人一人のニーズに応じた教育活動を展開している。

　本校においては，センター的機能を具体化するために，次の方策に取り組んでいる。

　①コーディネーターの指名と役割の明確化
　②校内体制の構築
　③職員の専門性向上のための取り組み
　④関係機関とのネットワーク構築
　⑤地域連携，ニーズ調査
　⑥地域支援の事業案内，具体的な事業展開
　⑦公開講座の開催

2. センター的機能実施前の取り組み──養護学校の教育機能の向上を目指して──

　①コーディネーターの指名と役割の明確化：本校ではコーディネーターには校内支援のキーパーソンと地域のセンター的機能を推進するキーパーソンの2つの役割をもたせている。コーディネーターの具体的な役割は校内支援においては，教育的ニーズの把握，学習活動に対する支援，環境整備に関する支援，教師の専門性に関する情報の提供，保護者に対する支援，移行支援があり，地域支援においては支援チームの中心とし

て事業の計画・調整・推進を行う。本校コーディネーターは，平成15年4月から校務分掌上に専任で位置づけられ，初年度は校内支援を中心に，平成16年度からは校内に加えて地域支援を行っている。コーディネーターは，教育的アセスメントの実施，児童生徒の教育的ニーズや保護者のニーズの把握等を担任や関係職員，関係機関と連携して行い，個別の教育支援計画（模式図を図1-1に示す）作成に反映させている。また，全校児童生徒の校内ケース会議の運営，個別の教育支援計画を実現するための授業研究等の企画・実施を行うことで，全校職員が児童生徒の教育的ニーズを的確に把握し，指導に生かすことができるようになってきている。

②**校内体制の構築**：校内体制として特別支援チーム（図1-2）を編成し，コーディネーターを中心に職員全体で校内支援を実施し，自立活動部，進路指導主事は地域支援にも加わっている。

③**職員の専門性向上のための取り組み**：専門性向上のための研修会の実施，研究会の案内や図書の一括購入に加え，コーディネーターが授業に参加しながら児童生徒一人一人の課題の見方や指導方法，環境整備，教

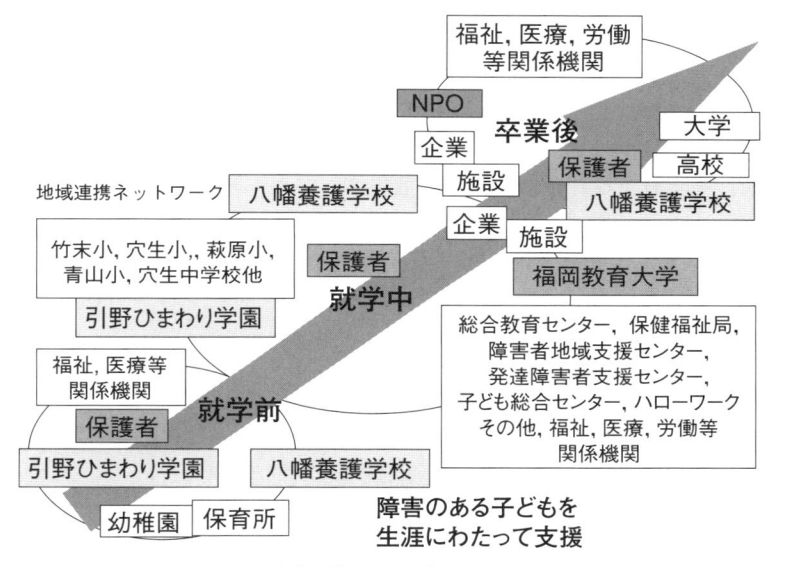

図1-1　本校の特別の教育支援計画の模式図

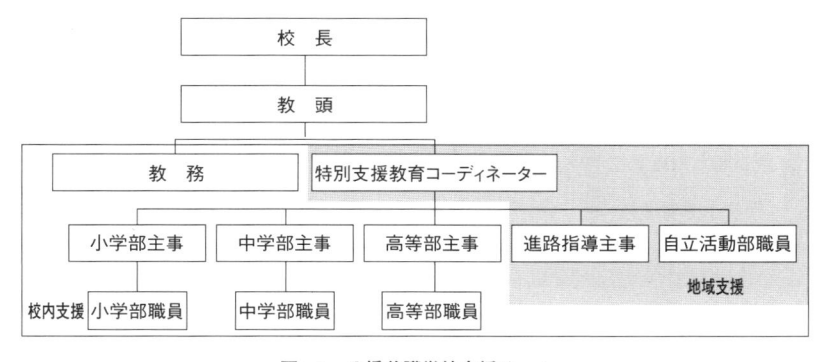

図1-2　八幡養護学校支援チーム

材教具に対する助言等を職員に対して行ったことで，職員全体が組織としての専門性を高めてきている。具体的には，自閉症理解やコミュニケーション支援のために講師を招聘しての研修会，WISC-ⅢやPEP-R等の専門的な検査実施のためのコーディネーターを講師としての講習会等を年間数回実施している。さらに希望職員を対象に，放課後や土曜日などを利用し，月1回程度の割合でTEACCHに関する専門研修や動作法に関する実技研修等も行っている。また，福岡教育大学障害児教育講座と連携し，教員数名が年間を通して10数回来校し，各専門分野の立場からコーディネーターや職員への助言を行い，教育的支援に生かしている。

④関係機関とのネットワーク構築：平成15年度より近隣の就学前施設や小・中学校に呼びかけ年1，2回，本校にて地域の特別支援教育に関する現状報告と課題の検討を行ってきた。平成16年度より八幡養護学校特別支援教育ネットワーク（図1-3）を構築し，医療や福祉，労働等の各機関の担当者と「顔の見える関係」を作っている。校内支援に関する関係機関との連携件数は平成16年度には250件以上で，割合は医療14％，福祉58％，教育12％，労働その他16％であった。個々の事例に応じて，必要な関係機関の担当者と支援者会議を行って対応を協議し連携して支援を行っている。

⑤地域連携，ニーズ調査：本校周辺地域の教育機関にもネットワーク参加を呼びかけ，17年度には就学前通園施設1園，幼稚園1園，小学校6校，中学校1校が参加した。参加機関へのニーズ調査から，本校への要望として，在籍する特別な教育的ニーズのある幼児児童生徒への対応に関する支援，環境整備に関する支援，研修会講師の派遣等の要望を得た。後述する公開講座参加者へのアンケートでは，本校に対し教育相談，学校や担任への支援等のニーズが明らかになった。

以上①～④により学校全体の教育機能が向上し，さらに⑤によりセンター的機能実施の前提条件が整ってきた。

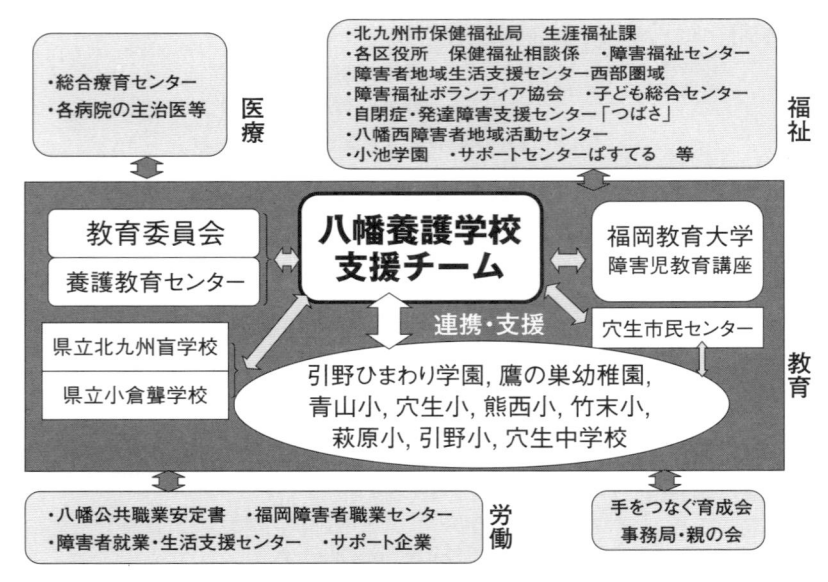

図1-3 八幡養護学校特別支援教育ネットワーク

3. センター的機能を生かした地域支援の取り組み

2. で述べた校内支援の充実により，支援の手順や人間関係構築のノウハウやネットワークを得ることができ，これらを生かして地域支援を開始した。主な事業内容は，公開講座の開催，園・学校への支援，教育相談，研修会への講師派遣等である。1. で述べた方策の番号を使って説明する。

⑥**事業案内，学校への支援の手順**：事業案内パンフレットを作成し，全市の小中学校や関係機関に配布した。園や学校への支援をスムーズに行うために，初回の支援依頼は必ず相手校の管理職から本校管理職へ行うようにし，本校支援チームが相手校を訪問したり，相手校の保護者や児童生徒などが教育相談に来校したりする際も相手校の管理職を通して連絡し，学校全体を支援する姿勢を伝え理解を図るようにした。また，平成16年度の地域支援の具体的な取り組みを紹介する冊子「地域で取り組む支援教育」を支援相手校職員とともに作り，ネットワーク参加校や機関に配布した。

⑦**公開講座の開催**：平成16年度から，1回目は特別支援教育に関する理解啓発，2回目は小学校における具体的な支援実践の紹介，3回目は構造化の意味とさまざまな場面での実践の紹介を目的に実施した。毎回の参加者は130～140名であった。平成16年7月第1回の公開講座では，就学前施設長，小学校長，本校長，本校コーディネーター，保護者が小学校に入学した高機能自閉症児への連携した支援について紹介し，連携する福岡教育大学教員が特別な教育的ニーズのある児童生徒への支援について講話を行った。アンケート結果から参加者は「連携の大切さ」を知り，本校へ「教育相談」を最も多く望むことがわかった。17年2月第2回は，支援相手校2校の担任，教頭，本校コーディネーターによる具体的な取り組みの紹介後，前述大学教員がまとめを行った。アンケートで参加者は「具体的な取り組みが始まっていること」や「養護学校のセンター的機能」「校内体制と連携の大切さ」がわかったと答えた。17年7月第3回は，前述大学教官による講演，就学前施設保育士，本校教員，本校コーディネーター，支援相手校教員，自閉症・発達障害支援センター職員による事例紹介を行った。アンケートで参加者は「色々な特性に応じた具体的な取組」がわかったと答え，「各機関の連携が分かり，参考になった」と答えた。アンケートから，本校に期待することは2回目以降「学校や担任への支援」が最も多く，本校による公開講座や冊子，ホームページによる情報発信も望んでいることがわかった。

4. 園・学校への支援の実際

平成16年度の地域支援の件数は延べ152件で，小学校への支援が6校，児童数17名，計133件で大半を占めた。ここでは，小学校への支援事例をもとに，センター的機能を生かした支援の要点を整理する。事例の支援体制を図1-4に示す。

①**対象児**：A小学校1年生Bさん。医療機関で高機能自閉症の診断を受けていた。入学後，離席，奇声，友達への攻撃行動が頻発し，A小学校は対応に苦慮していた。保護者が第1回公開講座に参加し，管理職を

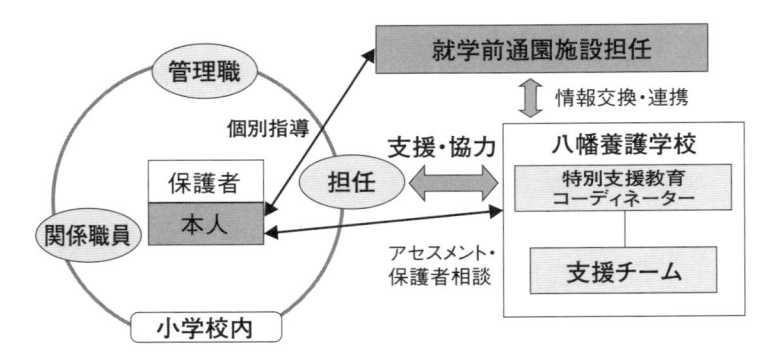

図1-4　Bさんへの支援・連携体制の図

通して本校へ支援の要請があった。

　②**アセスメント**：授業参観，行動観察，WISC-Ⅲの実施・分析，保護者・担任との懇談，Bさんとの面談，Bさんの就学前の担任との懇談により，言語性と動作性のギャップが大きく，言語のみの複雑な指示は理解困難であること，感覚過敏や想像力の不足等Bさんの障害特性をコーディネーターが把握し，保護者や担任に伝えた。2校が近隣であるため，Bさん・保護者の放課後の来校，コーディネーターによる昼休みの行動観察や担任との放課後の懇談など移動時間を気にせず行うことができた。

　③**支援の実際**：A小学校によるBさんへの支援方法がつかめるまで，本校の支援チームが支援を続けることをA小学校管理職と本校管理職で確認した。担任に離席に関する簡単なデータ収集を依頼し，離席の多い時間帯を明らかにし，そのデータを基にコーディネーターが管理職や担任，保護者と懇談し，不適切な行動の原因を特定した。校内支援体制の確立，聴覚過敏に対する耳栓の使用，トークンシステムにより，Bさん自身が約束した教科の着席の促進，Bさんと話し合って決めた約束カードの掲示，つらい時の避難場所の確保等，具体的な支援方法を提案した。要請に応じ授業参観や懇談を行い，支援方法の修正も行った。また，A小学校全職員の研修会に講師として出向き，LD等の特性，個に応じた支援の工夫等を伝えた。

　④**結果**：2，3ヶ月の取り組みでBさんが約束した教科の離席はほとんどなくなり，耳栓の使用や避難場所の確保により，奇声や攻撃行動は著しく減少した。Bさんとの事前の話し合いによりBさんが納得した約束はほぼ守れるようになった。担任や学校のBさんへの支援体制が確立し，支援方法を把握できるようになった。2学期末で本校による直接支援は終了し，フォローアップを行うようにした。平成17年度も，担任を中心にA小学校全体で本人の特性に応じた支援方法の工夫を重ねている。

　事例を重ね，園・学校に対して支援を行うに当たって必要な手順と要点が明確になった。

　①**学校や対象児の状況を懇談，授業参観，アセスメント等で把握し，その要因を分析し相手校と共通理解する**：近隣である利点を生かし，必要な時

に機動的な対応ができ，同じ教員の立場から担任の状況や心情を理解したり，共感したりすることができた。

②課題の優先順位をつけ目標行動を決定する：常に，直接の支援者は担任や相手校であり，本校はその支援の役割であることの確認のもとに，話し合いを行った。

③目標達成のための支援を行う：担任が納得し理解できる内容で，子どもの特性を生かした方法を使い，どの程度の頻度で本校が支援するか計画し，本校のネットワークを活用し関係機関や社会資源の利用も検討した。

④支援方法や技術の校内での共有を勧める：ケースを通して担任が得た支援方法や技術のノウハウは校内委員会や個別の指導計画等で紹介・活用し，校内の財産として残すことを勧めた。

⑤支援の終了とフォローアップを行う：支援方法や体制が確立したら，本校の支援はいったん終了し，あとは支援相手校からの要請に応じ，フォローアップを行っている。

5．おわりに

ここまで，本校のセンター的機能の取り組みの概要を紹介した。実践を進めていくなかで，養護学校（特別支援学校）のセンター的機能を生かして地域支援を行っていくための要点としては，次の事柄が挙げられると考えた。

①校内支援で培った支援の手順や人間関係構築のためのノウハウや専門性を生かすこと
②ネットワークを有機的に活用すること
③近隣である機動性を生かすこと
④相手校による対象児への支援を支える役割であることを踏まえ支援期間を明確にして行うことである。

引用文献

中田正敏　2004　神奈川県における養護学校等の支援機能の展開と支援資源の開発　プロジェクト研究報告書・特殊教育諸学校の地域におけるセンター的機能に関する開発的研究（事例編），135-144.

及川利紀　2002　これからの盲・聾・養護学校に求められる役割としての「地域支援センター」機能―支援ネットワークシステム構築のための新たな核の一つとして―　SNE ジャーナル，**8**(1)，22-33.

滝坂信一　2002　盲・聾・養護学校の「センター化」その背景と課題―日本型「万人のための教育」，「万人のための学校」の模索―　SNE ジャーナル，**8**(1)，57-81.

「特殊教育諸学校の地域におけるセンター的機能に関する開発的研究」研究グループ　2003　「特殊教育諸学校の地域におけるセンター的機能に関する開発的研究」より―知的障害養護学校における全国調査の結果概要―　発達の遅れと教育，**546**，28-30.

吉利宗久・太田正己・小谷裕美　2005　全国知的障害養護学校における「センター的機能」の実施状況と課題―「LD 児等」に対する支援を中心に―　発達障害研究，**26**(4)，279-288.

参考文献

石隈利紀・田村節子　2003　チーム援助入門―学校心理学・実戦編―　図書文化社
日本特殊教育学会特殊教育システム検討委員会自治体研究班　2003　「特別支援教育」への転換―自治体の模索と試み―　クリエイツかもがわ
清水貞夫　2003　特別支援教育と障害児教育　クリエイツかもがわ

第2章 特別支援教育コーディネーターの理論と実践

第1節 特別支援教育コーディネーターに関する理論

1. 特別支援教育コーディネーターの導入

　特殊教育から特別支援教育への転換が模索されるなかで，特別支援教育コーディネーター（以下，「コーディネーター」）に対する期待と要請が高まりを見せている。「コーディネーター」の活動が注目されてきた背景には，障害のある子どもに関する社会的情勢の変化があろう。2002（平成14）年12月，わが国の障害者施策に関する基本方針をまとめた「障害者基本計画」（平成15年度から10年間）が閣議決定され，障害のある子どものニーズに応じた生涯支援とともに，LD，ADHD，自閉症などに対して適切な教育的支援を行うことが示された（4（1））。同様の方向性は，文部科学省における「21世紀の特殊教育の在り方について（最終報告）」，及び「今後の特別支援教育の在り方について（最終報告）」によっても明確にされており，具体的な対応が図られつつある。

　なかでも，LDに対する支援体制の整備が先駆的に取り組まれてきた。1999（平成11）年7月，「学習障害児に対する指導について（報告）」が公表され，定義，実態把握の方法，指導の基本的な考え方，指導内容・方法の工夫，指導上の配慮事項等がまとめられた。これを受けた文部科学省は，全都道府県に対して，校内委員会の設置，専門家チームの設置，巡回相談を柱とする「学習障害児（LD）に対する指導体制の充実事業」（平成12～14年度）を委託した。その成果を踏まえ，2003（平成15）年度からは，ADHD，高機能自閉症の児童生徒を対象に含めた「特別支援教育推進体制モデル事業」が実施され，推進地域全体における「コーディネーター」の指名，及び教育委員会におけるその養成研修が本格的に開始された。そこでは，2007（平成19）年度までにすべての学校における「コーディネーター」の指名が目指されている。そして，2004（平成16）年12月には，文部科学省が「小・中学校におけるLD（学習障害），ADHD（注意欠陥多動性障害），高機能自閉症の児童生徒への教育支援体制の整備のためのガイドライン（試案）」（以下，「ガイドライン」）を公表し，「コーディネーター」に関する周知と検討が進められているのである。

2.「コーディネーター」の役割と資質

　「今後の特別支援教育の在り方について（最終報告）」は，特別支援教

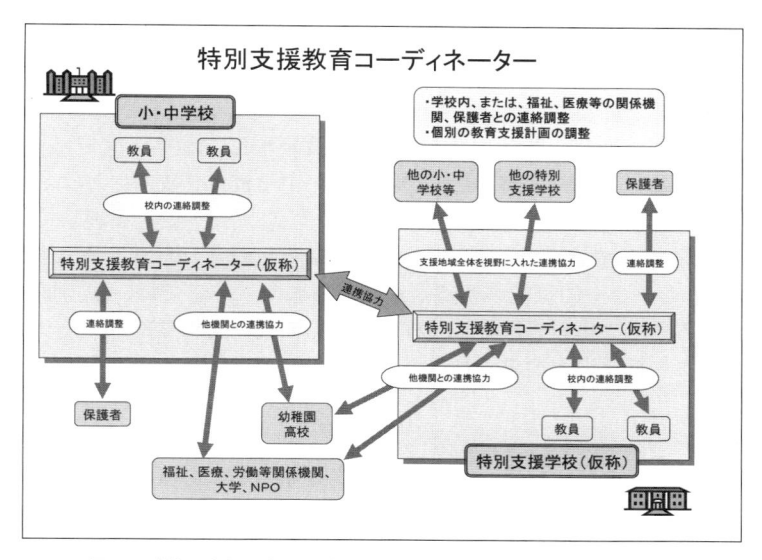

図2-1 「特別支援教育コーディネーター」の概念（文部科学省, 2003）

育の推進における「コーディネーター」の重要性を明文化し，校内の教職員及び保護者の連絡調整役と同時に，教育，福祉，医療，労働等の各分野における専門家チームとの連携推進役を担うキーパーソンとして位置づけた。具体的な「コーディネーター」の役割については，小・中学校と盲・聾・養護学校（特別支援学校）との間で若干の区別ができる（図2-1）。「ガイドライン」によれば，小・中学校における主要な役割として，①校内の関係者や関係機関との連絡調整，②保護者に対する相談窓口，③担任への支援，④巡回相談や専門家チームとの連携，⑤校内委員会での推進役，を挙げている。こうした校内での連絡調整の流れは表2-1の通りである。加えて，盲・聾・養護学校（特別支援学校）では，

表2-1 校内での連絡調整の例（「ガイドライン」2004 より一部改変）

Ⅰ．担任からの相談を受けた場合
【ポイント】子どもを自ら観察すると，相談内容が把握しやすくなる。
・対応の手順
①相談の受付→②児童生徒の観察→③再度担任との相談→④担任と具体的対応の検討

Ⅱ．保護者からの相談に対応する場合
【ポイント】一度で完結させようとせず，丁寧に連絡を取り合う。
・対応の手順
①相談の受付→②担任との相談内容の検討→③児童生徒の観察→④再度保護者と相談→⑤支援策を校内委員会で検討

Ⅲ．少人数のチーム体制で弾力的に対応する場合
【ポイント】コーディネーター，担任，保護者といった少人数のチームを構成し，速やかに弾力的に対応する。
・対応の手順
①相談の受付→②少人数チームの組織→③チームで具体的対応の検討→④具体的な支援を速やかに開始→⑤校内委員会に報告

Ⅳ．巡回相談員へ担任が相談する場合
【ポイント】時間に制限があるため，効率よく相談できるよう事前に相談内容の整理と情報収集をしておく。
・対応の手順
①担任からの相談希望の受付→②巡回相談員，担任と相談時間の設定→③少人数チームで具体的な対応の検討→④児童生徒を観察，情報収集，相談内容を整理→⑤担任と同席の上，巡回相談員と相談→⑥支援策について校内委員会で検討

地域における特別支援教育のセンター的機能を果たすことが求められており，⑥小・中学校への支援，⑦地域関係機関との密接連絡調整，が進められることになる。

このような役割を果たすための資質・技能としては，

①「連絡・調整」に関連して，特に小・中学校で「校内における特別支援教育体制の構築」(校内組織の整備の視点)，盲・聾・養護学校（特別支援学校）では「地域における関係機関とのネットワークの構築」(地域のセンター的機能の視点)が重視される。そこでは，協力関係を推進するための情報の収集・共有，交渉力や人間関係調整力，及びネットワークの構築力が要求される。

また，

②「特別な教育的ニーズのある児童生徒や保護者の理解」のために，LDやADHD等を含む発達や障害に関する知識とともに，児童生徒，保護者，担任などとの相談を行うためのカウンセリングマインドを有することが求められる。

さらには，

③「障害のある児童生徒など教育実践の充実」に向けて，関係法令，教育課程や指導法など障害のある児童生徒の教育に関する一般的な知識に加え，個別の指導計画や個別の教育支援計画に関する事項に精通していること，

が必要となる。

3.「コーディネーター」の指名状況

文部科学省は，すべての公立小・中学校（分校を含む）及び中等教育学校の前期課程を対象に，「LD, ADHD等の児童生徒への教育支援に関する体制整備の実施状況調査」(平成15年9月1日現在)を実施し，「コーディネーター」の指名状況を明らかにした（表2-2）。小・中学校いずれに関しても，「指名済」はわずか2割程度であり，これは「校内委員会の設置」(57.4%)，「LD, ADHD, 高機能自閉症等についての実態把握の実施」(47.3%)，「巡回相談員の活用状況」(33.9%)の整備と比べても，特別支援教育体制の整備における喫緊の課題となっていた[注]。また，国立特殊教育総合研究所の「小学校・中学校の特別支援教育の推進に関する調査」(平成17年2月)によれば，全国から抽出した対象校（配布，各1,000校；回収率，小45.2%，中49.3%）のうち，「コーディネーター」の多くは，特殊学級担任（小40.6%，中36.7%）や管理職

注）「特別支援教育推進体制モデル事業」の指定地域内外における大きな格差も見られた。モデル地域内においては，「指名済」(小39.9%，中32.2%；計37.5%)及び「年度内指名予定」(小20.5%，中20.0%；計20.4%)が合わせて約6割（小60.4%，中52.2%；計57.9%）に上るものの，モデル地域外では「指名済」(小17.7%，中15.6%；計17.1%)及び「年度内指名予定」(小6.7%，中4.9%；計6.1%)を合わせても約2割（小24.4%，中20.5%；計23.2%）に過ぎない。地域差・学校差への対応も求められる。

ただし，平成16年9月の調査では，「コーディネーター」の指名は，小学校で50.6%，中学校で46.4%と約半数の学校に増加していた。さらに，平成17年9月には，小学校で79.1%，中学校で75.3%まで指名の割合が向上し，「校内委員会の設置」(小，89.4%；中，84.3%)，「LD, ADHD, 高機能自閉症等についての実態把握の実施」(小，76.0%；中，63.7%)とともに数量的な充足が進んでいる。

表2-2 「コーディネーター」の指名状況

区分	小学校〔22,950校〕	中学校〔10,308校〕	合計〔33,258校〕
指名済	4,611校（20.1％）	1,789校（17.4％）	6,400校（19.2％）
年度内指名予定	1,875校（ 8.2％）	675校（ 6.5％）	2,550校（ 7.7％）
合　計	6,486校（28.3％）	2,464校（23.9％）	8,950校（26.9％）

（平成15年9月1日現在）

の兼務であった。このことは，一定の専門性が要求されていることの表れとも考えられるが，兼務担当者の事務的・時間的負担（実態把握や情報収集のための活動など）への配慮も必要となろう。

一方，国立特殊教育総合研究所は，全国の盲・聾・養護学校（997校）に対する「特別支援教育の推進に関する調査」（平成16年10月）を実施し，「コーディネーター」の状況を報告している。その結果（回収率79.9％），「コーディネーター」を位置づけている学校（68.1％）及び「平成16年度位置づけ予定」の学校（6.1％）が，全体の4分の3を占めていた。また，約半数の学校で，複数の「コーディネーター」が指名されていた。盲・聾・養護学校（特別支援学校）では，前述の小・中学校よりも「コーディネーター」の活動が定着しつつあるといえる。しかしながら，「コーディネーター」の役割が「校内で十分に認識されている」とする回答は半数以下（48.3％）であり，「地域での認知度の高まりがみられる」との回答はさらに低率（29.4％）であった。校内での調整はもとより，多様なニーズに対応できる資質をもった教員を確保し，地域における理解促進や役割の明確化を図ることも基本的な課題として残されている。

4.「コーディネーター」の養成と研修内容

こうした状況において，その養成はいかなる状況にあるのであろうか。国立特殊教育総合研究所（2004）によれば，47都道府県および13政令指定都市における平成15年度中（11月時点）の「コーディネーター」養成研修に関する実施計画・実施状況（回収率100％）を調査した結果，42自治体（70％）が養成研修を実施していた。一方で，18自治体（30％）は実施していないことが明らかになった。ただし，「平成16年度特別支援教育コーディネーター養成研修に関する調査」（回収率90％）として，翌年度（10月）の実態が継続的に報告されているが，計画・実施している自治体が87％を占め，実施・計画していないのは3％にとどまった（未回答10％）。各自治体が短期間のうちに，「コーディネーター」養成を推進しているといえる。なお，「コーディネーター」研修の講義・演習（平成15年度）の内容は，表2-3の通りである。軽度発達障害に関する理解や対応，及び教育相談などが中心となっている。しかし，新井（2005）が，ある都市における小・中学校の「コーディネーター」（小37校，中13校）を対象に必要とされる研修の内容を調査（平成15年3月）したところ，特別支援教育に関する一般的内容（校内支援体制，制度や現状など）が主要なニーズとなっていた。その理由として，調査対象者の教員経験が20年以上であるにもかかわらず，「特殊教育」の経験が5年未満であったことが指摘された。「コーディネータ

表 2-3 「コーディネーター」養成に関わる研修講義の数と割合 (平成 15 年度)
(国立特殊教育総合研究所, 2004)

研修内容の分類	コーディネーター養成講座の研修数	関連する研修数
①コーディネーション，個人情報，概論等	47 (15.8)	6 (4.4)
②校内支援体制	42 (14.1)	6 (4.4)
③軽度発達障害の理解と対応	67 (22.6)	37 (27.1)
④個別の指導計画，教育支援計画	23 (7.7)	15 (11.0)
⑤アセスメント	25 (8.4)	11 (8.1)
⑥特別支援教育	22 (7.4)	19 (13.9)
⑦地域・他機関等との連携・ネットワーク	37 (12.5)	4 (2.9)
⑧教育相談，カウンセリング等	50 (16.8)	4 (2.9)
⑨その他	42 (14.1)	22 (16.1)

( ) 内は割合%

ー」の養成に当たっては，特別支援教育に関する進捗状況や地域特性を考慮した研修のあり方も十分に考慮されなければならないであろう。

5. 海外のコーディネーター

海外の学校においては，障害のある子どもの支援のためのコーディネーターの活用が組織化されており，イギリスの「特別な教育的ニーズコーディネーター」(Special Educational Needs Coordinator；SENCO) が代表的なものとして広く報告されている（熊谷, 2004；徳永, 2001 参照）。しかし，他の国々でもコーディネーターが重要な役割を果たしている。ここでは，アメリカ合衆国ハワイ州における「生徒サービスコーディネーター」(Student Services Coordinator；SSC) の概要をみておく。ハワイ州教育省は 1994 年から学校システムの抜本的改革に着手し，「包括的生徒サポートシステム」(Comprehensive Student Support System；CSSS) を導入している。CSSS は，学校行政区を小規模化し，行政，地域及び関連機関が綿密な連携を図ることで，子どもの幅広いニーズに応じるための多様で連続性のあるサービスを提供する。SSC は，1999 年 8 月に導入された新たな職種であり，CSSS を運営するすべての公立学校に配置されている。SSC は，学校において特別な支援を必要とする子どもの発見・照会や個別教育計画（Individualized Education Program）の管理など CSSS の効果的運用のための枢要な役割を担う。

SSC の養成においては，州教育省と州立ハワイ大学障害研究センター (Center on Disability Studies) の連携のもと，大学院レベル（graduate level）の 5 つのコースからなる単位認定プログラム（15 のセメスター科目）が提供されている。その主な内容は，①「学際的チーム開発」(Interdisciplinary Team Development; 専門家や家族とのパートナーシップや協同的チームを構築するための知識やスキル)，②「学際的なチームとシステムの開発（上級）」(Advanced Interdisciplinary Team & System Development; 効果的なチームミーティングを促進するに不可欠な要素に関する知識)，③「効果的実践のための学際的アセスメント」(Interdisciplinary Assessment to Effective Practices; 機能的，臨床的アセスメントの方法論に関する理解)，④「効果的実践のための学際的アセスメント（上級）」(Advanced Interdisciplinary Assessment to Effective

Practices；③に準拠），⑤「書類管理・フィールドワーク」（Portfolio / Fieldwork；プログラムの要素や介入のレベルに応じたサポートの包括的な記述，及び，事例研究を通じたサポートの検討），が実施されている。一連の養成プログラムの特徴は，「チーム」での支援を重視していることである。今後のわが国における「コーディネーター」の養成と活動にも参考とすべき点であろう。

第2節　小学校における特別支援教育コーディネーターの役割

1. 特別支援教育コーディネーターの指名

　特別支援教育コーディネーター（以下コーディネーター）の指名や校内委員会の設置は，平成19年度までに特別支援教育の体制整備を図るということで，全国の学校現場で進められているところである。熊本県でも平成17年7月1日現在，校内委員会（72.0％），コーディネーター（84.8％）と，急激に伸びてきている。

　ただ，コーディネーターの指名のあり方については一考を要すると感じている。学校によっては，特殊学級（特別支援学級）担任ということだけで，指名を受けている現状も耳にする。もちろん，特殊学級（特別支援学級）担任が指名を受けることを否定する気持ちはまったくないが，特殊教育の経験年数や在籍の児童の状況を十分考慮する必要があると思われる。筆者は通常学級担任の立場でその役割を果たそうとしたが，校内で気になる子がいる場合に，自分の学級を自習にしてまで様子を見に行くことはできないし，専門機関との連絡調整等の時間の確保も厳しいことがわかった。そこで，次年度からは学校長とも相談し，少人数授業担当の立場でコーディネーターを努めてきた。少人数授業担当に限らず，専科担当の立場も複数の学級に関われることや，連絡調整等の時間も学級担任に比べ確保しやすいと思われる。また，本校をはじめ近隣の3校では大規模校ということもあり，平成15年度より，表2-4のようにコーディネーターを複数指名してきている。3校でも指名の状況が異なるように，それぞれの学校の現状や指名を受ける教師の立場を十分に考慮する必要性を感じている。

表2-4　近隣3校のコーディネーター指名状況

	西合志東小	西合志南小	西合志南中
平成15年度	特殊学級担任 少人数授業担当	特殊学級担任 少人数授業担当	特殊学級担任 人権教育担当
平成16年度	少人数授業担当 T・T担当	特殊学級担任 少人数授業担当	特殊学級担任 人権教育担当
平成17年度	少人数授業担当 教務主任	少人数授業担当 少人数授業担当	特殊学級担任 教務主任

2. 校内委員会での役割

　コーディネーターは校内委員会の推進役も担っているが，校内委員会の基本的な役割として，児童への特別な教育的支援は担任1人で思い悩

写真2-1 本校の校内委員会の様子

ものではなく，校内で可能な限りの支援体制を考えたり，必要に応じて専門機関への相談を検討したりする役割が考えられる。

本校では，校内支援委員会の名称で新規の委員会として設置している。コーディネーターの指名と同じく，各学校の実情に応じて，教育相談部や人権教育部等の既存の組織に校内委員会の機能をもたせることも考えられる。

①**構成員**：小規模校では職員全員が参加することも可能であろうが，大規模校である本校の場合は，校長，教頭，教務主任，養護教諭，各学年代表，特殊学級担任代表，研究主任，コーディネーター及び必要に応じて対象となる児童に関わる教師も参加するようにしている。また，学年代表はあらかじめ支援が必要と予想される児童の担任が担ったり，研究主任やコーディネーターが学年代表を兼ねたりするなど工夫している。

②**時間の設定**：委員会を設置しても時間の確保がきちんとなされていないと，その機能を発揮することが難しくなる。本校では，大規模校の利点を生かし，毎月1回，児童の委員会活動時に定期的に委員会を開催している（児童の委員会を複数の職員で担当できるため）。その他，学校によっては，短縮日課や朝自習をカットするなどの日課の工夫も考えられる。また必要に応じて委員会を開催する場合も考えられるが，それだけでは，結果的に学期に一度も開かれなかったという状況も起こりかねない。対象児童の学校生活の経過を見守る意味でも，定期的な開催が必要である。

③**事前の準備**：開催する前に，コーディネーターが各学年の担当者や担任から対象となる児童の現状や支援体制の必要性等の情報を整理し，校内委員会の当日の資料として提示するようにしている。また，会議を重ねるうちに対象児童の数も増えてくる。そこで，事前の情報を参考に現状報告でよい児童と緊急に支援体制を検討する必要がある児童に分けておくなど，会議を効率よく進める工夫も必要である。

④**共通理解を図る**：校内委員会で検討し合ったことは，全職員で共通理解を図ることも必要である。特別支援教育を学校総体となって取り組んでいるという意識をもつことや，対象児童について一貫性のある対応を行うためにも忘れてはならない。本校では校内委員会後の職員会議や校内研修の時間を活用し，コーディネーターが対象児童の現状や支援体制について表にまとめ，報告するようにしている。

3. 校内研修での役割

特別支援教育を学校全体で推進していくためには，校内研修のなかでのコーディネーターの役割も重要である。先の校内委員会の構成員に研究主任を位置づけているのも，研修内容について連携を図りやすくするためでもある。

①**校内研修の時間の確保**：本校の平成17年度の研究テーマは「一人一人が生きる授業の創造と集団づくり」であるが，テーマについて，特別

表2-5 校内研修計画（特別支援教育関係）

月	研修内容	月	研修内容
4	＊特別支援教育について	10	＊個別の指導計画の修正 ・授業研究会
5	＊行動面への理解と対応（県自閉症・発達障害支援センターより）	11	
6	＊個別の指導計画の作成と活用（黒石原養護学校より） ・特殊学級の実践発表 ＊実態調査及び個別の指導計画について	12	＊個別の指導計画の修正
7	＊児童の実態調査の実施	1	＊事例研究会
8	＊WISC-Ⅲについて ＊個別の指導計画の作成	2	＊実践の集約
9	・授業研究会	3	＊個別の指導計画の整理 ・年間総括と次年度へ向けて

支援教育の視点でも考えていくことは，校内すべての児童の支援にもつながる。テーマに関連してコーディネーターで企画した研修は，表2-5のように年間10回ほど（＊印）で，全体の約1/4程度の割合である。コーディネーターも校内研修に参画することで，人権教育や授業研究会のなかにも特別支援教育の視点を入れることが可能である。

②**研修内容**について：1学期に主に理論的な研修を行い，必要に応じて外部講師を招聘しての研修も実施してきた。次に1学期末から夏季休業日にかけて児童の実態調査や個別の指導計画（作成が初年度ということで）を検討してきた。個別の指導計画は通常の学級担任には，あまり馴染みのないものであり，その必要性や作成手順等についての研修を計画的に実施してきた。また，作成や修正の時間も校内研修に位置づけ，作成例や作成手順の資料も提示するなど，担任が負担を感じないよう工夫した。2学期以降はそれらの研修を基に，普段の学校生活や授業研究会等を通して実践を進め，3学期にはそれらの実践を集約したり，次年度に向けて個別の指導計画の整理をしたりするようにしている。

4．支援の手順

支援のきっかけは，児童と一番身近に関わっている保護者や学級担任の気づきから始まる場合が多い。すでにLD等の診断を受けている児童もいるが，診断を待って支援をスタートするのでは二次的な問題を大きくする場合もある。学級で気になる子がいれば，コーディネーターや学年の職員等に相談し，まずは学級で可能な支援から始めるべきである。本校では次のようなステップで支援を進めている。

Step 1 学級での支援：実態調査を基に個別の指導計画を作成し，学級で可能な具体的な支援を始める。保護者との連携が可能な場合は，この段階から一緒に指導計画を検討する。

Step 2 校内委員会で検討：Step 1では難しい場合，各学年の校内委員会の担当者を通じて，児童の現状を報告する。校内委員会では，校内で可能な限りの支援体制を検討し，支援の方向性を考える。

Step 3 専門機関との連携：Step 2でも難しい場合，専門機関に相談を依頼する。事前に専門機関に児童の情報を伝え，来校当日に学級での様子を直接観察してもらい，学級担任との教育相談を行う。校内委員

会では相談の結果を基に支援体制のあり方を再検討する。必要に応じて保護者の了解が得られれば，専門機関に個別の諸検査を依頼し，その結果を基に助言を受けながら具体的な支援に生かす。

Step 4 個別の支援会議の実施：ステップ3の後，さらに専門機関との継続した相談が必要な場合，定期的に専門機関を交えての個別の支援会議を行う。個別の支援会議の構成員は対象児童に関わる職員，専門家，コーディネーター，保護者が考えられる。会議では，個別の指導計画を一緒に検討し合うとともに，児童が専門機関でも指導を受ける場合は，学校，家庭の3者で一貫した対応ができるよう，チームとしての支援を検討する。

5．保護者の啓発

「特別支援教育を推進するための制度の在り方についての中間報告」（文部科学省）にも，保護者の理解と協力が不可欠であることが述べられている。本校では以下のような取り組みを行っている。

①**PTA総会の活用**：事前に学校長と相談し，挨拶の中で特別支援教育も話題にしたり，保護者に対しての職員紹介では，「校内の教育相談や専門機関への相談の窓口になります」のように，コーディネーターの紹介もお願いした。また，当日の学級懇談会では，特別支援教育に関する資料を配布した。

②**保護者向けの教育相談の実施**：学期ごとに教育相談を計画し，案内文と一緒に資料で啓発を図っている。ただ，学校は専門機関ではなく，診断も判断もできない。児童について学校で気づきがあっても，「ADHDの傾向が見られます」等のように，安易に保護者に憶測で話したりしないようにすべきである。保護者の側から気づきがある場合も，専門機関に判断を委ねるなど慎重に対応する必要がある。大切なことは，保護者の不安や悩みを真摯に受け止め，一緒に支援を検討していく気持ちを忘れないことである。

③**学校通信やPTA新聞の活用**：学校長からの学校通信やPTA新聞も啓発の機会となる。図2-2のように，授業参観日に合わせて専門家を招聘した講演会を企画し，その案内を学校通信で行ったり，広報委員会に協力を依頼し，講演会の内容をコーディネーターでまとめ，PTA新聞の記事にしたりするなど，繰り返し，機会あるごとに啓発を行っていくことが必要である。

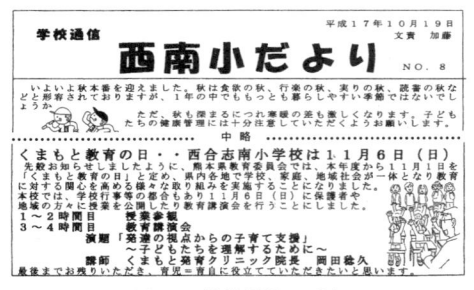

図2-2　学校通信の一例

6．地域のシステム作り

コーディネーターには，外部の専門機関等との連絡調整も重要な役割として考えられている。特別支援教育を推進するうえでも，学校は主体的に支援体制の整備に取り組みながらも，必要に応じて地域の関係機関と連携を図る必要がある。

①**中学校校区内の連携**：平成15年度より，隣の西合志東小学校と本校の児童が進学する西合志南中学校の3校で，特別支援教育推進への連携

を図る目的で，合同委員会を開催している。構成員は各校の学校長とコーディネーターからなり，毎月，会場を3校で巡回する形を取っている。合同委員会では，各校の推進状況を報告し合うとともに，支援を必要としている6年生や中学1年生についての情報交換を行っている。また，3校のコーディネーターで先進地への視察研修を行ったり，夏季休業中に合同研修会を実施し，3校全職員の特別支援教育への共通理解を深めてきた。

②**町内全体の学校との連携**：3校だけではなく，町内全体で特別支援教育を推進する目的で，平成16年度末に町教育委員会による特別支援教育推進協議会を立ち上げた。新たに西合志中学校校区3校と町内の養護学校3校も加わり，町内全体の学校における連携のシステムが整いつつある。平成17年度には第1回の町内合同研修会を実施し，町内のコーディネーターと町教育委員会担当者による専門部会も始まっている。

③**養護学校との連携**：養護学校（特別支援学校）は地域の特別支援教育のセンター的役割を担っており，町内には菊池養護学校，黒石原養護学校，ひのくに高等養護学校の3校があり，県内でも恵まれた教育環境にある。町内の小中学校への支援も始まっており，校内研修の講師や個別の諸検査の実施，教育相談等において，各養護学校（特別支援学校）の専門性を発揮している。特別支援教育は軽度発達障害が注目されがちであるが，従来の特殊教育の対象児童についても連携は重要であり，特殊学級に在籍している児童についての発達検査や個別の指導計画の作成，教材教具への助言等も行われている。

写真2-2　養護学校での教育相談の様子

④**福祉との連携**：児童の支援を進めるうえで家庭環境への支援も必要な場合がある。そこで，地域生活支援事業（各種福祉サービスの提供に係る援助や調整等を行い，療育相談と地域生活のための支援を実施する）を実施している施設や地域の民生児童員との連携も必要である。民生児童員は地域の住民でもあり，帰宅後や休日の児童の生活の様子を見守ってもらい，学校と情報交換を図ることで，家庭環境の変化にも迅速に対応することが可能となる。

⑤**保育園，幼稚園との連携**：本校では就学予定の園訪問を実施しているが，各園でも学校と同じように，すでに気づきのある園児がいる。そこで，コーディネーターが該当の園の様子を見に行き，個別の指導計画を一緒に検討するなど，就学前からの連携を始めている。そうすることで，学校でも入学後に必要な支援体制を早めに準備することができる。

第3節　養護学校（特別支援学校）での実践編

1. はじめに

障害児教育から特別支援教育に変わり，養護学校（特別支援学校）が担う役割が明確になりつつある。

特別支援教育コーディネーターとして，筆者は知的障害児養護学校に勤務している。また，週に1回，平成16年度に軽度発達障害児の在籍する，学校支援を行う支援センターの巡回相談員として勤務している。

2. 支援センターのしくみ

支援センターでは市内の通常学級に在籍している，小学生及び中学生で学習面や対人関係等について気になる子どもたちが，保護者を通して申し込みが行われる。もちろん学校とも相談済みのことである。

まず最初に，親子でセンターに来所してもらい，子どものアセスメントと親面接をそれぞれの担当者で行う。アセスメントの内容は，WISC-Ⅲ，人物画，森田式読み書き検査，Reyの図，フロスティッグ視知覚発達検査，ソフトサイン検査，眼球運動の検査等子どもの来所時の様子やあいさつの仕方を見てテストバッテリーを組んでいく。2時間ほど時間をかけてアセスメントを行う。その一方で親面接を行う。周産期から現在の様子を順を追って聞いていく。運動発達やことばについて，感覚の過敏さについてなどをゆっくり，丁寧に聞いていく。子どものアセスメント結果と親面接をまとめて，在籍校に巡回相談に行く。授業中の様子を見学し，担任，在籍校の特別支援教育コーディネーターと学校生活で本人が困っていること，指導するうえで難しい点などを話し合う。

その結果をさらにまとめて，再び親にセンターに来所してもらい，アセスメント結果や学校での様子について報告を行う。その時子育てへの不安や学習面での支援の方法などを具体的に説明することを行っている。

その後日時を設定して希望親子には，専門医による医療教育相談を行う。これも親子で来所してもらい，専門医による相談が行われる。巡回相談員がまとめた資料と子どもの行動観察，質問に対する応答の仕方などにより子どもへの支援の方法をまとめて親に説明を行ってもらう。この時に障害名の告知ではなく，子どもの特性について充分話しをしても

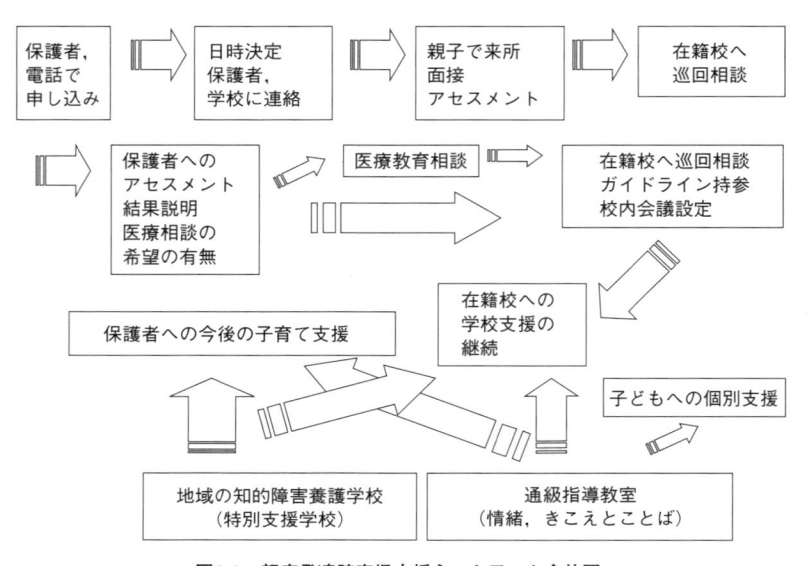

図2-3　軽度発達障害児支援ネットワーク全体図

らう。最終的には医療相談が終わってから巡回相談員が個別の指導計画作成のためのガイドラインを作成し，再び在籍校を訪れる。このときは管理職，特別支援教育コーディネーター，学級担任や在籍児に関係する先生に集まってもらい，ガイドラインの説明を行う。そして具体的支援方法について検討し，在籍校が個別の指導計画が作成できるように支援を行う。在籍校が個別の指導計画にそって支援ができるようにアフターケアという形で要請があれば巡回に訪れる。以上の流れを図にすると図2-3になる。

3. 養護学校（特別支援学校）の特別支援教育コーディネーターの役割

図2-3に示したように学校に対する支援体制はできつつある。しかし保護者への子育て支援がまだまだ十分ではない。乳幼時より多動であったり，ことばが遅かったり，集団に入れなかったりしているわが子について医療機関へ受診したり，子ども家庭センターへ相談に行ったりとしているが，継続的に教育相談を行う機関がほとんどない。療育手帳を申請して発行してもらうことができれば，更新時に相談を行うことができるが，知的に遅れがない場合は療育手帳を申請しても発行してもらえなかったり，保護者がわが子の困った行動や，気になる行動について受け入れることができない保護者も多いまた，育て方やしつけのせいではないかと自分を責めて悩んでいるケースが多い。

そこで養護学校（特別支援学校）のセンター的役割の1つとして教育相談を実施した。

筆者はコーディネーターとしてまた，巡回相談員として勤務校の地域の通常学級で支援を必要としている児童，生徒については把握している。保護者への支援必要数も面接などを通して理解している。必要に応じて地域の養護学校（特別支援学校）が教育相談を行っていることを説明し，相談申し込みを学校に直接行ってもらう。最初の面接には筆者が入り，また，記録者として校内の教育相談員を配置する。在籍校の支援体制を聞いたり，子育てへの具体的な方法の相談を行う。2回目以降は記録者として在籍した相談員がメインとなり相談活動を行う。初回は必ず筆者が行うようにしている。その理由は保護者は養護学校（特別支援学校）は知的な遅れのある子どもが対象であり，わが子は知的な遅れはないのにどうして？という不安を抱かれることが多い。知的な遅れに関係なく，専門的な知識のあるところであるということを理解してもらうために面識のある筆者が初回相談を必ず行うようにしている。

また，子どもの在籍校から要請があれば学校園支援という形で巡回相談を筆者と相談員とともに訪れ，個別の指導計画の書き方などについてアドバイスを行う。また，授業の様子を見て具体的支援方法を話し合い学級担任が行っていく。

現在支援センターは，申込者が多くなかなかきめ細かい学校支援や担任支援，保護者支援を行うことができない。そのため養護学校（特別支援学校）がガイドラインができあがり，巡回へ行った後のフォローアップを担当している。

そして依頼があれば小，中学校の校内研修に出向き発達障害についての理解と学校での支援の方法についてレクチャーを行う。

校内では教育相談員の資質の向上と，また，筆者の勤務校の子どもたちへの支援の質の向上のために研修を計画する。講師を依頼することもあれば，筆者や教育相談員が講師となり研修を行う時もある。

勤務校では3年前より在籍保護者を対象に子育て支援の一環として家庭療育支援プログラム（ペアレント・トレーニング）を行っている。大学とのコラボレーションにより実現した。ペアレント・トレーニングを行うための教職員スタッフの勉強会なども教職員の資質の向上に役立っている。企画運営は筆者が行い，大学との連携も行っている。

また，年に4回の事例検討会を行っている。これは自立活動部が中心となり行っている。筆者も自立活動部の一員として企画運営を行っている。

2006年度の9月からは4回シリーズで地域の小学校の障害児学級担当者に対して希望を募り，公開講座「療育支援プログラム」を4回シリーズで実施した。

現在通常学級の小学校の先生方がクラスで気になる子どもへの支援の方法について学ぶ機会が少ない。教育委員会の特別支援教育課主催で特別支援教育コーディネーター養成講座を系統的に行っている。また，指導主事が巡回へ赴き個別のケースについての相談及び支援法について教授している。しかし指導主事の担当校が多く何度も巡回することができない。そのような理由から各学校の特別支援教育コーディネーターの資質の向上，また，学級担任の気になる子どもへの支援の仕方，校内支援体制の作り方など学校独自で支援体制が組めるように具体的支援内容や障害の理解について等養護学校のセンター的機能の果たす役割を充実させているところである。

4. 特別支援教育コーディネーターの勤務体系

養護学校（特別支援学校）のコーディネーター，巡回相談員であっても授業の担当時間はある。週に1回支援センター勤務となるためその他

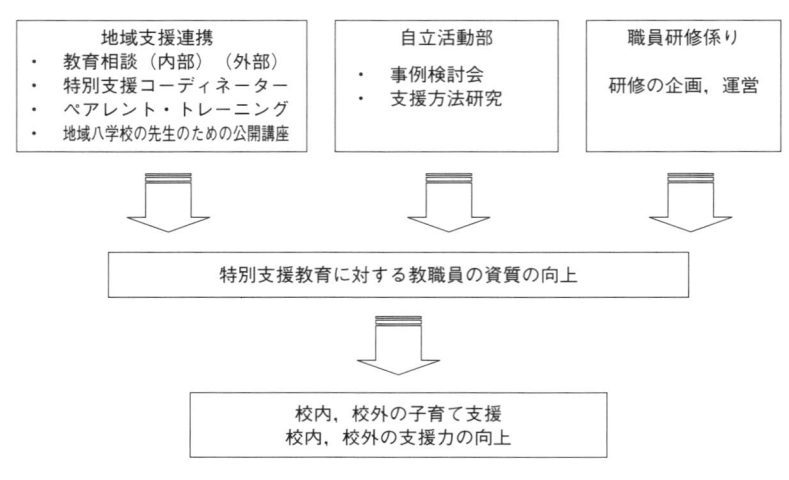

図2-4 支援体制校内組織図

の曜日は校内，校外の教育相談，巡回相談で時間が詰まってしまう。支援センターから巡回時に持参する個別の指導計画作成のためのガイドラインも勤務時間内に仕上げることは難しい。勤務校では会議や教材準備で時間をとられてできないことがほとんどである。

　勤務校の配慮で2年目から授業時間を減らしてもらえたが，まだまだ時間が足りない状況である。また，筆者自身も資質の向上のために，休日の研修会も欠かせないことである。

　養護学校（特別支援学校）のコーディネーターとしては1人では難しいため数人で構成しているが，校外の支援が必要な子どものことを把握しているのは筆者であるため，いかにコーディネーター間で連携をとってスムーズな相談活動や支援を行うかが問題となっていく。勤務校での組織図の一部を紹介する（図2-4）。

5．今後の課題

　これからの課題の1つとしては，地域の障害児学級の担任の資質の向上を支援することが必要ではないかと考える。2006年度に初めて4回シリーズの公開講座を実施した。現在障害児学級担任が，特別支援教育コーディネーターを兼任することが多い。しかし，障害児学級の児童，生徒の支援については，担任裁量で行っているため支援方法に差がある。このような状況から養護学校（特別支援学校）が助言を行う必要性を感じた。障害児学級担任が特別支援教育についての発信源となり，筆者が行っている役割が担えるようになる必要がある。そのためにも養護学校（特別支援学校）が特別支援教育の理解と支援方法，事例検討を含めた公開講座などを定期的に行い今後も支援の輪を広げていきたい。

　また，中学校では特別支援教育の理解と支援が遅れている。小学校とは違って教科制になり担任が変わっていく。多くの視点で気になる生徒の学習の偏りや，気になる行動について見ていくことができる。しかし見る視点を共通理解できていないと生徒の問題となる事柄がなかなか浮かび上がってこない。そのため特別支援教育の理解と支援を十分学んでもらえるように巡回相談を通して支援を行っていく必要がある。そして小学校高学年から中学校にかけて主障害に対する支援不足から二次障害を引き起こす可能性が高くなる。不登校や行動問題，神経症などを起こすことが考えられる。その予防として小学校時に子どもに応じた適切な支援が必要となってくる。

　また，学校へ巡回相談を行っていくなかで管理職の果たす役割は大きい。管理職の特別支援教育の理解があってこそ，個別の学習が行えたり，リソースの活用などができる。養護学校（特別支援学校）の管理職として校長会等を通じて，教育委員会ともに通常学校管理職に理解が得られるように伝えてもらっている。

　支援センターでの支援は就学前は現在行えていない。就学前の教育相談機関は公的機関としては通級指導教室，子ども家庭センター，保健所である。より充実した教育相談を願う家庭では民間の相談機関や療育機関を利用しなければならない。支援費制度を使って行える療育機関はほんのわずかである。軽度発達障害児の早期からの療育は大変重要である。

保育園，幼稚園の支援者が障害の理解が行えるように研修会の機会や，巡回相談の巡回のなかに組み込む必要がある。早期の療育が今後の特別支援教育の充実と関係が深いと考えられる。

今後は養護学校（特別支援学校）に就学前施設の関係者や保護者が教育相談を受けやすくなるように，教育相談の一環として，保育園や幼稚園にも出向き支援の具体的方法をともに考えていきたい。

最後に大学との連携の必要性である。教職員の資質を高めようとした時に，有効なリソースとして地域の大学がある。職員研修や事例検討会など指導助言者として依頼することが大変有効である。学校臨床の場として大学へ提供すると共に支援への助言を行ってもらい，より一層実りのある支援が行うことができる。

今後も養護学校（特別支援学校）の特別支援教育コーディネーターとして，関係機関との連携を行い，社会への自立に向かって子どもたちが歩むことができるような支援を行うために学んでいきたいと思う。

■ 参考文献

新井英靖　2005　通常学校の特別支援教育コーディネーターの役割および校内での地位に関する研究　発達障害研究, **27**(1), 76-82.

国立特殊教育総合研究所　2004　「特別支援教育コーディネーター」養成研修のために

熊谷恵子　2004　特別支援教育コーディネーターの役割―イギリスのインクルージョン教育におけるSENCOの役割と実践に学ぶ　LD研究, **13**(3), 269-276.

文部科学省　2003　特別支援教育推進基礎資料

德永　豊　2004　全小中学校におかれているイギリスの特別な教育的ニーズコーディネーター　実践障害児教育, **368**, 10-11.

♣第3章　教育相談のシステムと方法論

第1節　特別支援学校（盲・聾・養護学校）における教育相談

　一般的に教育相談とは児童・生徒の教育場面におけるさまざまな行動・情緒的な問題に関して，本人または保護者，教員に対して適切な援助を行い，本人の学校生活への適応を図ることを目的としている。

　しかし，特別支援学校（盲・聾・養護学校）などで行ってきた教育相談は，学校に在籍する児童・生徒に関わる相談のみならず対象や内容が多岐にわたって実施されてきている。例えば，在籍する児童・生徒以外の外部からの相談として，就学前児や保護者に対する早期教育が挙げられる。その他，就学相談や転入に関わる相談，地域の学校の教員や保護者からの相談などが挙げられる。

　1999年3月に出された「盲学校，聾学校及び養護学校幼稚部教育要領，小学部・中学部学習指導要領，高等部学習指導要領」には「地域の実態や家庭の要請等により，障害のある乳幼児（児童，生徒）又はその保護者に対して教育相談を行うなど，各学校の教員の専門性や施設・設備を生かした地域における特殊教育に関する相談センターとしての役割を果たすように努めること」（文部省，1999）と述べられている。

　また，「盲学校，聾学校及び養護学校学習指導要領（平成11年3月）解説—総則等編—」（文部省，2000）の小学部・中学部学習指導要領及び高等部学習指導要領解説によれば，学校における相談・センター機能の具体的な活動内容として，①児童・生徒に対する障害に基づく種々の困難の改善・克服を図るための直接的な支援，②保護者が子どもの障害を受容できるようにするための支援，③良好な親子関係を形成できるようにするための支援，④障害のある子どもの養育に関する保護者への支援，⑤特殊教育に対する理解促進などを挙げている。

　特殊教育から特別支援教育への転換が図られている今日，「今後の特別支援教育のあり方（最終報告）」では，特別支援学校（盲・聾・養護学校）が果たすべき今後の役割の1つとして，地域の特別支援教育のセンター的機能を挙げ，「盲・聾・養護学校は，これまで蓄積した教育上の経験やノウハウを活かして地域の小・中学校等における教育について支援を行うなどにより，地域における障害のある子どもの教育の中核的機関として機能することが必要である」（文部科学省，2003）と述べている。

　特別支援教育のセンター的機能をもち合わせることにより，児童・生

徒・保護者への相談のみならず，他機関との連携のなかで地域の学校への相談等の業務をすべきであるとの方向性が打ち出され，ますます，特別支援学校（盲・聾・養護学校）での相談機能の拡大・充実が求められている。そこで，本稿では，これまでの実践に基づいた特別支援学校（盲・聾・養護学校）における教育相談を改めてとらえ直し，特別支援学校（盲・聾・養護学校）における相談システムとその方法を述べていくこととする。

第2節　教育相談の流れ

　教育相談の流れとしては，各機関によって，また相談者によって異なるが，おおよそ図3-1に示した流れである。以下に教育相談の流れに従って，実施する内容とそこでの留意事項を述べる。

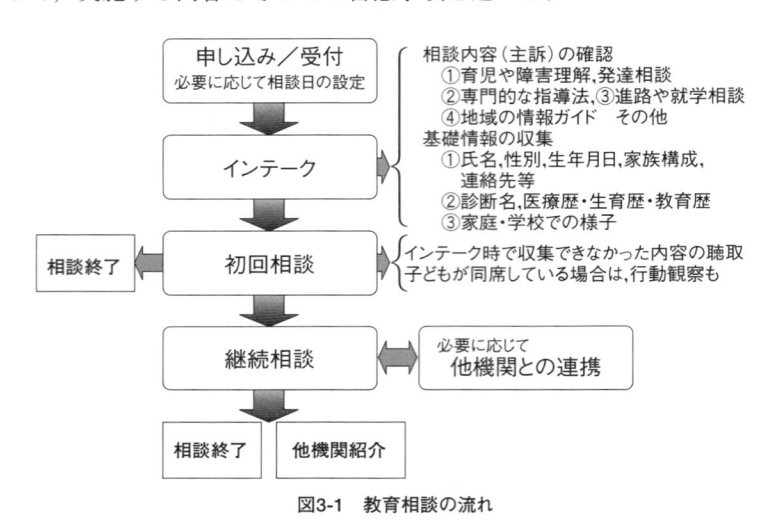

```
申し込み／受付            相談内容（主訴）の確認
必要に応じて相談日の設定      ①育児や障害理解,発達相談
                          ②専門的な指導法,③進路や就学相談
                          ④地域の情報ガイド　その他
                          基礎情報の収集
インテーク                 ①氏名,性別,生年月日,家族構成,
                            連絡先等
                          ②診断名,医療歴・生育歴・教育歴
                          ③家庭・学校での様子

相談終了 ← 初回相談         インテーク時で収集できなかった内容の聴取
                          子どもが同席している場合は,行動観察も

継続相談 ←→ 必要に応じて
            他機関との連携

相談終了   他機関紹介
```

図3-1　教育相談の流れ

1. 申し込み／受付
(1) 相談者／受付者

　相談者は大きく分けて，①在籍する児童・生徒の保護者・担任・本人と，②外部の保護者・担任等が考えられる。盲・聾・養護学校（特別支援学校）での教育相談では，通常の学校と異なり保護者への相談機能を強くもち合わせている現状がある。「子どもの発達の促進」に対して直接的な教育・支援が行われるのは子ども自身に対してであるが，それに関わる問題や悩みを抱えるのは保護者，家族，きょうだいであることも多いためである。

　相談者からの相談を受け付ける者としては，在籍する児童・生徒の保護者や本人からの場合は，学級担任である場合と教育相談担当の教員である場合が考えられる。外部からの相談の場合は教育相談担当が中心となるであろう。また，今後は特別支援教育コーディネーターがその役割を担っていくことも多くなるであろう。

　外部からの相談の場合，どのような経緯で教育相談に申し込みをするに至ったかの情報を得ておくことが後の相談においては重要となる。保

護者自らがわが子の成長や学習に不安を抱いて相談に申し込んできたのか，子どもの障害を十分に受け入れられないまま誰かの薦めがあって相談に申し込んできたのかの情報を得ることによって，相談者の心情に配慮した対応が可能となる。

　在籍する児童・生徒の保護者や本人が担任以外の教育相談担当教員に相談を申し込む場合は，担任以外の先生の意見も聞いてみたい場合や担任に相談したが問題が解決しなかった場合が考えられる。その場合，学校全体で相談者に応じていくという姿勢を示していくことが大切である。

(2) 相談申し込み機会

　相談申し込み機会としては，外部からの相談の場合は電話やE-mailなどによる申し込みが中心である。

　一方で，在籍する児童・生徒の保護者の場合，申し込み機会は多彩であることが特徴としていえる。申し込みの機会としては，日常的にやりとりが行われている「連絡帳」をはじめとして，保護者と担当者が顔を合わせる機会となる「個別面談」時や「保護者会」時，「家庭訪問」時，「学校行事などでの来校」時，「登下校の送迎」時などが挙げられる（表3-1参照）。保護者は日常的に担任や相談担当者に対して相談を申し込む機会を多くもっている。しかし，担任以外への相談を申し込みたい保護者や外部からの相談者のためにも，教育相談を申し込む窓口を明確にし，周知しておくことが必要であろう。

表3-1　相談申し込み機会

連絡帳のやりとり
個別面談時保護者会時
家庭訪問時
学校行事などでの来校時
登下校の送迎時
保護者からの電話など

　教育相談に訪れる相談者は子どもの状態を心配したり，今後の子育て，就学先に不安をもっていたりする。そのような相談者の心情に配慮するためにも，受付を行う者は「教育相談担当の○○です」などと自分の役割と名前を名乗り，丁寧なことば遣いでの対応が求められる。日常業務の忙しさのなかだけで受付をするのではなく，受付窓口や時間を明確に設定したうえで相談受付を行うことも大切であろう。

2. インテーク

　インテークとは，相談のために相談内容（主訴）や基礎情報を聴取することである。このインテークを経て，必要とする相談に移ることになる。インテークにおいては相談内容（主訴），基礎情報に関して情報を収集する必要がある。

(1) 相談内容（主訴）

相談者（保護者・本人・教員）が相談したい内容（主訴）を確認する必要がある。主訴としては表3-2に示したように大きく4つの内容が考えられる。

表3-2 相談内容（主訴）

子ども本人についての相談内容
　　発達の遅れに関する相談
　　ことばの遅れに関する相談
　　学習の遅れに関する相談
　　行動・情緒的な問題に関する相談
　　進路・就学・転学に関する相談
子育てや療育・指導についての相談内容
　　家庭での子育てに関する相談
　　療育や指導に関する相談
　　学校での指導に関する相談
　　家族やきょうだいに関する相談
情報提供についての相談内容
　　療育・専門指導期間の情報提供に関する相談
　　地域生活・余暇活動充実のための相談
その他
　　相談者自身の心理的な問題に関する相談
　　発達検査・学校コンサルテーションの依頼

①**子ども本人についての相談内容**：発達・ことば・学習の遅れ，行動・情緒的な問題，就学・進路に関する相談内容である。

②**子育てや療育・指導についての相談内容**：家庭での子育てや学校での指導のあり方についての相談であったり，時には家族やきょうだいと本人との関わりについての相談であったりする。

③**情報提供についての相談内容**：療育・専門指導機関や地域生活・余暇活動充実のための情報提供に関する相談である。

④**その他**：相談者自身の心理的問題に関する相談や，発達検査・学校コンサルテーションの依頼である。

上記の相談内容①〜③と④の「相談者自身の心理的な問題」に関しては主に保護者や教員から出されることが多いが，④の「発達検査や学校コンサルテーション」に関しては中心的には教員からの内容であることが多い。加えて，教員からの相談内容としては関連機関との連携や教員間の連携に関する内容も考えられる。本人からの相談も想定され，友達や担任との関係，学校生活のこと，進路のことなどが内容として考えられる。また，外部の保護者からの相談としては就学や転学に関する内容も考えられる。

相談内容（主訴）によっては当該の教育相談では十分な助言が難しい場合もある。しかし，そのような場合でも相談者の心情を受け止めたのちに，当該の教育相談でできることとできないことを丁寧に伝え，必要に応じて相談が可能な他機関を紹介することが必要である。

(2) 基礎情報の収集

相談内容が子ども本人や子育てや療育・指導に関する場合は，相談対

㊙　教 育 相 談 票　No.

記入日　年　月　日
担当者（　　　）
本票記入者（　　　）

子ども	氏 名（ふりがな）　男・女
	所 属（園または学校名・学年）
	生年月日　年　月　日生まれ（　歳　ヶ月）
保護者	氏 名（ふりがな）
	本人との続柄
	住 所 〒 電話＜自宅＞ ＜携帯＞ こちらから連絡する際の希望事項（時間帯など）がありましたらお書き下さい。

家族構成

続柄	氏　名	年齢	備　考

主に相談したいこと

本教育相談への紹介者がいる場合

紹介者氏名
紹介者所属機関

生育歴（下線部は特記事項がありましたらお書き下さい）

◇妊娠中の状態　良・不良

◇出産時の体重　g
◇出生時の問題　あり・なし

◇運動発達について
首のすわり　ヶ月
おすわり　ヶ月
はいはい　ヶ月
ひとり立ち　ヶ月
一人歩き　ヶ月

◇ことばの発達について
発語　ヶ月

◇睡眠について

◇食事について

◇人との関わりについて

◇その他、日常生活全般について

相談歴（医療機関・療育機関・相談所など）

現在通っている機関（機関名・ペース・主な相談内容）

これまで通った機関（機関名・ペース・主な相談内容）

教育歴

就学前

就学後
学校名（通級などを利用している場合はその学校名も）

好きなこと・得意なこと

診断名がある場合

診断名
診断を受けた機関名
診断を受けた時期

現在の服薬状況

なし
あり　薬名　量

療育手帳等がある場合

手帳の種類・度数・取得した時期

諸検査の結果

検 査 名	年 月 日	検査機関名	結果や助言等

主な入院・通院歴

入院通院理由・医療機関名・期間

図3-2　基礎情報の記入書式

象となる子どもに関わる基本的な情報が必要となる。在籍する児童・生徒が相談対象である場合にはすでに学校側に基礎情報があるので，それを参考にすることができる。また，相談内容が保護者や教員自身に関する場合は，すべての情報を聴取する必要はないが，わが子のことや関わっている児童・生徒の大まかな情報を得ておく必要はある。

相談者に基礎情報を記入してもらう書式を図3-2に示した。基礎情報は面接方式で担当者が聞き取る方法もあるが，まだ相談者と担当者との十分な関係性ができていない状態で矢継ぎ早に質問をするのでは，相談者の心情に配慮できなくなってしまう可能性がある。そのため，事前に基礎情報を記入してもらっておき，担当者はその記入済みの用紙をもとに質問をしながらインテークを行う方法もある。

また，基礎情報の記入に際しては，記入できるところのみでよいことを伝えることも重要である。記入されていない項目に関しては，相談者が担当者には伝えたくないという思いが働いている内容であったり，子どもの障害をまだ受け入れられていない状態であったりすることもある。相談者の様子から項目が記入されていない理由を察しながら，相談が進むにしたがって情報を集めていくといった配慮も時として必要になる。

(3) 情報の取り扱いについて

相談者に対しては，受付時やインテーク時に個人の情報が守られることを確認するのが大切である。併せて，相談で得た情報を他の担当者や関連機関等と共有する必要がある場合にはその旨を相談者に確認を取ることが大切である。

相談を通して得た情報は適切に管理されなければならない。相談者ごとにファイルを作成し，記録や関連書類をファイリングしていくことが必要である。一方で相談者に対する適切な相談を行っていくうえでは，複数の担当者や関係機関と連携し，情報を共有しなければならない。情報の管理と共有の双方を積極的に行っていくことが必要である。情報の管理として次のような対応が基本となる。

①**匿名化による資料作成**：関係者に個人情報を資料等で配布する場合は，児童・生徒の氏名をイニシャル等で匿名化する。
②**配付資料への記名**：配布した個人情報が含まれる資料に対しては，関係者の氏名を記入してもらい，その関係者の責任のもと，管理してもらうことを確認する。
③**保管の徹底**：各関係者が所有する個人情報の資料等の保管場所を特定し，資料等が散在しないようにする。
④**資料の回収**：時としては，会議で配布した資料等を回収する。

3. 初回相談

初めて相談に来た相談者は緊張や不安を抱えていることが多い。相談者の緊張や不安を和らげることが何よりも大切である。

（1）相談室の準備

相談者が心を穏やかにして相談ができる場面を設定することが必要である。原則，教育相談専用の部屋を準備し，担当者以外の者が在室していたり，出入りしたりすることがないようにしなければならない。また出入り口には「相談中」であることを記した札などがあるとよい。相談中に担当者が他の業務で呼び出されるなどして席をたつと相談者は不安や不快の気持ちを抱く場合があるので，相談中であることを他の職員にも伝える手段を取っておくことが望ましい。ゆったりと座れるいすや衝立てがあることが望ましい。相談室には専用の電話が設定されていることもあるが，相談中は電話が鳴らないように設定しておくことも1つの配慮である。

（2）カウンセリング・マインドに基づいた対応

担当者の基本的態度としてカウンセリング・マインドが求められる。カウンセリング・マインドとしては「傾聴」「共感」「受容」「明確化」が大切であるといわれている。

①傾聴：相談者の話をじっくり耳を傾けて聞くといった態度である。相談者の話を聞くなかで，子どもの様子に関して質問をしたくなったり，担当者自身の意見を述べたくなったりすることがあるが，まずは相談者がひと区切り話終えるまでは待ち，相談者の話をじっくり聞くことを優先する。

②共感：相談者が話す内容について共感的に，相談者の心情を共に体験しながら聞く。

③受容：相談者の話に「そうですね」「私もそう思います」といったことばで相談者そのものを受け止める。

④明確化：相談者が話した内容をまとめて「〇〇ということなのですね。」と伝えたり，相談者がはっきりと表現できなかったことを共感的な理解に基づいて「〇〇ということなのですかね」と言ったりして伝えていくことである。

（3）相談時間

相談時間に関しては，インテークや初回相談は1時間30分程度，継続相談の場合には1時間弱程度であることが多い。インテークや初回相談の時は相談者と担当者がお互いある程度の関係性を築くまでに時間を要する必要があり，また必要な情報を得るために時間を要する必要がある。終了時刻はきちんと守っていくことが原則である。相談を開始する前に相談者に対しては事前に終了時刻を伝えておくことも1つの方法である。時間を守っていくことの理由としては，相談者が担当者に過度に依存してしまうことを避けるためでもあり，また相談者が過去のことを話し，辛くなってしまっても時間がくれば相談そのものは終了することを知ってもらうためである。逆に，決められた時間すべてを使って相談をしなければならないかというと必ずしもそうではなく，相談者に対する適切な助言ができたならば，そこで相談を終了してもかまわない。

(4) 保護者との相談

　相談内容（主訴）が子ども本人に関わる内容である場合，改めて相談内容（主訴）を聞き取ったうえで，保護者と相談を行う。しかし，表面化している問題は，さまざまな要因が絡み合っている場合がある。大切なのは，表面化している問題の要因は何なのかを保護者との話を通して探ろうとすることである。そのためには，主訴と関連する子どもの様子を保護者から聞き取る必要がある。表3-3に列挙した項目の中から主訴と関連する項目に関して情報を得て，表面化している問題や主訴の要因を探るのである。

表3-3　子どもの様子の聴取

日常生活
　食事，衣服の着脱，排泄，洗面，睡眠リズム，生活リズム，スケジュールの理解など
言語・コミュニケーション
　要求・拒否・報告・挨拶などの言語表現，指示理解（伝わりやすい表現手段）など
社会性（人との関わり）
　他者への関わり方・遊び方，心情理解，小集団・大集団への参加，マナーの理解など
学　習
　文字・数・量などの理解，課題の理解など
運動・物の扱い
　歩行，姿勢の保持，手先の器用さ，道具の扱いなど
地域生活
　地域での歩行，目的地への移動，交通機関の利用，公共機関の利用，買い物など
行動面
　待つこと，注意の持続，変化への対応，安全への意識，物の管理，困ったときの表現手段・援助の求め方など
余暇・好きなこと・得意なこと
　自由時間の過ごし方，おもちゃの遊び方，遊びの展開のさせ方，興味・関心

　また表面化している問題が「いつ」「どのようなきっかけ（場面や指示等）」で起こり，その問題に対して周囲は「どのように反応」し，その周囲の反応によって本人が表している問題は「どうなったか（さらに増えたか，減ったか）」の情報を集めることも要因を探るには必要である。一方で，表面化している問題がどのような時には起こらないのかの情報を集めたり，どのような時に，どのような援助があれば適切な行動ができるのかの情報を集めたりすることは，適切な解決策を考えるうえで重要である。また，本人の得意なこと，好きなことそのものの情報を集めることも重要である。これらの情報を集めて表面化している問題や主訴の要因を探り，その要因に基づいて，適切な解決策を助言する。

　その際，次のような3つの観点から助言ができることが望ましい。

　①**本人へのアプローチ**：本人にそのつまずきの要因を改善できるような能力やスキルを身につけること。

　②**環境の調整によるアプローチ**：つまずいている要因に関して，環境側の調整を行うことによって，今ある本人の能力はそのままでよいから「できる環境」を整えようとすること。

　③**得意を活かすアプローチ**：本人ができる場面を活かしたり，本人の能力を活かしたりすること。

(5) 子どもの行動観察

外部からの相談の場合，子どもも一緒に相談に来ることがある。その場合，担当者は保護者の面接担当と子ども担当の両方で設定することが望ましい。しかし，いきなり保護者と子どもを別々で相談を行うのではなく，保護者の面接担当者も子どもの様子を確認したり，保護者と子どもとの関わりを確認したりすることが必要である。その際も全般的な子どもの行動観察や保護者と子どもとの関わりを見ると同時に主訴に関連する様子を確認する必要がある。また，保護者が話す子どもの様子と実際の様子に相違があるならば，その要因を探ることも保護者や子どもの理解につながる。

保護者と子どもの関わりでは，表3-4に示したような観点で確認することもできる。

表3-4 保護者と子どもの関わり

保護者と子どもの距離（来談時・分離時・帰宅時など）
子どもへの指示の出し方と子どもの反応
子どもが望ましい行動をしたときの保護者の対応
子どもが不適切な行動をしたときの保護者の対応
子どもとの遊び方（遊ぶ機会がある場合）　　　　　など

4. 継続相談・終結

相談の終結のタイミングとしては原則的に主訴の解決や軽減に伴い，相談者の意向に従って決定される。したがって，主訴が解決に至らない場合は継続相談となる。継続相談のサイクルは主訴にもよるが，相談者の状態にもよる。一方，主訴が当該教育相談では十分な助言が難しい場合には関連機関への紹介によって終結する場合もある。

5. 他機関との連携

障害のある子どもは多くの専門家やスタッフとの関わりを通して成長していく。それぞれの専門家やスタッフがある特定の時間のみ対応しているだけでは，子どもや保護者への適切な支援にはつながらない。必要に応じて関連機関と連携を取っていく必要性がある。連携の大切さは多く語られているが，実際にはうまく連携できていないのも現状である。地域の関連機関にはどのようなものがあるのか情報を得ておくことが最低限必要なことである。

参考文献

文部省　1999　盲学校，聾学校及び養護学校 教育要領・学習指導要領—文部省告示—　大蔵省印刷局
文部省　2000　盲学校，聾学校及び養護学校学習指導要領(平成11年3月)解説—総則等編—　海文堂出版
文部科学省　2003　今後の特別支援教育のあり方(最終報告)　特別支援教育, **10**, 10-26.

事項索引

あ

IEP　67
ICD-10　6
ITPA 言語学習能力診断検査　82
アセスメント　73, 74, 77
　　　――マップ　79
アセチルコリン　51
一次性強化子　123
一時的ことば　87
遺伝的多型　56
遺伝率　29
移動性多動　55
意味記憶　22
インテーク　182
インリアル・アプローチ　96
WISC-Ⅲ 知能検査　23, 81
ウィスコンシンカード分類検査　52
WPPSI 知能診断検査　81
ウィングの3つ組み　44
VOCA(Voice Output Communication Aid)　100
AT(Assistive Technology)　101
エピソード記憶　22
エラー関連陰性電位　55
LC スケール　84
LDI―LD 判断のための調査票―　23
園・学校への支援　163
遠城寺式乳幼児分析的発達検査法　81
円柱さし　107
音韻意識　26
音韻再符号化　26

か

CARS　83
絵画語い発達検査法(PVT)　82
外在化障害　58
カウンセリング・マインド　187
書きことば　94
角回　28
学習指導案　71
学習指導要領　153
学習障害児(LD)に対する指導体制の充実事業　166
拡大・代替コミュニケーション(AAC)　84, 97
課題分析　119
形の記憶　146
眼窩回　54
感覚教具　107

感覚教材　107
環境調整　51
記憶　15
機会利用型指導法　125
聞きことば　87
逆転学習　54
ギャンブリング課題　54
教育相談　162, 181
強化子　123
強化の随伴性　124
共感　147
巨視的アプローチ　128
継次処理　24
契約書　124
K-ABC　24, 40
　　　――アセスメントバッテリー　81
結果事象　128
言語性知能　24
言語的プロンプト　122
研修会講師の派遣　162
行為障害　58
公開講座の開催　163
構造化　133, 145
行動分析　119
行動連鎖化　119
行動連鎖中断法　120
行動による対話　87
校内委員会　150, 168
校内支援体制　150
広汎性発達障害　50
コーディネーター　174
　　　――の具体的な役割　160
心の理論障害説　33
呼称　26
こだわり行動　41
個別の教育支援計画　66
個別の支援会議　173
個別の支援計画　66
個別の指導計画　67, 169
これからの支援教育の在り方(報告)　158

さ

サイン　126
座席　143
作動記憶　22, 52
サリーとアン課題　33

三項関係　86
支援的な対話　114
支援の手順　163
視覚シンボル　99
視覚性構成障害　25
視覚的短期記憶　146
視覚的プロンプト　121
視覚の認知　146
時間遅延法(Time Delay)　122, 126
刺激等価性　17, 130
自己教示訓練　104
自己決定　19
自己評価　114
自己目標設定　114
自作ソフト　135
持続性遂行課題　51
実行機能　52
　　──の障害　42
指導目標　72
自閉症スペクトラム　43
社会的学習　55
社会的強化子　123
社会平均水準　5
ジャルゴン　86
集中　145
習得度　24
主訴　183
巡回相談員　176
順向型　120
障害者基本計画　166
条件性弁別学習　130
象徴機能　89
衝動性　55
情報の取り扱い　186
正面　146
新奇性探索傾向　56
身体的プロンプト　121
新版K式発達検査　81
新版S－M社会生活能力検査　82
シンボルカード　99
信頼関係　148
心理化　46
数概念　16
スクリーニング　73
スクリプト　94
スケジュール　133, 144
ストループ効果　52
ストップシグナル課題　53
正書法符号化　26
精神遅滞　8
生徒サービスコーディネーター　170
青年期・成人期自閉症教育診断検査(AAPEP)　83
整理整頓　144

セルフコントロール　114
セルフナビゲーション　114
セルフモニタリング　114
全課題提示法　120
1993年改訂版ITPA言語学習能力診断検査　82
前言語期　86
先行子操作　128
先行事象　128
センター的機能　153, 165
センター的役割　177
選択刺激　132
前部帯状回　52
専門機関　150
ソフト作りの構成　135

た
対応付け教授法　112
大細胞系　27
代弁　149
代用貨幣　53
多感覚的技法　30
多次元的アプローチ　11
多動　55
田中・ビネー知能検査V　81
短期記憶　22
地域のシステム作り　174
遅延嫌悪　53
知覚－運動訓練　109
知的障害　8
知能指数（IQ）　11
注意　22
長期記憶　22
陳述記憶　22
つむぎ棒箱　108
TEACCH　42, 132, 133
DSM　6
DSM-IV-TR　36
TOM(Theory of Mind)心の理論課題検査　82
DBDマーチ　59
低酸素症　57
低出生体重　57
手先の不器用さ　146
手順表　145
手続き記憶　22
動作訓練　117
動作性知能　24
動作法　117
同時処理　24
トークン　123
　　──エコノミー法　123
ドーパミン　51
特異的言語発達障害(SLI)　21
読字障害　25

特殊音節　28
特別支援教育
　　　　今後の——の在り方について（最終報告）　154
　　　　——コーディネーター　160, 166
　　　　——推進体制モデル事業　166
　　　　——を推進するための制度の在り方について（答申）　155
特別支援チーム　161
特別な教育的ニーズ（SNE）　3
　　　　——コーディネーター　170
ドジ課題　47
トラブル　147

な
喃語　86
ニコチン暴露　57
二次誤信念課題　45
二次性強化子　123
二次的ことば　87
21世紀の特殊教育の在り方について（最終報告）　154
乳幼児精神発達診断法　81
認知情報処理システム　22
認知的方略　111
ノルアドレナリン　51

は
背外側部　51
背向型　120
背側経路　25
バウムテスト　83
バックアップ強化子　124
発語失行　29
発達とは　4
発達の遅れ　5
発達の偏り　5
話しことば　89
パニック　149
ハノイの塔課題　52
バリアフリー　140
パワーポイント　135
反抗挑戦性障害　58
反社会性人格障害　59
半側空間無視　25
非移動性多動　55
微視的アプローチ　128
非陳述記憶　22
標的行動　119
不安　144
フェイディング　121, 126
フォニックス　29
腹側経路　24
ブラインドバッグ　110

プランニング　52
フロスティッグ視知覚発達検査　24, 82
プロンプト　121, 126
　　　　——・フェイディング　121
文章完成テスト　83
併存障害　57
PEP-R　83
ベンダー・ゲシュタルト・テスト　82
方向づけゲーム　110
傍帯状回　48
保護者の啓発　174
ボディイメージ　118

ま
マカトン法　98, 127
まなざし課題　46
マンド・モデル法（Mand-Model）　126
見通し　144
見本あわせ　133
見本刺激　132
MINモデル　112
無声音　26
メタ記憶　114
メタ認知　113
　　　　——的方略　113
メチルフェニデート　57
目と手の協応　146
MEPA-R ムーブメント教育・療法プログラムアセスメント　111
モデリング　121
モデル　144
モンテッソーリ法　106

や
矢田部ギルフォード性格検査　83
八幡養護学校特別支援教育ネットワーク　162
有声音　26
ユニバーサルデザイン　140
要求言語行動　125
読みことば　90

ら
粒性と透明性の仮説　27
ルール　144
レスポンスコスト　124
　　　　——法　53
ロールシャッハ・テスト　83
ロンドン塔課題　52

わ
忘れ物　144

人名索引

A
Adolphs, R.　49
天野　清　30
新井英靖　169
荒巻要右　55
Asperger, H.　44

B
Baddley, A. D.　16
Barkley, R. A.　55
Baron-Cohen, S.　33, 41, 45, 46, 47, 48
Bechara, A.　54
ベントン, A. L.　80
Bettelheim, B.　31
Biederman, J.　56, 59
Bleuler, E.　30
Boksa, P.　57
Borkowski, J. G.　16, 104
Bowler, D. M.　45
Brothers, L.　48
Brown, A. L.　16
Bush, G.　52
Butterworth, B.　27

C
Cole, P. M.　54
Cope, N.　29
Craik, F. I. M.　16

D
大六一志　28
DeFries, J. C.　29

E
Eden, G. F.　27
Elgar, F. J.　59
El-Khodor, B. F.　57
Ellis, N. R.　15
Ernst, M.　54

F
Facon, B.　13
Faraone, S. V.　56
Flax, J. F.　29
Freud, S.　31
Frith, C. D.　48

Frith, U.　33, 40, 48
Frostig, M.　102, 109, 116

G
Galaburda, A. M.　27
Gallagher, H. L.　48
Geary, D. D.　111
Goswani, U.　28
Grigorenko, E. L.　29

H
Happé, F. G. E.　45, 47
Haynes, C. W.　29
平谷美智夫　58
Hobson, R. P.　33, 35, 46
Hook, P. E.　29
細川美由紀　27
福島久忠　16

I
井原栄二　17
池田由紀江　17, 18
池　弘子　13
今塩屋隼男　104
磯部美也子　98
Itami, S.　54

J
Jolliffe, T.　46

K
Kahn, R. S.　57
Kampe, K. K. W.　48
Kanner, L.　30, 44
菅野和恵　16, 17
Kaufman, A. S.　24
Kaufman, N. L.　24
Kawashima, R.　48
川内美彦　140
Kephart, N. C.　109
木村祐子　16
Kipahard, E.　116
小林重雄　80, 116
小池敏英　17
小島道生　17, 18
小谷裕美　157

熊谷恵子　　　170

L
Lai, C. S. L.　　29
Landau, S.　　54
Leslie, A. M.　　33
Linnet, K. M.　　57
Lockhart, R. S.　　16
Lorna, W.　　43
Luria, A. R.　　24

M
Manis, F. R.　　27
松村多美恵　　15, 16, 17
McCrory, E. J.　　28
McGough, J. J.　　59
Meichenbaum, D.　　104
Mesibov, C. B.　　41
Mick, E.　　57
三村和子　　17
三塚好文　　15
望月　昭　　130
Montessori, M.　　106, 109
守屋光輝　　18
森　範行　　13
Murphy, K. R.　　58
無藤　隆　　94

N
長崎　勤　　96
長澤正樹　　19
中井富貴子　　58, 80
中田正敏　　159
Navil, S.　　116

O
小川口　宏　　80
小笠原　惠　　18
小川　巌　　19
及川利紀　　156
大石敬子　　28, 30
岡本夏木　　87, 90
Olson, R. K.　　29
苧阪満里子　　52
大谷博俊　　19
太田正己　　157

P
Petersen, S. E.　　51
Piaget, J.　　109
Posner, M. I.　　51

R
Rae, D.　　27
Ramus, F.　　27
Rapport, M. D.　　53
Reimherr, F. W.　　54
Romine, C. B.　　53
Ronald, M.　　140
Rutter, M.　　31

S
斎藤佐和子　　28
齋藤万比古　　59
榊原　清　　80
里見恵子　　96
佐藤容子　　104
Schachar, R. J.　　55
Schulte-Körne, G.　　27
Sergeant, J. A.　　51
Shamay-Tsoory, S. G.　　49
Shaywitz, B. A.　　29
Shaywitz, S. E.　　26
鵤田征子　　13
Sidman, M.　　130
Slusarek, M.　　53
Smith, S. D.　　29
園田真理子　　140, 141
Spradlin, J. E.　　16
Stein, J.　　27
Stone, V. E.　　49
杉山登志郎　　49
鈴木治太郎　　82
鈴木祐子　　15
Swan, D.　　28

T
田口恒夫　　80
高橋剛夫　　80
高良秀昭　　104
竹田契一　　96, 97
滝坂信一　　153, 156
田中真理　　104
田中敏隆　　15
徳永　豊　　170
Toplak, M. E.　　54
Trevarthen, C.　　35
Turner, L. A.　　16

U
上野一彦　　23
上岡一世　　17
Uno, H.　　54
宇野宏幸　　55, 58, 80

V

Varnhagen, C. K.　　16, 104

W

若林明雄　　47
Walcott, C. M.　　54
綿巻徹　　38
Wehmeyer, M. R.　　19
Willcutt, E. G.　　52
Wing, L.　　31, 32, 35, 44

Wydell, T. N.　　27

Y

山田佐登留　　55
山根律子　　16
山口洋史　　11
柳田光穂　　13
四日市ゆみ子　　15
吉利宗久　　157

執筆者一覧 （執筆順，*は編者）

菅野　敦（かんの・あつし）*
東京学芸大学教育実践研究支援センター教授
担当：第Ⅰ部第1章

小島道生（こじま・みちお）*
岐阜大学教育学部准教授
担当：第Ⅰ部第2章第1節，第3章第3節・第4節2(2)

宇野宏幸（うの・ひろゆき）*
兵庫教育大学大学院学校教育研究科教授
担当：第Ⅰ部第2章第2節・第4節・第5節

田実　潔（たじつ・きよし）
北星学園大学社会福祉学部教授
担当：第Ⅰ部第2章第3節

橋本創一（はしもと・そういち）*
東京学芸大学教育実践研究支援センター准教授
担当：第Ⅰ部第3章第1節・第2節

渡辺　実（わたなべ・みのる）
花園大学社会福祉学部教授
担当：第Ⅰ部第3章第4節1

大谷博俊（おおたに・ひろとし）
鳴門教育大学学校教育学部准教授
担当：第Ⅰ部第3章第4節2(1)

岡元和正（おかもと・かずまさ）
長崎大学教育学部附属養護学校教諭
長崎大学心の教育総合支援センター兼務教員
担当：第Ⅰ部第3章第4節2(3)〜(6)

松瀬三千代（まつせ・みちよ）
神奈川県立中原養護学校校長
担当：第Ⅰ部第3章第4節3(1)

隈部有希（くまべ・ゆき）
長崎大学教育学部附属養護学校教諭
担当：第Ⅰ部第3章第4節3(2)

岡村章司（おかむら・しょうじ）
横浜市立港南台ひの養護学校教諭
担当：第Ⅰ部第3章第4節4(1)(2)(5)

式部義信（しきぶ・よしのぶ）
兵庫県立いなみ野特別支援学校教諭
担当：第Ⅰ部第3章第4節4(3)(4)

井澤信三（いさわ・しんぞう）
兵庫教育大学大学院学校教育研究科准教授
担当：第Ⅰ部第3章第4節4(6)

緒方よしみ（おがた・よしみ）
福岡市立東福岡養護学校講師
担当：第Ⅰ部第3章第4節5(1)

西村健一（にしむら・けんいち）
香川大学附属養護学校教諭
担当：第Ⅰ部第3章第4節5(2)

石橋（手島）由紀子（いしばし（てしま）・ゆきこ）
兵庫教育大学大学院学校教育研究科准教授
担当：第Ⅰ部第4章第1節，第Ⅱ部第1章第1節

中井富貴子（なかい・ふきこ）
倉吉市立上灘小学校教諭
担当：第Ⅰ部第4章第2節

樋口陽子（ひぐち・ようこ）
北九州市立小倉北特別支援学校主幹教諭
担当：第Ⅱ部第1章第2節

吉利宗久（よしとし・むねひさ）
岡山大学教育学部准教授
担当：第Ⅱ部第2章第1節

松原弘治（まつばら・こうじ）
八代市立代陽小学校教頭
担当：第Ⅱ部第2章第2節

藤本優子（ふじもと・ゆうこ）
神戸市立青陽東養護学校自立活動教諭
こうべ学びの支援センター巡回相談員
担当：第Ⅱ部第2章第3節

霜田浩信（しもだ・ひろのぶ）
群馬大学教育学部准教授
担当：第Ⅱ部第3章

特別支援教育における教育実践の方法
発達障害のある子どもへの個に応じた支援と
校内・地域連携システムの構築

2006 年 8 月 30 日	初版第 1 刷発行
2012 年 2 月 20 日	初版第 4 刷発行

定価はカヴァーに表示してあります

編 者　菅野　敦
　　　　宇野宏幸
　　　　橋本創一
　　　　小島道生
発行者　中西健夫
発行所　株式会社ナカニシヤ出版
　　　　〒 606-8161 京都市左京区一乗寺木ノ本町 15 番地
　　　　　　　　　Telephone　075-723-0111
　　　　　　　　　Facsimile　075-723-0095
　　　　　　Website　http://www.nakanishiya.co.jp/
　　　　　　Email　iihon-ippai@nakanishiya.co.jp
　　　　　　　　　郵便振替　01030-0-13128

装丁＝白沢　正／印刷・製本＝ファインワークス
Printed in Japan.
Copyright © 2006 by A. Kanno, H. Uno, S. Hashimoto & M. Kojima
ISBN978-4-7795-0033-6

◎本書のコピー，スキャン，デジタル化等の無断複製は著作権法上での例外を除き禁じられています．本書を代行業者等の第三者に依頼してスキャンやデジタル化することは，たとえ個人や家庭内での利用であっても著作権法上認められておりません．